新媒体——开拓文化传播新格局

郝小芳　李桃丰　屈苗绘　著

吉林文史出版社

图书在版编目（CIP）数据

新媒体：开拓文化传播新格局 / 郝小芳，李桃丰，

屈苗绘著. — 长春：吉林文史出版社，2024. 7.

ISBN 978-7-5752-0421-7

Ⅰ．G206.2

中国国家版本馆CIP数据核字第2024WP6209号

新媒体——开拓文化传播新格局

XINMEITI——KAITUO WENHUA CHUANBO XIN GEJU

著　者：郝小芳　李桃丰　屈苗绘
责任编辑：钟　杉
出版发行：吉林文史出版社
电　话：0431-81629359
地　址：长春市福祉大路 5788 号
邮　编：130117
网　址：www.jlws.com.cn
印　刷：河北万卷印刷有限公司
开　本：710mm×1000mm　1/16
印　张：16.25
字　数：220 千字
版　次：2024 年 7 月第 1 版
印　次：2024 年 7 月第 1 次印刷
书　号：ISBN 978-7-5752-0421-7
定　价：98.00 元

随着社会的演进，互联网、数字技术和移动通信经历了革命性的发展，催生出网络媒体、手机媒体等文化传播的新形态。新媒体技术的快速成熟，丰富了文化传播的载体，同时也重塑了大众的阅读习惯和偏好。作为传统媒介形式如报刊、广播、电视之后的产物，新媒体技术借助科技创新，成为文化的新载体。相对于传统媒体，新媒体引入的数字化元素和形式，转变了以往依赖纸质媒介或信号传播的方式。在文化传播领域，新媒体呈现出立体、真实、实时互动的特性，为信息的传播提供了新的可能。这种变革除了体现在技术层面之外，也在文化层面产生了深远的影响。新媒体的兴起，促进了信息传播的多样化和个性化，使得文化交流变得更为直接和高效。同时，新媒体的特性，如互动性和个性化，也促使信息接收者从被动接收者转变为主动参与者，进一步拓展了文化传播的范围和深度。

文化代际传承，源于其内在张力与蓬勃生命力的展现，同时依赖传播方式与大众接受度。在新媒体时代，互联网与数字化技术的兴起标志着文化传播方式的现代化转变。文化在新型媒体中的展现，以及充分利用新媒体人人可传播的特性，发挥受众群体主动性的优势，对于文化在德育建设中起到引领作用尤为关键。

本书共分为七章，从多个维度对新媒体背景下的文化传播进行了较为全面的分析与研究，具体如下：

第一章为走近新媒体，分别从新媒体的认识与基本特征、新媒体类型与核心理念、新媒体的发展与传播特点三个层面进行了分析，便于对新媒体的理解。第二章为新媒体时代文化的传播机制，内容有新媒体时代文化的承载价值、新媒体时代对文化的解构作用以及新媒体平台的生态网络传播特征。第三章为新媒体环境下的博物馆视觉文化传播，分别从博物馆视觉传播的形成与发展、新媒体环境下的博物馆视觉文化传播表现、新媒体环境下的博物馆视觉文化传播策略三个方面进行了论述。第四章为新媒体环境下的移动音频听觉文化传播，内容主要包括广播音频与互联网音频融合发展、新媒体环境下听觉空间转向及听觉文化传播崛起、播客对听觉文化传播的重构。第五章为新媒体环境下的短视频文化传播，内容包括新媒体下的短视频文化传播概述、新媒体环境下短视频文化传播优秀案例、新媒体环境下短视频文化传播策略。第六章为新媒体环境下的纪录片文化传播，包括纪录片跨文化传播相关概述、纪录片跨文化传播的内容呈现、纪录片跨文化传播渠道及策略。第七章为云传播：新媒体背景下文化传播的未来趋势，内容主要包括云传播的认识与技术架构、文化传播"云"端化的内容与用户分析以及未来展望：云传播与文化传播的融合创新。

通过本专著的阐述，希望能够为读者提供一个关于新媒体环境下文化传播的全景图，便于增进对当前文化传播现状的理解，也激发对未来发展趋势的深刻思考。由于作者水平有限，书中可能存有疏漏之处，望广大读者批评指正。

目录

第一章

走近新媒体

第一节　新媒体的认识与基本特征

一、新媒体的认识

（一）新媒体的界定

新媒体作为当代信息传播与交流的重要渠道，其定义一直是学术界与业界探讨的焦点。不同角度对新媒体的定义呈现多样性，反映了其复杂性与多维度特性。其界定方式多样，既有从技术层面出发，强调其数字化、网络化的特征；也有从传播角度分析，注重其互动性、个性化传播的能力；更有观点从新媒体的内涵与外延进行阐述，试图揭示其本质属性及应用范围。在新媒体的定义中，技术与传播的角度是最为常见的分歧：一方面，技术视角强调新媒体的创新性技术基础，如互联网、数字传播技术等；另一方面，传播视角关注新媒体改变了信息的生产、传播与接收方式，特别是其加强了受众的参与度和选择性。新媒体以网络技术、数字技术、移动通信技术作为信息传递与接收的重要手段，覆盖了固定终端与移动终端，成为现代社会不可或缺的信息交流平台。该平台的基本特征明确体现了技术进步与社会发展的紧密结合。通过将新技术作为载体，新媒体推动了信息传播方式的革新，其中互动性的核心地位强化了接收者与传播者之间的交流互动，打破了传统媒体单向传播的局限。平台化特色则促进了多种服务与应用的整合，为用户提供了更加丰富多样的信息与服务。人性化导向进一步贴近用户需求，提升了媒体内容的吸引力与影响力。

新媒体的定义随着技术的发展而展现出广泛的内涵和外延。在狭义的范畴内，新媒体特指与传统媒介形式有所区别的新型传播方式，主要聚焦于互联网和移动网络这两大领域。互联网，作为第四媒体，依托于电脑终端的计算机信息网络，为信息的获取、分享和交流提供了广阔的平台。而移动网络，被誉为第五媒体，它通过手机等移动通信工具，基于先进的移动通信技术，向用户提供包括移动互联网服务和电信网络增值服务在内的多样化传播媒介形式。这两种媒体合称为网络媒体，标志着信息传播方式的重大转变，极大丰富了人们的信息来源，也为个体之间的互动交流提供了更为便捷、高效的途径。广义新媒体涵盖了基于最新电子信息技术而产生的多种媒介形式。这些媒介并不局限于互联网技术的应用，还包括移动通信、数字技术等领域的创新成果。从广义上讲，新媒体包括人们常见的网络媒体，如社交平台、网站等，也涉及传统媒体通过新技术的应用和与新媒体的融合而衍生出的新型媒介。例如，电子书、电子纸、数字报以及IPTV（交互式网络电视）等，都是在现代技术支持下发展起来的新媒体形态。新媒体的核心在于其传播方式的革新，依托于互联网、无线通信网、卫星等传播渠道，新媒体能够实现信息的即时、广泛传播，使得信息交流更加快捷、高效。电脑、手机、电视机及各类数字化电子屏等终端设备，成为新媒体信息传播的重要载体。通过这些终端设备，用户能够随时随地接收到各种信息，极大地丰富了人们的信息获取渠道和方式。新媒体的发展，标志着信息传播方式的一大变革。网络媒体、数字电视、IPTV、车载电视、楼宇电视及手机媒体等，都体现了新媒体在形式和内容上的多样性。这种多样性为用户提供了更加丰富多样的信息和娱乐内容，也为媒介行业带来了前所未有的发展机遇。广义的新媒体代表了信息技术发展的最新成果。它通过创新的技术和多样性的传播渠道，为现代社会的信息传播与交流提供了更加广阔的平台。本书中的新媒体指的是广义的新媒体定义的内容。

新技术的快速发展，特别是网络技术、数字技术、移动通信技术的革新与广泛应用，为新媒体的诞生与演进提供了坚实的技术基础。这些技术促进了新媒体的产生，更为其日常运营提供了高效的信息载体，使信息传播突破了时间与空间的限制，实现了多媒体、高保真形式的广泛传播。因此，新媒体展现出来的所有独特的性质，均根植于新技术所提供的广阔可能性之中。新媒体的核心价值，在于其双向互动的本质特征。与传统媒体信息单向流动的局限不同，新媒体打破了这一限制，从根本上改变了信息传播的模式及传播者与接收者之间的关系。在新媒体环境下，传播的各方参与者处于相对平等的地位，进行信息交流。媒体的功能也由过去的单向告知转变为现今的互动沟通。这种沟通模式不仅存在于媒体与用户之间，也体现在用户相互之间的交流上。新媒体的双向互动特性，对传统媒体乃至整个社会都产生了深远影响。在这一背景下，信息的传播不再是单向的输出，而是成为一个互动的过程，每个人都可以是信息的发送者和接收者，这大大提高了信息传播的效率和广度。同时，这种互动性也促进了社会的开放性和包容性，为公众参与社会、文化、政治生活提供了更为广阔的平台。

新媒体搭建的信息交流平台，使得传统媒体与新媒体在技术与内容上逐渐融合，共同进步。在这一过程中，传统媒体并没有因为新媒体的兴起而走向消亡，反而通过与新媒体技术的结合，获得了新的生命力。新媒体以其独特的技术优势，吸纳并融合了传统媒体的特点，实现了媒介属性的汇聚与升华。报刊、广播、电视等传统媒介，面对新媒体环境的挑战，选择了积极适应并与之渗透互动。通过引入新技术，传统媒体实现了形式与内容的创新，从而在新媒体时代找到了自身的定位与价值。数字化报纸、网络广播、手机电视等新兴的融合性媒体的出现，证明了传统媒体的适应能力，也展现了新旧媒体融合的广阔前景。新媒体的发展并未削弱传统媒体的地位，而是通过技术的包容性，为传统媒体提供了与时俱进的可能性。这种相互补充、共同发展的趋势，体现了媒介融合的深远意义。在这一融合过程中，既保留了传统媒体的核心价值，也拓展了新媒体的影响力与范围，共同推动了媒体行业的进步与创新。

媒介的演变历程，从本质上看，是人类对交流方式不断优化的探索。口语媒介的瞬时性与储存局限，催生了文字媒介的诞生。文字，虽解决了信息记录的需求，却面临着复制的瓶颈。于是，印刷媒介的出现，开创了知识传播的新纪元。然而，印刷媒介的时空限制，仍旧束缚着人们对即时交流与广泛分享的向往。电子媒介的诞生，正是在这样的背景下，以技术的革新满足了人们对信息获取与传播速度、范围的更高追求。电子媒介的出现，极大地丰富了人们的交流方式，更加快了信息的流通速度，打破了地理界限，让世界变得更加紧密。人们透过新媒体平台，不但可以迅速分享个人见解，还能与世界各地的人进行实时互动，共享信息。这种交流的即时性与广泛性，无疑是人类交往方式的一大进步。随着技术的不断进步，新媒体正逐渐推动着去中介化的趋势，使人与人之间的沟通更加直接，无须再经过第三方平台或工具。这意味着，人们将能以更自然的方式进行交流，更加自由地分享思想与感受。在这样的发展背景下，世界将转变为一个紧密相连的网络，每个人都是这个网络中的一个节点，与他人构建起直接的联系。未来的新媒体，将更加注重于人性化的需求，不仅仅是信息的快速传播，更包括对个体情感的关注，对社会互动的促进。这将进一步强化社会的整体联结性，构筑起一个无障碍、无界限的全球交流平台。在这个平台上，每个人都能自由地表达自己，能听见世界的声音，真正实现全球村的理念，共同构建一个更加开放、互助的世界。

（二）新媒体概念的相关争议

新媒体概念的探讨呈现多元化分歧，体现在技术、传播、实务与调和四大派别之中。详见表1-1。

表1-1　新媒体概念的四个派别

派　别	焦　点	特　点
技术派	技术进步	分析技术如何推动新媒体发展，探讨技术创新对信息生产、分发与消费过程的影响
传播派	传播特性	关注新媒体改变信息流通方式和传统传播模式，强调信息传播的速度、广度和互动性对社会沟通方式的影响
实务派	应用实践	通过实际案例，揭示新媒体在不同领域的应用，展现技术如何融入日常生活，改变行为模式，提供简明扼要、易于理解的新媒体定义
调和派	综合视角	构建全面的新媒体定义，融合技术、传播和实务的视角，旨在提出一个包含技术维度、传播特性及实践应用的综合性框架

1.技术派的观点

新媒体的发展与科技进步紧密相连，体现在数字技术的广泛应用上，为信息的传播提供了前所未有的扩展性、速度和丰富性。数字广播电视、手机短信、互联网络等媒介的出现，标志着与传统媒体明显不同的新型媒体形态产生。通过强调科学技术在新媒体发展中的关键作用，展现了技术革新如何引领传播活动的全面变革。同时，从新媒体的内涵和外延两个维度进行界定，既避免了对新媒体含义的抽象解读，也免除了对其范围的过于宽泛的描述，提供了一个更为精确且具有实质性的理解框架。这种视角凸显了数字技术在塑造现代社会信息传播格局中的核心地位，也指明了新媒体定义应依据其功能、速度和传播方式的创新性质来进行，而非仅仅依据传统媒体的既有标准。

2. 传播派的观点

传播派对新媒体的解读涵盖数字化、碎片化、话语权共享与全民出版四个核心维度，映射了技术革新与传播环境变革对社会的深远影响。这种观点揭示了新媒体对传统传播模式解构的作用，及其在内容生产方式上的根本转变，从而体现了新媒体的复杂性与多维性。在技术进步与传播语境改变的推动下，新媒体开辟了新的信息传播路径，也促进了信息获取方式的多样化，反映了传播技术与语境间的相互作用对新媒体形态的塑造作用。虽然该派观点未能提供一个简洁明了的新媒体定义，却通过对新媒体特点的全面介绍，展现了新媒体在技术与社会层面的广泛影响。该视角体现了新媒体与传播技术、语境之间的关联，但在揭示它们之间的因果关系方面的深度上略显欠缺，未能充分探讨传播环境的变化如何促成新媒体发展的过程。

3. 实务派的观点

在实务派视角下，新媒体成为所有人向所有人进行传播的舞台，突破了传统媒体时代信息传递的局限。在过去，大众仅能被动接收信息，难以对媒体内容做出即时反馈，更难有机会将个人观点进行广泛传播。新媒体的崛起，改变了信息传播的传统格局，实现了从被动接收到主动参与的转变。在旧有媒体时代，信息传递呈现出明显的两极分化：一方面，大众仅能被动吸收媒介所传达的内容，缺乏对于媒体传递的信息进行反馈与互动的渠道；另一方面，由于传统媒介掌握话语权，普通人难以通过稀缺的传播资源发出自己的声音。然而，新媒体的出现颠覆了这一局面，打破了传统媒介对信息传播的垄断，赋予每个人发声的能力，人们可以利用手头的新媒体资源，向其他人传播信息，实现即时反馈与高效互动，有效避免了传播延迟可能引发的问题。然而，实务派对新媒体的界定亦面临挑战。将新媒体仅视为一种传播方式，忽视了媒体本身作为信息传播工具、载体、中介或技术手段的实体性质，缺乏严谨性。此外，该观点未能全面捕捉新媒体的各项特征。虽然双向互动和自主传播是新媒体的关键属性，但在定义新媒体时，还需考虑其技术特征和平台特征等其他方面，以全面概括新媒体的本质。

4. 调和派的观点

调和派视新媒体为相对概念，强调其与时间的紧密相关性，认定新媒体形态随着时代变迁而持续演进。该观点认识到新媒体不仅仅是技术或平台的更新换代，更是一种反映时代精神和科技进步的媒介形态。在此框架下，新媒体的定义涵盖了从古至今人类历史上的所有媒体形态，每个时期的代表性新媒体均为那一时代的技术和社会发展的产物。然而，此种界定方式虽然描述了新媒体概念的广泛性和发展性，却未能深入探讨其本质特征。通过宏观角度捕捉新媒体的演变轨迹，虽然揭示了其随时间进步的特性，但在精确定义新媒体的核心属性上显得力不从心。这种方法虽然能够包容历史上及未来可能出现的所有新媒体形态，却也因其泛泛而谈，牺牲了对新媒体深层次特征的精准把握。此外，依赖于宽泛概念的定义方式，可能导致新媒体概念的表面化。在追求广度的同时，深度和精确度不可避免地受到影响，进而影响了人们对新媒体本质和发展趋势的全面理解。一个严谨的定义应能够清晰界定其研究对象，确保概念的逻辑性和实用性。调和派的定义虽然开阔了新媒体研究的视野，却也暴露了在概念精确性和深入分析上的不足。

二、新媒体基本特征

（一）以数字化为基础

新媒体技术的核心在于数字化，标志着传播方式的根本变革。在数字化的基础上，信息的输入、输出、存储与运算过程均依赖于数字形式，彰显了新媒体环境下信息处理的高效和灵活性。这种以比特为单位的信息呈现方式，使得文字、图片、视频和音频等多种媒介形态得以在同一平台上无缝融合，极大地丰富了信息的表现形式并提升了传播效果。数字流的传输，通过"0"和"1"的有限组合，提升了信息传递的速度和准确性，还为大数据时代的信息分析与处理提供了技术支撑。数字化不仅仅是技术层面的进步，更是信息传播领域一次深刻的变革，推动了媒体形态的创新，也为人们的沟通方式带来了前所未有的可能性。在这个基础上，新媒体环境成为一个高度互动、动态变化的信息生态系统，其中信息的生产、分发和消费过程都呈现出前所未有的活力与多样性。

网络传输能力，即通过网络链路每秒传送的比特量或带宽，对音频和视频信息的传输起着决定性作用。在 Web1.0 时代，由于带宽的限制，这些信息的传输经常遇到障碍。随着移动通信技术的演进，从 1G 到 5G，传输速度和系统容量得到了显著提升，极大地推动了新媒体的发展。1G 模拟通信系统主要基于模拟语音调制技术，但到了 2001 年，中国移动终止了模拟移动电话网络的使用，标志着 2G 数字蜂窝通信时代的到来。2G 时代，全球移动通信系统（GSM）成为首个商业运营的系统，其采用数字传输，相比 1G 在传送速度和系统容量上都有所提高。进入 3G 时代，移动宽带技术成为基础，采用了国际宽带码分多址（WCDMA）、码分多址 2000（CDMA2000）以及国内的 TD-SCDMA 标准，允许数据以更快速度传输，传送速率较 2G 有了进一步的提升。

4G 通信技术的出现，以高速融媒体传输技术为基础，融合了 3G 和 WLAN 技术，提供了大带宽和高容量的高速蜂窝系统，使得视频和音频信息的传输更加流畅，进一步推动了新媒体内容的创造、分发和消费。5G 作为最新一代通信技术，代表了数字化新媒体发展的前沿。5G 不仅在速度上实现了质的飞跃，提供了比 4G 高出数十倍甚至上百倍的传输速率，而且在延迟、连接密度、可靠性等方面都有显著改进。这些改进为新媒体的发展提供了新的可能性，使得高清视频流、增强现实（AR）和虚拟现实（VR）等数据密集型应用成为可能，极大地丰富了媒体内容的形式和体验。5G 技术的特点，如极低的延迟和高速的数据传输能力，使得实时互动变得更加流畅，为远程教育、在线会议和虚拟活动提供了更好的支持。同时，5G 的高连接密度特性能够支持更多的设备同时连接到网络，这对于物联网（IoT）的发展至关重要，为智能家居、智慧城市等新媒体应用提供了强大的基础。

随着移动通信从第一代模拟技术向宽带移动网络的演进，多媒体信息的传输速度已经达到了惊人的 100 Mbps。这一变化大幅提高了信息传输的效率，也极大增加了信息量的传送能力。数字化促进了信息的大量复制和即时传输，还使信息生产和传播的过程变得更加便捷高效。随着人工智能技术的快速发展，新闻制作和传播方式也发生了翻天覆地的变化。机器生产的新闻、网络虚拟主持人的播报、虚拟新闻发言人的出现，都是数字化和人工智能技术发展的直接产物。这些技术的应用改变了新闻和信息的生成方式，也重新定义了传播过程中传播者和用户的角色，打破了传统大众传播中的固有角色定位。新媒体的兴起还深刻影响了社会生产和生活方式。信息的数字化生产和传播，使得信息更加容易获取和分享，极大地促进了知识的传播和文化的多样性。同时，新媒体的互动性强化了用户的参与感，改变了人们获取信息的方式，促进了社会沟通和交流方式的变革。

（二）互动性

在过去，报纸、广播、电视等传统媒体占据主导地位，信息的传递过程呈现出一种单向性，由专业的媒介组织向广泛的、异质的大众传播信息。这种方式虽然能够实现信息的大规模传播，但其互动性极为有限，受众难以对传播内容进行即时反馈，影响了信息交流的效率和效果。新媒体的出现打破了这一局面，尤其是社交媒体的普及，它融合了人际传播和大众传播的特点，使得信息传播变得更为灵活和双向。在新媒体环境下，每个人都有可能成为信息的传播者，信息传输和接收的渠道更为丰富，方式更为多样。这种互动性的提升，加快了信息的流通速度，也增强了信息传播的效果。

新媒体的互动性体现在多个层面。首先，信息的生产和消费界限变得模糊，用户既是信息的接收者，也可以是信息的创造者。借助微博、微信、论坛、公告板等平台，用户之间、用户与信息传播者之间能够实现即时互动。这种互动并不限于文字，还包括图片、视频、网络游戏等多种形式。其次，新媒体丰富了传播的方式和内容，网络表情包、流行语言等元素的创造和应用，使得信息传播更加生动有趣，增强了信息的传播效果。此外，如微信朋友圈的自我表达和自我暴露等行为，反映了个人生活和情感，也促进了人与人之间的交流和理解。新媒体的互动性改变了信息的传播方式，也对文化传承和社会协调产生了重要影响。它使得文化元素能够更加快速地传播和演变，促进了社会意识形态和价值观念的交流与融合。通过新媒体，人们能够更加方便地分享和获取信息，加深了社会的互联互通，提高了社会整体的信息化水平。

新媒体的互动性特征改变了传统媒体的信息传播模式，促进了信息生产者与消费者之间话语权力的平衡。在这种新型传播机制中，信息的发送和接收不再遵循单向、线性的路径，而是形成了一个动态互动的过程。信息生产者和消费者的身份可互相转换，使得每个人既是信息的提供者也是接收者。这种角色的流动性加强了传播的多样性和参与度。在新媒体环境下，信息的反馈机制实现了即时性，保证了传播双方能够迅速响应对方的信息，从而实现有效的沟通。这种双向交流的模式不限于用户之间的互动，还体现在用户与内容之间。用户可以根据自己的偏好选择内容，同时也能通过评论等形式参与内容的讨论和扩散。内容运营商在新媒体生态中扮演着至关重要的角色，他们通过大数据分析、云计算等技术手段，精细化管理信息内容，使得信息的分发更加贴合用户需求。例如，通过记录用户的浏览习惯和偏好，运营商能够提供更为个性化的内容推荐，增强用户体验。同时，用户的互动行为，如浏览、评论、分享等，也被运营商用于进一步优化内容推送策略。新媒体的这种互动性提升了信息传播的效率和效果，也为用户创造了更加丰富多样的交流平台。用户在享受信息获取便利性的同时，也能够在这个开放的平台上表达自己的观点，参与公共话题的讨论。这种双向互动和参与机制，促进了信息的多元化发展，也使得社会公众对信息的控制力和影响力得到显著提升。

（三）突破时空界限的即时通信

新媒体技术的发展，特别是基于数字化的通信技术进步，极大地推动了信息生产、制作、传输和接收方式的变革。数字化是新媒体的一个基础特征，更是它区别于传统媒体的根本标志。通过这种技术，信息的生产量显著增加，传输速度大幅提升，实现了信息的迅速流通。这种变化不仅突破了地理区域的限制，更超越了时间的束缚，使得信息传播不再受到物理空间和时间差的限制。在传统媒介的基础上，新媒体的出现可以视作一种补充和完善。它扩展了社会传播的边界，改变了社会文明的表达和呈现方式。例如，曾经的电报技术改变了新闻写作的形式，而今天，互联网技术和社交媒体的兴起，更是塑造了全新的信息传播和获取方式。这些新兴技术的应用，加快了信息的传播速度，也使得信息生产和消费的过程更加多元化和个性化。

新的传播技术革命消解了传播的时空限制，瓦解了传统信息生产机构的话语权威，打破了对媒介控制所形成的知识和信息的特权。物流作为市场营销的一个重要环节，其物质空间的传送依然重要，但信息的空间传送通过传播技术的进步，已经使得世界变成了"地球村"。空间的距离被大大压缩，物理空间的区隔功能减弱，各地区、各国家之间的信息传播限制逐渐消失。跨文化传播的增加对政府的国家治理和文化安全提出了挑战。不同文化的交流和融合，为社会公众提供了新的认知视角和叙事方式。随着越来越多的新媒体应用的出现，人类文明的发展方向也呈现出新的趋势。这些变化促进了信息的自由流动，也促使社会结构和文化形态发生了深刻的变化，展现了新媒体技术在推动社会进步方面的巨大潜力。

（四）超文本形成链接，互联互通

新媒体时代，超文本技术的应用标志着信息交流方式的一大飞跃。通过将信息单位组织成用户可自由选择的关联网络，超文本打破了传统线性的信息呈现模式，引入了一种非线性的信息存储、组织、管理和浏览方式。信息的数字化表现提高了信息的可接入性和互动性，而且通过超链接技术，实现了信息与信息之间复杂关系的直观表示。在超文本的世界里，信息内容之间通过网络化的链接互相联系，使得用户能够根据自己的需求和兴趣，灵活地在不同的信息单元之间跳转。这种方式极大地拓展了信息的组织形式，使得知识的体系和结构更加符合人们的思维习惯。用户在浏览信息时拥有更高的自主性和选择权，能够主导自己的信息探索路径，从而实现更有效的学习和理解。

数字技术的发展还使得不同类型的信息符号，如语音、文字、图像、图片、视频等，能够轻松地相互转化和结合。这种跨媒介的信息融合丰富了信息的表现形式，也为用户提供了更为直观、生动的信息体验。随着各种符号界限的逐渐模糊，信息的呈现和交流变得更加灵活多样，满足了人们对信息快速获取、高效传播的需求。超文本技术的核心在于其非线性特性和互联互通的能力，改变了信息的组织和访问方式，也促进了人与信息、人与人之间交流方式的革新。在这个基础上，新媒体环境下的信息传播更加迅速、广泛，信息的获取和分享也变得前所未有地便捷。通过超文本链接，构建起来的信息网络体现了真实世界系统和知识的复杂性，为人类的认知活动和知识的积累提供了更加强大的支持。

（五）媒体平台的开放性

新媒体以其开放性的平台特征，重新定义了信息的传播方式。互联网的核心在于开放与共享，这一点在新媒体的运作中得到了充分体现。内容平台允许用户自由地接入和输出信息，提供了上传和下载、浏览内容的便捷途径。随着技术的不断进步，新媒体平台的应用和表现形式也在持续演化。回顾过去，手机媒体曾被誉为第五媒体，许多人将手机短信、手机报视为其主要的传播形式，但这仅是当时技术发展阶段的一种表现。如今，随着智能手机的广泛应用，手机已不再仅仅是通信工具，更是成为了一种功能强大的数字媒体终端。它可以完成数字信息的采集、编辑与传送，还可以实现信息的接收，使得信息交流更为便捷和高效。新媒体平台的这种开放性改变了信息的传播方式，也推动了媒体生态的多样化发展。用户在这些平台上可以轻松分享和获取信息，促进了知识的广泛传播和文化的快速交流。

新媒体作为一种开放性的平台，面向广泛的用户群体及制度化媒介机构，其自生成内容的特性受到广泛关注。网络长评、微信公众号评论以及用户上传的音视频信息等形式的内容，展现了新媒体平台在鼓励原创和内容生产方面的重要作用。腾讯公司的实践尤为突出，通过发布内容生产促进计划并投入巨资，旨在加强内容平台的开放性建设，提高原创内容的生产动力。该计划通过"一点接入、全网接通"的策略，实现了对高流量互联网应用界面的全面整合，包括全民 K 歌、视频平台、社交平台、直播平台及新闻平台等，为内容创作者提供了便捷的内容发布渠道。这种整合促进了内容的生产和发行，也为内容盈利生态产业链的建成提供了有力支持。新媒体内容的数字化与网络互联平台的运营有效地联通了内容创作的上游与下游，满足了受众的需求。通过打通众多流量大的数字传输平台，内容创作者无须在每个平台注册账号，仅需登录即可接入，这极大地方便了内容的发布和传播。此外，这种整合还加强了用户与内容创作者之间的联系，使得双方能够更加紧密地交流互动，共同推动新媒体内容的丰富和发展。新媒体平台的开放性建设激励了原创内容的生产，也促进了内容生产与发行的有效对接，为建立健康的内容盈利生态产业链奠定了基础。这种开放性和整合性的特点，使得新媒体成为连接制度化媒介机构与分散用户个体的重要桥梁，为内容创作者提供了广阔的发展空间，同时也满足了广大用户对高质量内容的需求。

新媒体的发展，尤其是互联网平台的兴起，为内容生产者提供了更加开放、多元的创作空间。在这一背景下，大型互联网企业如百度、阿里、腾讯、今日头条等，纷纷推出了一系列扶持策略，旨在通过技术赋能，利用社交媒体所积累的大数据资源，深入挖掘用户的心理和行为偏好。这种做法能够精准推送用户感兴趣的内容，而且还帮助产业链上游的内容生产者找到并定位用户的喜好，生产出更受市场欢迎的作品。近年来，IP 热潮的兴起及其在全媒体平台上的开发成为一个显著趋势。这一现象体现在网剧的蓬勃发展上，影视生产平台与网络、电视平台的紧密结合，以及影视作品的制作更多依托于网络文学和已有的热门作品。企业对于 IP 的追捧达到了前所未有的热度，IP 的投资规模不断扩大，价格也随之飙升。这背后反映的是，跨媒体平台的内容运营已经成为一种常态。它促进了内容的多元化发展，也为内容生产者提供了更广阔的舞台。通过这些商业举措，不难看出，媒体平台的开放性为用户提供了丰富多样的内容选择，也为内容生产者创造了更多的机会和可能性。这种互利共赢的格局，促进了新媒体行业的快速发展和繁荣，同时也推动了内容创新和多元化的进程。在这样一个开放的平台上，用户的需求和偏好成为内容创作和推广的重要参考，进一步激发了内容生产者的创造力和活力，为整个媒体行业注入了新的生命力。

随着智能手机、iPad、Kindle等数字终端的普及，信息的生产与传播变得更为便捷。这种技术不仅促进了媒介机构和自媒体用户在信息生产中的积极参与，还大幅增加了信息量。新闻，作为时间敏感的产品，在新媒体环境中，其时效性的重要性被进一步放大，过时的新闻很快就会被遗忘。然而，信息的海量增加也带来了选择性遗忘的现象，用户在海量信息面前往往难以作出有效的选择，加剧了信息理解的难度，也增加了在信息海洋中迷失的风险。随着新媒体应用形式的不断革新和发展，一对一的点状传播方式与多对多的网状面上传播方式的融合，将促进社会传播进程中的多元化。这种多元传播主体的出现、传播过程的智能分发和用户的细分化，都是新媒体环境下的典型特征。信息传播秩序的不断变化，意味着传统的传播理论将面临被重新审视的挑战和机遇。在新媒体环境下，信息的传播不再是单一方向的流动，而是成为一个多维度、互动性强的过程。这种变化改变了信息生产者和消费者的角色，也对信息的传播效果产生了深远的影响。因此，新媒体的开放性不仅是技术层面的进步，更是对社会信息传播模式和理论的深刻影响。随着新媒体技术的进一步发展，可以预见，信息传播的方式和效果将会继续发生变化，对应的理论和实践也需要不断地适应和更新。

第二节　新媒体类型与核心理念

一、新媒体的类型

随着时代进步与科技发展，新媒体类型持续丰富变化。早期以 PC 为主的时代，博客网站通过图文形式发布信息，成为人们获取知识的重要渠道。随着移动互联网的兴起，新媒体的类型也更加多样。详见表 1-2。

表 1-2　新媒体的类型

类　型	特　点
门户网站	提供海量信息资源，便于用户浏览不同类型的内容
搜索引擎	为用户提供便捷的信息检索途径，帮助找到相关的网页、新闻等
网络社区	允许用户围绕共同兴趣建立联系，进行信息分享和交流
移动数字电视	结合传统电视内容与移动互联网，具有随时随地观看电视节目的能力
微博	社交媒体的一部分，促进了信息的快速传播和人际沟通
微信	社交媒体的一部分，提供即时通信、社交圈等功能，促进信息传播和交流
网络直播	凭借实时性吸引观众，成为现代人娱乐和获取信息的一种方式
短视频	易于消费的内容形式，迅速成为人们日常生活中的一部分

（一）门户网站

门户网站作为新媒体类型的代表，标志着互联网信息服务的初步形态，成为综合信息资源的重要来源。在新媒体发展的早期阶段，门户网站以其独特的定位，聚集了大量的互联网用户，提供了新闻、娱乐、商业等多方面的信息服务，成为人们获取信息的主要渠道之一。门户网站的出现，极大地丰富了互联网的内容，也推动了信息技术的发展和应用，为后来的新媒体形式奠定了基础。门户网站通过分类信息服务，让用户能够更加便捷地找到所需的信息，无论是生活资讯、市场动态还是娱乐八卦，都能在这些网站上一一找到。与此同时，门户网站还提供了搜索引擎、电子邮件等互联网基础服务，进一步加强了其作为信息中心的地位。随着互联网技术的不断进步，门户网站也在不断地演变和升级，加入了更多的个性化和互动性功能，以满足用户日益增长的信息需求和使用习惯。

门户网站作为互联网上重要的信息聚合平台，根据其内容和服务的不同，主要可以分为综合性门户网站、地方生活门户网站和企业组织门户网站。综合性门户网站涵盖范围广泛，从新闻事件、娱乐资讯到体育赛事、行业动态乃至热播影视剧和生活服务信息，应有尽有，是用户获取信息的重要渠道。国内知名的综合性门户网站如网易、腾讯网、新浪网、搜狐和人民网等，均提供了丰富的内容和服务，满足了不同用户群体的需求。地方生活门户网站则更注重本地化服务，内容通常聚焦于民生政策、本地趣闻和招聘信息等领域，旨在为当地居民提供更为贴心、便捷的信息服务。58同城、赶集网和百姓网等是此类门户网站的典型代表，它们通过精准的本地信息服务，成为连接当地居民生活需求与解决方案的桥梁。企业组织门户网站则是企业在互联网上进行品牌建设、产品推广、在线服务提供和市场开拓的重要平台。通过建立自己的门户网站，企业不仅能够有效地传播品牌理念和产品信息，还能直接与消费者进行互动，从而提升品牌影响力和市场竞争力，如中国移动官网、华为公司官网等。

（二）搜索引擎

搜索引擎作为新媒体技术的一种，深刻地改变了人们获取信息的方式。它通过互联网搜索关键词，快速地为用户找到所需信息，极大地提升了信息检索的效率。用户只需在搜索框中输入查询的关键词，搜索引擎便能在短时间内返回一系列相关的网页链接。这种技术不仅便捷，还能够根据关键词的相关性和网页的权重进行排序，使得用户能够更容易找到最合适的信息。在全球范围内，有多家知名的搜索引擎企业，例如谷歌必应，中国的百度、360搜索和搜狗搜索等。每一家搜索引擎都有其独特的算法，用于分析网页内容的相关性，以及确定其在搜索结果中的排名。这些算法持续更新，旨在提升搜索结果的质量和用户体验。搜索引擎的出现为个人用户提供便利，也对商业模式产生了深远的影响。企业可以通过搜索引擎优化（SEO）技术，提高自己网站的可见度和搜索排名，从而吸引更多潜在客户。此外，搜索引擎广告成为企业营销策略的重要组成部分，通过精确的关键词广告，企业能够更直接地触及目标客户群。随着技术的发展，搜索引擎也在不断进化。除了基本的文字搜索，现代搜索引擎还提供图片搜索、语音搜索等多种搜索方式，满足用户多样化的搜索需求。同时，人工智能和机器学习的应用使得搜索引擎能够更好地理解用户的查询意图，提供更加准确和个性化的搜索结果。

（三）网络社区

网络社区作为新媒体的一种形式，通过互联网搭建虚拟交流平台，集合了来自世界各地用户的智慧和经验，促进了信息的快速流通与知识的共享。根据功能和服务对象的不同，网络社区主要分为综合网络社区、地方网络社区和专题网络社区三种类型，各具特色，服务于不同的用户群体。

综合网络社区，如百度贴吧、豆瓣等，提供了一个内容丰富、话题多元的平台。在这些社区里，用户可以自由地发表意见、分享经验、交流思想。不论是日常生活的琐事，还是社会热点问题，甚至是小众爱好的探讨，都能在这里找到归属感。这种类型的网络社区因其开放性和包容性，吸引了广泛的用户群体，成为人们日常生活中不可或缺的一部分。地方网络社区，则以地域为纽带，聚集了来自相同城市的网友。这类社区通常以"城市名+论坛"的形式存在，如北京论坛、西安论坛等，内容主要围绕当地的新闻事件、生活信息、文化活动等进行交流。这样的平台让城市居民在快节奏的生活中，找到一片属于自己城市的交流空间，加强了地方社区成员之间的联系和认同感。专题网络社区则是基于特定兴趣或职业建立的交流平台。无论是数码爱好者的"手机之家"、军事迷的"铁血网"、游戏玩家的"游侠网"，还是体育粉丝的"虎扑"，都能在这些专题社区中找到同好，分享专业知识，解答彼此疑惑。这种类型的网络社区以其明确的主题和专业的内容，成为用户深入探讨兴趣爱好和专业领域的理想场所。网络社区作为新媒体的一种形式，丰富了人们的信息来源，也为拥有不同背景和兴趣的人提供了交流的平台，促进了信息的快速传播和知识的广泛共享，展现了互联网时代多样化和个性化的社会交往方式。

（四）移动数字电视

数字电视技术以全数字化的处理流程，从节目采集、制作到传输，最终到达用户端，确保了画面与音效的高清晰度，具有强大的抗干扰能力及扩展性，代表了电视技术发展的新方向。而作为其典型代表的移动数字电视，通过无线方式传送数字信号，克服了地理与移动的限制，无论用户身处何地，均能享受到清晰流畅的电视节目。移动数字电视的普及，体现了技术进步带来的生活方式变革。在高速发展的社会中，人们对于信息的获取有着迫切的需求。移动数字电视正好满足了这一需求，无论是在地铁、公交车、火车还是轮船上，它的存在让人们能够随时接触到外界的信息，享受到娱乐的乐趣。这种技术的广泛应用，不仅提高了信息传播的效率，也为人们提供了更为便捷的生活方式。具备安装简便、覆盖广泛、反应迅速和移动性强等优点的移动数字电视，为现代社会的信息交流提供了极大便利。它的发展，标志着新媒体技术在满足人们多样化需求方面迈出了重要一步。随着技术的不断进步与优化，移动数字电视的应用场景将更加广泛，它将为人们提供更加丰富、高效、便捷的信息服务。在快节奏的生活中，移动数字电视如同一扇窗，让人们即使在移动之中，也能够紧跟时代的步伐，享受到科技带来的便利与乐趣。

（五）微博

微型博客，简称为微博，近年来成为极其流行的新媒体类型之一。它依托广播式的社交网络平台，让用户能够分享和传播简短实时的信息。与传统博客相比，微博的特点在于内容形式的简洁性。最初，微博内容的字数限制为 140 字，这一设定极大降低了编辑的门槛，使得用户能够轻松地在线创作、分享及探索各种内容，实现了公开且实时的自我表达。基于关注机制，微博平台不仅促进了信息的迅速传播，还加强了用户间的互动，形成了一个活跃的社交网络环境。正因如此，微博在全球范围内拥有庞大的用户群体，成为人们日常生活中不可或缺的一部分。通过简短的更新，用户可以迅速获取新闻、娱乐、政治等多方面的信息，同时也能够及时分享个人观点和生活点滴，反映了当代社会快节奏、高效率的信息传播需求。

新浪微博作为一个汇聚了众多娱乐明星、企业高层、媒体精英的平台，它的影响力不容小觑。政府官媒、专家学者以及各类机构也选择在这里设立账号，分享信息，互动交流。这种多元化的参与者构成为新浪微博提供了丰富的内容资源，满足了不同用户群体的需求。新浪微博之所以能够吸引这么多"大V"入驻，部分原因在于其相对自由的舆论环境以及庞大的用户基础。这种环境便于信息的快速传播，还有助于形成多方参与的公共讨论空间，从而增强了平台的吸引力和活跃度。根据新浪2023年11月发布的第三季度财报，微博的月活跃用户数达到了6.05亿，同比净增约2100万，刷新了历史纪录。这一数据充分展示了新浪微博在国内外的广泛影响力和强大的用户基础。新浪微博之所以能够成为娱乐、商业、民生等社会各领域信息传播的重要窗口，主要是因为它能够提供一个多元化的信息交流平台，能够迅速地将信息传播给庞大的用户群体。用户可以在这里获取最新的娱乐动态、商业信息，也可以了解到社会最新的发展变化。这种快速、广泛的信息传播能力，使得新浪微博在数字时代的信息传播中发挥着不可替代的作用。

（六）微信

微信，作为腾讯公司推出的即时通信应用程序，已成为中国市场上用户占有率最高的国民级软件之一。它为智能终端用户提供了一种快捷的通信方式，还成为连接人与人之间沟通的重要桥梁。用户可以通过一对一的方式快速发送文字、语音、图片、视频、链接及文件等多媒体信息，可以进行语音通话和视频通话，还可以参与多人群聊、发布朋友圈、使用查找附近的人和扫一扫等功能，极大丰富了人们的社交方式。除了基本的通信功能，微信作为新媒体的一个重要组成部分，其微信公众平台功能更是为个人、企业和组织提供了一个强大的业务服务与用户管理平台。通过微信公众平台，可以构建起与读者之间更为直接的沟通模式，无论是品牌宣传还是营销推广，都能以更高效、更直接的方式达到目标受众。微信公众平台分为服务号、订阅号和小程序三种类型，满足了不同用户的多样化需求。服务号提供了更为专业的服务功能，订阅号侧重于信息的传播，而小程序为用户提供了便捷的应用体验，无须下载安装即可使用。微信的普及和应用，反映了当代社会信息技术的快速发展及其对人们生活方式的深刻影响。通过微信，人们的沟通方式更加多样化，信息传播速度更快，社交网络更为广泛。同时，微信公众平台的推出，也为企业和组织提供了一个新的宣传渠道，使得信息传播不再受地域限制，极大地提升了信息传播的效率和影响力。在数字化时代背景下，微信不仅仅是一个通信工具，更是一个集社交、信息传播、商务服务于一身的综合平台，对推动社会信息化进程发挥着重要作用。

（七）网络直播

网络直播，作为新媒体传播的一种形式，通过互联网平台实现实时信息的连续发布，利用视频、音频、图文等多种形式，为观众带来即时、高效和互动性强的内容体验。在现代社会，互联网的迅速发展为网络直播提供了技术支撑，使其成为人们获取信息和娱乐服务的重要途径。国内外许多平台，如虎牙直播、淘宝直播、抖音直播和快手直播等，已经成为网络直播的主要阵地，吸引了大量的观众和内容创作者。这些平台不仅促进了信息的快速传播，还提供了一个展示个人才华、交流思想和商业推广的场所。

网络视频直播，融合了图像、文字和声音，成为网络直播中的主流形式。它包括网络现场直播和网络互动直播两种类型。网络现场直播，如产品发布会、网络课堂等，主要目的是宣传，通过互联网和直播平台向更广泛的受众群体传递信息，达到良好的宣传效果。网络互动直播，如游戏直播、购物直播和明星互动直播，更侧重于娱乐，通过直播主播在直播间中与观众的一对多互动，为受众提供了一种新的、互动性强的娱乐方式。这种互动方式加深了观众与主播之间的连接，也使得观众能够更直接地参与直播内容的创造和反馈，从而形成了一种全新的社交和娱乐体验。随着技术的进步和用户需求的多样化，网络直播的形式和内容将继续演进，为人们提供更丰富、更个性化的信息和娱乐服务。

（八）短视频

短视频作为近年来飞速发展的新媒体形式，凭借其独特的魅力和广泛的受众基础，在数字化时代中占据了重要地位。视频短片利用先进的数字技术制作，以其播放时长短、制作周期短、创作成本低、内容精练生动以及互动性强的特点，在众多视频类型中脱颖而出，成为极受欢迎的媒体形式之一。

短视频之所以能够在众多媒体形式中迅速崛起，并获得如此广泛的关注和喜爱，主要有以下几个方面的因素：第一，其时长一般不超过5分钟，观众无须投入大量时间就能享受多样化的内容，满足了现代人忙碌生活中的碎片化观看需求。第二，这也意味着制作方面不需要大量的拍摄时间和后期剪辑工作，大大降低了创作门槛。第三，短视频的节奏通常较快，能够迅速吸引观众的注意力，并在短时间内传递大量信息，十分符合现代社会快节奏的生活方式。第四，拍摄门槛较低，人人都有机会通过自己的创意来制作并分享短视频，无论是日常生活的点滴记录还是具有创意性的短片制作，都为普通用户提供了展示自我和才华的平台。短视频的即拍即传特性，使其在互联网中的传播速度极快，观看方便，流量消耗小，极大地增加了内容的曝光机会和观众的参与度。观众可以轻松观看到各种精彩内容，还可以参与话题讨论，增强了与内容创作者之间的互动。第五，短视频与商业行为的紧密联系也是其快速发展的重要推手。通过短视频获取的大量流量可以迅速变现，为广告主和内容创作者带来了丰厚的收益，促进了整个行业的繁荣发展。国内知名的短视频平台，如抖音、快手、秒拍、火山小视频和腾讯微视等，为用户提供了丰富多样的内容选择和广阔的创作空间。这些平台的流行反映了短视频作为新媒体形式的巨大潜力，也展示了数字时代下人们对于快速、便捷、互动性强的媒体内容的渴望。

二、新媒体核心理念

（一）去中心化

在新媒体环境下，去中心化理念成为其发展的核心动力。该概念源于 20 世纪 60 年代美国国防部的研究，保罗·巴兰（Paul Baran）提出的分布式网络设计（集中式网络、去中心化网络、分布式网络）标志着信息传播方式的根本变革。去中心化不仅仅是技术层面的创新，更是一种思想的革命，深刻影响了后续互联网及新媒体的发展方向。去中心化理念反映在互联网技术的每一个层面，从网络结构的设计到信息的传播方式，都摆脱了传统中心化的束缚。在传统媒体时代，信息流通受限于媒介的物理和组织结构，信息的发布和接收呈现出高度的集中性。而互联网的出现，特别是分布式网络的构建，彻底打破了这一局限，实现了信息流动的自由和广泛。

马克·波斯特（Mark Poster）在其著作《信息方式》（*The Mode of Information*，1990）和《第二媒介时代》（*The Second Media Age*，1995）中对去中心化的讨论，进一步强调了这一理念对新媒体环境的深远影响。去中心化改变了信息的存储和传输方式，更重要的是改变了人们获取、处理和分享信息的方式。在这种环境下，个体都有可能成为信息的发布者和传播者，极大地丰富了信息的来源和形式，也促进了多样性和创新性的发展。比特币的发行与账本存储过程是去中心化应用的典型案例。它不依赖于任何中央权威机构，而是通过区块链技术，实现了交易的透明、安全和不可篡改。这一机制展示了去中心化在金融领域的应用潜力，也反映了去中心化理念对于构建信任和提高效率的重要性。去中心化理念的推广和实践，促进了信息自由流通、创新思维的激发和个体参与度的提高。它代表了一种向平等、开放和协作方向发展的趋势，为新媒体时代的信息传播和社会互动提供了广阔的空间和无限的可能性。随着技术的不断进步和应用的不断拓展，去中心化将继续深刻影响新媒体环境的发展，塑造未来信息社会的面貌。

　　从图1-1可以看出，传统的集中式网络依赖单一中心节点进行信息的传递与处理，存在明显的瓶颈与风险。而分布式网络摒弃了中心节点，实现了信息点对点的直接交换，极大增强了网络的稳定性并提高了效率。去中心化网络则融合了这两种模式的优点，通过构建多个星形的中心节点，并将这些节点通过附加的链路连接起来，形成了更为复杂且高效的环形结构。这种结构既保证了信息传播的高效性，也提高了网络的抗风险能力，展现了新媒体时代下网络发展的新趋势。

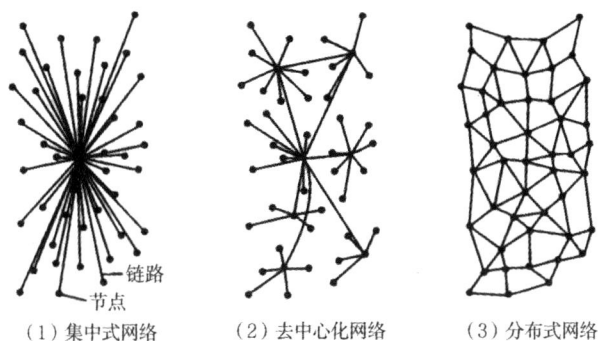

（1）集中式网络　　　　（2）去中心化网络　　　　（3）分布式网络

图1-1　保罗·巴兰提出的三种网络结构

　　新媒体环境下的去中心化理念正日益成为主流，其核心在于打破传统集中式系统的架构，推广分布式系统的构建。在集中式系统中，存在一个明确的中心节点，所有的数据和控制流程均围绕这个中心进行。相反，分布式系统去除了这种中心节点，实现了资源和控制的平等分布，每个节点都具有相同的地位和作用，强化了系统的弹性和抗干扰能力。去中心化体现在技术架构上的转变，更深层次地反映了权力结构的变化。通过去中心化，每个参与者都能对整个系统做出贡献，增强了个体的价值和系统的整体性能。近年来，"再中心化"的现象也逐渐浮现，指的是一些原本去中心化的系统，因各种因素，又开始出现中心化的趋势。这表明，系统的发展并非单一方向，去中心化与中心化可能在不同阶段根据需求和环境的变化交替出现。即便如此，去中心化依旧是新媒体时代的一大趋势，为系统设计提供了新的视角，为用户互动、内容创造和信息分发开辟了新的道路，体现了网络时代对平等、开放和自由的追求。

去中心化推动了信息技术的发展，重塑了人类的社会结构和交流方式。在这个高度联网的时代，去中心化是技术的选择，更是一种文化和思想的流动。它挑战了传统的权威与控制，促进了信息自由流通和创新的加速。去中心化的分布式系统展示出了强大的生命力和适应性，这使得它在处理复杂问题时表现出独到的优势。分布式网络通过多节点共同工作，增强了系统的鲁棒性和容错能力，减少了单点故障的风险。然而，这种系统在执行力上可能不如集中式系统高效，且在资源消耗上也较大。这一矛盾体现了技术选择的复杂性和多样性。与此同时，集中式系统因其高效的决策和资源调配能力，所以在某些场合显示出了不可比拟的优势。然而，过度集中可能引发信息孤岛和权力滥用的问题，限制了创新的可能性。因此，混合式系统的出现，试图结合两者的优点，既保持决策的高效性，又利用分布式的鲁棒性和创新潜力，寻找平衡点成为关键。在自然界和社会结构中，去中心化的模式早已存在，但互联网的出现为去中心化理念提供了全新的舞台。互联网技术的发展，推动了信息的快速流通，还淡化了地理和社会的边界，促进了全球化进程。在商业模式、文化研究等领域，去中心化成为推动变革的关键力量。它鼓励个体参与，增强了社会的动态性和多样性。去中心化的挑战在于如何在保持开放性和自由流动的同时，确保系统的稳定性和安全性。这需要技术创新、政策制定和社会共识的共同努力，以确保去中心化能够在促进创新和自由的同时，不牺牲社会的整体利益。

（二）用户自制

互联网技术的普及改变了新闻与信息传播的格局。在数字化时代，不再是专门的媒体机构独享采制与传播新闻的权利，而是社会个体也能参与这一过程。现如今，每个人都可以成为信息的制作者与传播者，无论是新闻、娱乐内容，还是小道消息和集合聚会等信息，都可以通过各种平台迅速传播。这种变化促使个体与社会管理、社会发展之间的对话变得更加频繁，构建起了以"自制内容"为核心的新社会交往模式。这也催生了新的产业模式，为众多创作者提供了展示才华的舞台，同时也对传统媒体行业形成了挑战和补充，推动了媒体生态的多元化发展。

1.用户自制内容与"自媒体"

自媒体，亦称公民媒体，标志着数字科技强化下的一个重大转变，使普通大众得以与全球知识体系建立连接。这种转变是技术上的飞跃，更是信息分享与传播方式的根本改变。在自媒体时代，每个人都有能力成为信息的提供者和传播者。这一点深刻地体现了数字时代的民主化趋势。自媒体的兴起，依托于最新的传播技术，使得内容的创造、分享变得前所未有的容易。与此同时，它也促进了知识的民主化，任何人都可以接入全球的知识体系，分享自己的见解、故事和新闻。自媒体的核心在于用户自制内容。这种模式下，内容的生产者与消费者往往是同一人，打破了传统媒体中信息流动的单向性。在这个框架下，每个人都有机会表达自己的观点，分享个人的经历和事实，无须通过传统媒介的过滤和编辑。这种方式丰富了信息的来源，也增加了观点的多样性，促进了社会对话和理解的深化。

过去，新闻和信息的生产严重依赖于专业的记者和编辑，他们是信息传播的主导者和把关人。然而，随着互联网和数字技术的发展，这一模式遭遇了挑战。现在，每一个用户都有可能成为内容的创造者，参与新闻的生产和分享。这种模式的转变，促进了一种自下而上的传播过程，其中对话和互动成为了不可或缺的一部分。新闻生产和消费的界限变得越来越模糊，大众传媒对原创和草根新闻的包容性显著增强。视频分享网站如 YouTube，以及博客、微信公众号等平台的出现，进一步推动了这种变革。社会个体有了发布新闻和信息的新渠道，而且还可以开设直播账号，进行个人"电视台"的直播活动。这种变化拓宽了个人表达的空间，而且还促进了信息传播的民主化。在这个新的数字时代，每个人都有可能成为信息传播的参与者，共同塑造公共讨论的空间。与此同时，新媒体的兴起也对传统新闻传播模式提出了挑战。在传统模式中，新闻的生产和传播需要通过一个中心化的"把关"系统进行，而在新媒体时代，这个"把关人"的角色正在向边缘移动。边缘的个体，即普通的用户，逐渐成为新闻信息的重要"把关者"。这种转变改变了信息的生产和传播方式，而且还改变了人们获取和处理信息的方式。

2.用户自制的传播主体

传统的传播模型，以大众媒体为核心，构建了一个信息从生产到消费的单向流动渠道。在这一模型中，信息的筛选、编辑和发布均由专业机构掌控，而受众角色被动地接收所提供的内容。这种模式下，信息传播呈现出明显的中心化特征，传播者和接收者之间存在着清晰的界限。然而，随着互联网技术的迅速发展和社交媒体平台的普及，这一传统模式正经历着前所未有的挑战。个人现在能够以极低的成本获取传播工具，发布自制的内容，这些内容不限于文字，还包括图片、视频等多媒体形式。这种变化意味着，从个体到群体，人人都有机会成为信息的传播者，打破了以往传播者与接收者之间的固有边界。在传统广播电视媒体时代，信息的传播有诸多限制。相比之下，互联网为用户提供了一个开放且几乎无限的空间，使得每个人都有可能建立自己的传播平台，无须经历繁复的审批流程。这种自上而下的传播方式正在逐渐被从下而上的用户生成内容（UGC）模式所替代。在这一模式下，内容的创造者和消费者往往是同一批人，他们通过互动和参与形成了一个多元、动态的信息生态系统。不同于传统模式中的单向传播，新媒体环境下的信息流动更加复杂多变，信息的生产、分发和接收过程更加去中心化，形成了一种全新的参与式传播模式。这种转变改变了信息的流动方式，也重新定义了传播者的概念。在新媒体环境下，传播者不再是拥有专业设备和技术的官方媒体机构，而是包括任何能够在网络上发布信息的个体和团体。这一变化使得信息的多样性和丰富性大大增加，同时也引发了关于信息真实性、质量控制和版权保护等一系列新的问题和挑战。

3.用户自制的传播流程

新媒体环境下，用户自制内容的发展呈现出独特的传播流程。这一过程得益于网络信息的扩容性与范围的无限性。在如此背景下，信息获取的路径不再是线性的，而是多维度、交互式的。海量的互联网内容积累，赋予了用户前所未有的主动权，包括决定接收何种内容、何时接收以及通过何种方式和设备接收。与传统广电媒体相比，互联网的本质区别并不仅仅在于技术层面的扩容和节目呈现方式的改变，更体现在内容生产和传播的理念上。互联网平台打破了时间和空间的限制，实现了内容传播的即时性和广泛性，而传统广电媒体受制于其线性结构和体制本身的限制，难以实现如此灵活多变的内容生产和传播。在用户自制内容的传播流程中，用户既是内容的接收者，更是内容的创造者和传播者。这种变化使得内容的多样性和创新性得到了极大的提升。用户根据个人兴趣和需求，创作出符合自己口味的内容，并通过社交媒体等网络平台进行分享和传播，形成了一个去中心化的内容生产和传播模式。

个体对信息的需求不再局限于传统的新闻报道，独特性和个性化的内容成为了追求的焦点。信息的加工和生产强调即时性，使得事件的亲历者在很多情况下能够比专业记者更快、更准确地传递信息。这种变化源于对信息时效性的高度重视，以及技术发展带来的信息传播方式的多样化。互联网作为信息获取的主要渠道，改变了人们对信息的期待和消费模式。社会对信息的质量和新闻内容的专业化程度表现出了前所未有的包容性。在这样的背景下，让即时获取新闻信息，与全球发生的事件保持同步成为可能，也成为众多人的选择。对于其他方面的深入挖掘和分析，人们似乎并不急于一时，而是更加重视能够快速接触到第一手的信息。这种趋势促进了用户自制内容的兴起。个体通过社交媒体平台、博客等渠道，将自己的经历、见解乃至现场报道直接传递给公众。在提升了信息传播速度的同时，也丰富了信息的多样性，使得公众能够从多角度、多视角接触到信息，增强了信息的立体感和参与感。用户自制的传播流程具有明显的特点，它突破了信息传播的传统壁垒，降低了信息发布的门槛，使得每个人都有机会成为信息的传播者。在这个过程中，信息的创造、分享和消费变得更加灵活和即时，极大地促进了信息的流动性和互动性。

（三）社交化

互联网时代的到来，为媒体与用户之间的沟通带来了革命性的变化。社交化媒体的发展，特别是其互动性的强化，重新定义了信息传播的方式。在这一过程中，用户不再是被动接收信息的对象，而是成为积极参与互动、评论和分享的主体。这种变化扩大了媒体与用户对话的渠道，更加深化了这种对话的内容和形式。在这个多元化的互动平台上，每个用户都有机会表达自己的观点，不论是通过文字评论，还是通过点击、分享等方式。这种参与机制使得信息传播不再是单向的流动，而是形成了一个多向的交流网络。用户之间的对话跨越了地理和文化的界限，网络社群的形成让人们能够围绕共同的兴趣和话题集聚一堂，打破了传统媒体中存在的地域和边界限制。互动性并不局限于用户与媒体之间的交流，更扩展到了用户与产品、艺术作品之间的深层次体验。这种体验超越了传统的观看和听取，变成了一种全方位的沉浸式感受。例如，前卫艺术的互动装置和现代艺术展览，如英国泰特现代艺术馆的展示，让观众不再是外部的观察者，而是成为作品的一部分，通过身体和感官的直接参与来体验艺术，强调了情境性的重要性。这种互动和体验的深化，使得传播的过程和内容要素在个体身上都可能发生不同的影响。每个人的体验都是独一无二的，因为它不仅受到作品本身的特性影响，还受到个人背景、情感和认知状态的影响。这种个体化的互动体验，增加了传播内容的丰富性和深度，使得信息的传播更加复杂和多样化。

第三节　新媒体发展与传播特点

一、新媒体的发展

（一）新媒体发展历程

新媒体的演变历程，从其受众群体的转变中显而易见，可概括为三个阶段：精英媒体阶段、大众媒体阶段与个人媒体阶段。起初，新媒体服务于少数精英，内容制作和传播受限于特定社会群体。随后，技术进步和通信手段的普及促使新媒体进入大众媒体时代，内容和受众范围显著扩大。最终，互联网的发展为个体提供了表达平台，每个人都能成为信息的生产者和传播者，标志着新媒体发展进入个人媒体阶段，实现了信息传播的大众化。

1.精英媒体阶段

新媒体在其诞生之初，标志着信息传播方式的一大转变，此时期接触并能够利用新媒体的用户相对较少，主要集中于社会的高端群体。这些用户通常具备较高的文化素养和专业背景，能够熟练掌握新媒体的使用，并将其作为传递专业知识和信息的重要工具。在这一阶段，新媒体更多地承担着精准传播和知识共享的角色，强调的是信息的专业性和针对性。由于技术门槛和资源的限制，新媒体的早期发展更多地依赖于这些精英用户的推广和使用。他们通过新媒体平台交流思想、分享专业知识，促进了特定领域内的信息流通和知识积累。这种由上而下的信息传播模式，在当时构成了一种相对封闭但高效的交流网络，使得新媒体在特定领域内发挥了重要作用。同时，这一阶段的新媒体也体现了信息技术在社会中的初步渗透，为后续新媒体的普及和发展奠定了基础。随着技术的进步和网络的扩展，新媒体开始向更广泛的用户群体开放，逐渐演变为今天我们所见的全民参与的信息交流平台。

2.大众媒体阶段

新媒体技术的发展与演变，带来了传播方式的深刻变革。成本的显著下降使得新媒体技术除了在专业领域得到广泛应用之外，同时也逐步进入普通大众的生活。网络媒体和移动媒体作为新媒体的代表，以其独特的低成本和高效率优势，改变了信息传播的格局，使得信息的获取和分享变得前所未有地便捷。在这一阶段，新媒体开始担任起了信息传播的主要角色，不仅仅是因为它们能够提供更为丰富和多样的内容，更重要的是，它们打破了时间和空间的限制，让信息传播的速度和广度达到了新的高度。人们可以随时随地通过智能手机、平板电脑等移动设备，接触到来自世界各地的信息，这种前所未有的便利性极大地丰富了人们的生活并扩宽了认知视野。同时，新媒体还促进了信息的双向交流。与传统媒体相比，新媒体能够实现信息的快速传播，还能够让接收者参与信息的生成和传播过程，形成了一种互动的传播模式。用户可以通过评论、点赞、转发等方式，参与信息的再加工和传播。这种参与性和互动性极大地提升了信息传播的效果和影响力。更为重要的是，新媒体的普及和发展，推动了社会的信息化进程，促进了经济和文化的全球化发展。信息的自由流动使得世界各地的人们能够更加紧密地联系在一起，共享知识和文化，促进了全球范围内的理解和合作。

3. 个人媒体阶段

个人媒体阶段的到来，让"万物皆媒"的理念深入人心。在这个阶段，传统的媒介界限被打破，每个人都有能力成为信息的发布者和内容的创造者。这一变化深刻影响了社会的沟通模式和信息流动的格局。随着互联网技术的快速发展和智能手机的普及，人们获得信息和表达观点的渠道变得前所未有地便捷。社交网络平台、博客、视频分享网站等成为个人表达自我、分享生活、传递观点的重要舞台。在这些平台上，每个人都可以轻松地发布内容，无论是文字、图片还是视频，都能迅速传播至世界各地，触及成千上万的观众。个人媒体的兴起，促使内容生产和传播的大众化，打破了传统媒体对信息发布的垄断。在这个时代，内容的价值不再仅仅取决于其发布的平台或背后的组织，而是更多依赖于内容本身的质量、创意和对受众的吸引力。因此，个人通过自己的努力和创造力，完全有可能获得与大型媒体机构相媲美的影响力。

（二）新媒体发展趋势

新媒体技术的进步推动了其向自然化、智能化、社交化和跨媒介融合方向发展。技术更新换代使得信息传播更为直观、便捷，同时通过算法优化，使内容实现个性化推荐成为可能。社交网络的融入增强了互动性与参与感，使得用户之间的交流无缝对接。跨媒介的融合则打破了传统界限，实现了多种形式内容的有机结合，提升了媒体内容的丰富度和深度。这些趋势共同作用，极大地丰富了新媒体的表现形式，也为用户带来了更加个性化、多元化的信息服务。

1.自然化

在新媒体时代，技术与人类感知能力的结合日趋紧密，其发展轨迹显著朝着"自然化"的方向演进。这种趋势体现在技术设计与应用更加贴近人类原有的感知习惯与形态，如视觉、听觉和触觉等基本感官体验。现代技术，特别是新媒体技术，正努力模拟甚至增强这些天生的感知方式，以提供更为直观、亲切的用户体验。例如，声音媒介让人们在无须视觉参与的情况下接收信息，模拟了人类在自然环境中通过听觉感知世界的本能。同时，随着可穿戴设备和虚拟现实技术的发展，人们能够在移动中接收信息，既不打断日常活动，也不违背行走时候的自然体验。多感官交互的崛起——比如触觉和嗅觉的数字模拟——预示着媒体体验的全面自然化，让人们在与数字内容互动时能够实现看、听、摸、闻等多维度的感知，丰富了信息的接收和体验方式。这种自然化的发展使得技术产品更加人性化。更重要的是，它极大地降低了技术的使用门槛，使得更广泛的用户群体能够轻松地、直观地利用新媒体技术。

媒介的演进大致可以分为三个阶段，每个阶段都在向着更加贴近人类自然感知模式的方向迈进。

最初期的媒介，如口头语言和实物媒介，它们的特点在于直接利用自然界的元素，无须借助其他技术手段，让人们以最直观的方式进行信息的交流与获取。这一时期的媒介，最大的优势在于其简单直接，能够直接作用于人的感官，但同时受限于传播的范围和速度。随后，印刷术和电子技术的出现，开启了媒介形态的第一次自然化阶段。报纸、杂志、广播和电视等媒介的诞生，极大地扩展了信息传播的范围。同时，这些媒介成功地模拟了人类的基本感知模式，如静止的图像、连续的声音和动态的视觉场景，使得信息传达变得更为生动和丰富。进入互联网和移动互联网时代，媒介形态的第二次自然化阶段展现出前所未有的灵活性和复杂性。信息传播的速度和广度得到了前所未有的提升，人们对信息的获取和处理方式也变得更加多样化。然而，这一阶段的自然化更多体现在信息获取的便捷性和多样性上，对于人类感官体验的模拟仍有待深入。

媒介自然化的发展趋势体现在两个主要方向：一是完善和扩展人类的自然感知能力，二是创造全新的感知模式。这两个方向均体现了这一趋势。在完善和扩展人类自然感知能力方面，数字技术、移动互联网、虚拟现实（VR）、增强现实（AR）等技术的应用日益广泛。这些技术能够在一定程度上模拟人类的触觉、嗅觉和味觉，但目前仍处于初级阶段，未能全面成功复制。因此，未来的技术发展势必更加注重通过这些高科技手段，实现对人类自然感知形态和模式的高度还原。例如，通过VR技术，用户可以在虚拟环境中"触摸"到物体，感受到温度和质地；通过特定的硬件设备，模拟食物的味道和气味，让用户在虚拟世界中也能享受到仿佛真实的用餐体验。在创造全新的感知模式方面，可能不完全基于人类原有的感知能力，但旨在通过技术创新，提供更为便捷和直观的交互方式。如谷歌眼镜的眨眼拍照功能，简化了传统拍照的复杂步骤，用户通过自然的眨眼动作即可完成拍摄，大大提高了操作的便利性和体验的自然度。此外，眼动跟踪技术能够让用户通过眼睛的移动来控制屏幕上的光标，实现页面滚动或选择功能；手势控制技术让用户通过简单的手势来进行翻页、选择等操作；语音搜索技术则通过识别用户的语音命令来执行搜索等功能。这些技术的应用大大丰富了人机交互的方式，让媒介使用变得更加自然和便捷。

2.智能化

随着信息技术的飞速发展，大数据、物联网、传感器等前沿科技正逐步深入人类生活的各个层面，从智能家居到智能医疗，智能化的足迹遍布其中。新媒体在这一浪潮中，也呈现出显著的智能化发展趋势，其进程可概括为计算智能、感知智能及认知智能三个阶段。见表1-3。

表 1-3　新媒体的智能化发展阶段

发展阶段	特征描述
计算智能	新媒体能够进行基础的数据存储与计算处理，为用户提供初级的信息交互体验
感知智能	新媒体能力提升，能够进行听说、看认的互动，丰富了用户与媒体内容的互动方式
认知智能	新媒体展现出理解与思考能力，能深层次分析用户需求，提供个性化、智能化的内容和服务，标志着技术进步和互动方式的根本变革

随着人工智能技术的不断突破，新媒体正向认知智能阶段迈进，展现出更为高级的理解与思考能力，能够更深层次地分析用户需求，提供更加个性化、智能化的内容和服务。这一转变体现了技术进步的力量，也标志着新媒体与用户之间互动方式的根本变革。随着新媒体向认知智能阶段的深入，未来的媒体环境将更加智能化和个性化，为用户带来前所未有的体验。

新媒体时代的飞速发展，智能化已成为其主要趋势之一，体现在内容生产、预测行为、信息传播等方面。在内容生产方面，智能化技术通过"人工模板"加"自动化数据填充"的模式，大幅提高了新媒体内容的生成效率。模板由编辑人员提前设计，确保内容框架的合理性与连贯性，而数据填充依赖于机器学习技术，自动整合实时数据，生成具有高度相关性和时效性的内容。这种方式减轻了人工编辑的负担，也保证了信息的快速更新，满足了用户对新鲜、有价值信息的需求。预测用户行为方面，智能化技术能够深度分析历史数据，通过机器学习识别用户习惯和偏好，实现对未来行为的预测。这种预测能力让新媒体平台能够提前准备并推送个性化内容，极大地提升了用户体验和满意度。个性化推荐增加了用户对平台的黏性，为广告投放等商业行为提供了精准定位，帮助企业更有效地触达目标用户群体，实现营销效果的最大化。在信息传播方面，智能化的应用使得新媒体能够在海量信息中精准捕捉用户需求，通过大数据分析，细分市场和用户群体，将定制化内容高效传递给目标用户。智能化技术的这一优势提高了信息传播的效率和精确度，也为用户带来了更加贴合个人需求的信息服务，增强了用户体验，提升了媒体内容的吸引力和影响力。

3. 跨媒介融合

新媒体时代的到来标志着信息传播方式的根本变革。在这个时代，多种媒介工具快速发展，各展其长，以独特的方式传递信息。技术进步推动了媒介界限的模糊，促进了跨媒介融合的趋势，使得新媒体的传播渠道和接收终端变得更加多元和复合。在这个多元化的新媒体生态中，微博、微信等社交媒体平台实现了人与人之间的直接沟通，还拓宽了信息的传播途径。论坛和社区为群体提供了讨论和交流的空间，增强了社群的凝聚力。同时，内部网和局域网在组织内部发挥着重要的沟通作用。而新闻门户网站、综合性网站、数据库以及视频中心主要承担了大众传播的职能，为广大用户提供了丰富多样的信息资源。这些新媒体形式并没有孤立存在，而是通过网络连接成一个庞大的信息传播网络，实现了信息的互联互通。这种跨媒介的融合提高了信息的传播效率，还丰富了信息的呈现形式，使得接收者能够从不同角度、通过不同渠道获取信息，满足了用户多样化的信息需求。

跨媒介融合的实现，依赖于先进技术的支持和创新应用的不断探索。数字技术的发展，尤其是移动互联网技术、大数据技术和人工智能技术的应用，为新媒体融合提供了强大的技术基础。这些技术的应用，使得信息的采集、处理、发布和传播过程更加高效、精准，同时也为用户提供了更为便捷、个性化的信息服务。跨媒介融合的趋势，展现了新媒体环境下信息传播的新格局。在这个格局中，信息传播不再受限于单一媒介或传统的传播方式，而是形成了一个互联互通、相互促进的新媒体生态系统。这种生态系统提升了信息的传播效率和效果，还加深了媒介之间的互动，促进了社会信息化进程的深入发展。

随着手机、平板电脑等移动设备的普及，新媒体传播的范围被拓宽，空间与时间的限制越来越少。这种变化不限于新兴平台，还包括电视、广播等传统媒体，它们与新媒体内容的融合，促进了信息交流的无缝对接。例如，传统电视台和广播站通过网络平台扩展了观众群体，实现了与观众的直接互动。同时，电脑和其他新媒体设备的发展，加速了网络电台、网络电视台等新型传播渠道的兴起。这些渠道的特点在于能够提供更加个性化、多样化的内容，满足不同受众的需求。这种跨媒介融合的本质，是基于互惠发展的原则，旨在通过信息联动、优势互补、资源共享等方式，革新内容生产与消费的模式。这一进程丰富了信息的传播形态，促进了信息的海量化和多样化，为大众生活带来了前所未有的便捷。人们可以通过多种设备，随时随地接触到丰富的信息资源，无论是新闻、娱乐服务还是教育资源，都在这种跨媒介融合的趋势下变得更加触手可及。

二、新媒体传播特点

（一）消解权威

新媒体的兴起，标志着传播领域的一次根本性转变，它以独特的力量重塑了信息流通的格局。传统媒体如电视、广播和报纸等长期以来构建了信息传播的主要通道，而新媒体的出现，打破了这些固有的界限，引领社会进入了一个去中心化的新时代。边界的消解体现在媒介自身，更体现在国家与国家、社群与社群、产业与产业之间的互联互通，实现了信息的自由流动。新媒体建立了与受众之间更直接、更真实的联系，通过社交网络、博客、微博等形式，让每个人都有机会成为信息的发送者。这种双向互动的特性，突破了时间和空间的限制，为信息的传播提供了无限可能。在这个过程中，每个人都能发声，每个声音都有可能被听见，形成了一个人人都能参与的传播环境。如"人人都是麦克风""我的世界我做主"等新理念，反映了这种去中心化的传播模式，赋予了受众前所未有的自主权。同时，新媒体的发展也促进了媒体内容的多样化和个性化，专业媒体的节目和栏目更加注重对象化、专业化。随着受众偏好的不断变化，媒体行业由卖方市场向买方市场转变，受众的需求和兴趣成为媒体内容创新的重要驱动力。这种变化促进了媒体产业的发展，也使得信息的传播更加贴近受众的实际需求，提高了信息传播的效率和有效性。在新媒体的影响下，社会权威的概念亦发生了变化。信息的自由流通和用户参与的程度空前提升，每个人都有可能成为信息的生产者和传播者。这种变化体现在技术层面，更深层次地影响到了社会结构和人们的思维方式。去中心化的特征意味着权力的分散，传统的权威机构和专家的声音不再是唯一的、决定性的信息源。相反，多元化的声音得到了展示的平台和机会，促进了观点的交流和知识的共享。

（二）变线性传播为多人对多人的传播

新媒体传播的兴起标志着传统传播模式的根本性转变，从一对多的单向流动演进到多对多的互动式交流。在这种框架下，信息的发布与接收不再受限于少数媒体机构的控制，而是变成了广泛分布的个体之间的互动过程。在这一变化中，四个显著特征凸显出来：其一，现代技术赋予个体成为信息传播的主体的能力，打破了信息传播的壁垒，实现了从专业到平民的广泛参与。其二，信息本身与其所承载的意义之间的直接联系被削弱，意味着接收者在解读信息时享有更大的自主性和解释权。其三，这种传播方式极大地增强了受众的参与感和主动性，受众不再是被动接收信息的容器，而是能够主动筛选、反馈乃至创造内容的参与者。其四，新媒体的发展促进了大众传播内容的个性化和细分化，满足了多样化和个性化的需求。

新媒体传播方式的变革颠覆了传统媒体的单向传播模式。在过去，信息的传递像是从高处到低处的瀑布，源源不断但方向单一，受众只能处于接收端，缺乏反馈与互动的机会。然而，随着技术的进步和新媒体平台的兴起，传播的格局发生了翻天覆地的变化。在新媒体环境下，信息流动不再是一条单行道，而是变成了一个广阔的网络，每个节点都能成为信息的发送者和接收者。这种多人对多人的传播模式打破了信息传递的层级壁垒，消除了信息的单向性，使得每个个体都有机会发声，参与信息的创建、分享和讨论。这种互动性的增强让信息传播更加高效，还使得受众从过去的被动接收者转变为主动参与者。每个人都可以根据自己的兴趣和需求，选择性地接收信息，同时也能对信息进行反馈和评论，甚至参与信息的再创造。这种双向甚至多向的交流机制，极大地丰富了信息的内涵，增加了其价值。更为重要的是，新媒体的这种传播特性激发了人们的参与热情，促使他们更加积极地表达自己的观点和想法，形成了一个活跃、动态的传播生态。这不仅促进了信息的快速流动，也加强了社会的互动和沟通，有力地推动了公共话语空间的扩展和民主参与的深化。

（三）传播成本降低

在传统媒体时代，信息的生产和传播需要借助昂贵的设备和专业的技术人员，而新媒体的出现打破了这一壁垒。通过互联网、社交平台和各类应用程序，每个人都可以成为信息的生产者和传播者。这种变化减少了信息传播的经济成本，加速了信息的流通速度。在新媒体环境下，信息的发布不再需要通过复杂的审批流程，个人和组织可以直接在网络上发布内容，观众可以迅速接触到这些信息。相比之下，传统媒体如报纸、电视等的信息发布，需要经过编辑、排版、印刷或者是频道安排等多个环节，不仅耗时长，成本也高。新媒体还提供了丰富的互动渠道，使得信息的传播具有双向性和互动性。观众可以通过点赞、评论、转发等方式参与信息的传播过程，这降低了信息传播的门槛，也增强了信息传播的效果。与此同时，这种互动性也为传播主体提供了即时反馈，使他们能够更加精准地了解信息的传播效果和受众的需求，进一步降低了信息传播的成本。此外，新媒体的多样性和便捷性也极大地降低了传播成本。通过多种媒体形式如文字、图片、视频等，信息能够以更加生动和直观的方式呈现，提高了信息的吸引力和传播效率。同时，新媒体的便携性使得信息传播不再受时间和地点的限制，人们可以随时随地接触到丰富的信息资源。

（四）主要依赖于技术

新媒体传播的发展与日新月异的技术进步紧密相连，它的出现和演进彰显了数字化时代的特征。技术是新媒体存在的前提，也是其快速发展的动力。新媒体技术的后天性质，表明了它是人类智慧和创造力的结晶。与传统媒体相比，新媒体的产生和发展依赖于一系列先进的技术支持，包括但不限于数字化技术、互联网技术、移动通信技术等。

在新媒体技术体系中，硬件设备和软件技术缺一不可，它们共同构成了新媒体的基础框架。硬件设备提供了物理支持，而软件技术赋予了新媒体灵活多变的功能和广泛的应用范围。从内容的录入、存储、传输接收，乃至控制和管理，每一个环节都离不开精细复杂的技术支撑。这些技术的发展和完善，使得新媒体能够以前所未有的速度和效率传播信息，跨越地域和时间的限制，实现全球范围内的即时交流。数字技术，作为新媒体的核心，改变了信息的处理方式，还重新定义了信息的传播模式。在数字技术的支持下，新媒体能够实现信息的高效编码、存储和迅速传输，同时也为用户提供了更为丰富和具有互动性的信息体验。因此，掌握基础的数字技术，对于有效利用新媒体进行信息传播至关重要。随着技术的不断进步，新媒体的形态和功能也在不断演变，带来了更多的可能性和挑战。技术的更新换代要求新媒体从业者要有坚实的技术基础，还要具备持续学习和适应新技术的能力。在这一过程中，技术是工具，更是推动新媒体创新和发展的关键因素。

（五）传播实时化

随着科技的飞速发展，信息传递的速度和效率达到了前所未有的高度。在这个时代，任何重大新闻或者即时信息都能通过互联网瞬间传遍全球，不受地理和时间的限制。传统媒体如报纸、电视等在信息传播方面面临的时间延迟和物理距离的限制，在新媒体面前显得力不从心。

技术的简单化和便捷化是新媒体能够实现信息快速传播的关键。在今天，只需简单操作，个人和机构便可将文字、视频、音频等多种形式的信息迅速发布到互联网上，而观众几乎可以在同一时间接收到这些信息。这种无缝的信息流动，使得全球的用户都成为信息传播的直接参与者，每个人都有可能成为信息的发布者和传播者。新媒体还极大地拓宽了信息传播的渠道和范围。通过社交网络、即时通信软件、在线直播等形式，信息能够以多样化的方式传播，触及更广泛的受众。这种传播方式的多样性和广泛性，使得信息能够更加精准地达到目标受众，同时也为受众提供了更为丰富和多元的信息选择。新媒体传播的实时化还促进了全球互动和交流的加速。信息的快速流动不仅仅是单向的，观众也可以通过评论、转发、点赞等互动形式参与信息的传播，形成了一种双向甚至多向的交流模式。这种互动性增强了信息的传播效果，也让全球的用户能够更直接地分享观点和文化，促进了不同文化和社会的理解与融合。新媒体传播的实时化是其区别于传统媒体的一个核心优势，极大地提高了信息传播的速度和效率，而且通过技术的简单化和便捷化，使得信息能够在全球范围内无障碍地流动，为人类社会的交流和发展提供了新的可能。

第二章

新媒体时代文化的传播机制

第一节　新媒体时代文化的承载价值

　　新媒体时代，文化承载价值的转变显著。文化不再仅仅是知识和信息的传递，更是思想道德的培育基地，尤其在弘扬社会主义核心价值观方面发挥着不可替代的作用。媒介技术的发展，使得人类的文化生活得以外延和拓展，形成了一个全新的文化传播生态环境。在过去，大众媒体作为文化传播的主渠道，虽然有效地实现了从内容生产到社会关系价值构建的转换，但其传播方式具有明显的单向性、组织性和中心化特点，使得受众往往只能处于被动接收的状态。这种传播模式在一定程度上限制了文化交流的广度和深度。进入新媒体时代后，情况发生了根本性变化。多样化的新型媒介如雨后春笋般涌现，它们以先进的技术为支撑，采用交互式非线性的传播方式，彻底打破了传统的传播范式。新媒体的出现极大地丰富了人们的文化生活，也使得文化传播变得更为高效、快速和安全。更重要的是，新媒体提高了受众的参与度，人们可以直接参与文化交流和创造过程，实现了从被动接收到主动参与的转变。

一、新媒体对文化传承的作用

（一）数字化保存：确保文化遗产的长期存储

数字化保存作为这一时代下文化传承的重要手段，确保了文化遗产的长期存储，还大大拓宽了文化传播的途径。

数字化保存指的是利用现代信息技术，将传统文化资源转换为数字形式，以便于在网络环境中存储、检索和传播。这种方式具有不可估量的价值。首先，它突破了物理保存的限制，使得易于损坏的文化遗产如古籍、文物、艺术品等得以长久保存。文化遗产一旦被数字化，其信息就可以在全球范围内被分享，这将有助于文化的广泛传播，也促进了全人类对于文化多样性的认识和尊重。其次，数字化保存能够增强公众对传统文化的了解和增加接触机会。通过互联网，人们可以随时随地访问到丰富的文化资源，无论是虚拟博物馆的在线参观，还是数字图书馆的文献检索，都极大地方便了公众的文化消费和学习。这种无界限的文化传播方式，使得文化遗产不再局限于特定的地理位置或社会群体，而是成为全人类共享的宝贵财富。再次，数字化保存还促进了文化的活化利用。传统文化资源一旦被数字化，就可以以多种形式被重新创作和表达。例如，古典文学作品可以通过电子书的形式被广泛传播，古代艺术品可以通过数字技术重新呈现，甚至可以与现代艺术进行融合创新。这种跨时代的文化传承和创新，保留了文化的原始韵味，也赋予了它新的生命力。最后，数字化保存还带来了文化教育的新机遇。在教育领域，数字化的文化资源可以作为重要的教学材料，帮助学生更直观、更深刻地理解和学习传统文化。通过互动式的学习平台，学生可以不受时间和空间的限制，自主探索丰富的文化知识。这种教育方式对于培养学生的文化素养和批判性思维具有重要作用。

（二）互动性传播：提高公众参与度和文化认同感

互动性传播指的是信息技术的应用使得信息接收者可以直接参与到信息的传播过程中。这一过程在文化传承中尤为重要。通过互动性传播，公众不再是被动地接收文化内容，而是能够更加积极地参与到文化传播、交流乃至创新过程中，这极大地增强了文化认同感和参与度。

其一，互动性传播使文化学习变得更加生动和有趣。在传统的文化传播中，公众往往是接收者的角色，而在新媒体平台上，通过视频、音频、图文等多种形式的内容，配合评论、分享、点赞等互动功能，用户可以直接参与到文化内容的讨论和传播中。这种参与不仅限于文化知识的获取，更包括对文化的理解和感悟，使得文化学习变得更加主动和深入。其二，互动性传播强化了文化的社会性。文化是社会生活的反映，也是社会成员共同的精神财富。新媒体平台提供了一个广阔的空间，让不同背景的人们在文化话题上交流互动，分享自己的观点和体验。这种跨地域、跨文化的交流，有助于增进对不同文化的理解和尊重，也促进了社会内部的文化融合和创新。其三，互动性传播促进了文化的个性化发展。在新媒体环境下，每个人都可以是文化传播的主体，个人的文化喜好和创作能够通过社交网络迅速传播开来，形成独特的文化现象。例如，网络文学、独立音乐、微电影等，都是新媒体环境下互动性传播的产物。这种从下而上的文化创作和传播模式，极大地丰富了文化的表现形式和内涵，使文化更加多元化和个性化。其四，互动性传播还有助于增强公众对传统文化的认同感。通过新媒体平台，传统文化能以更加贴近现代人生活方式的形式呈现出来，如通过互动游戏来介绍传统节日的由来，或者利用虚拟现实技术重现历史场景等。这些生动有趣的传播方式，能够吸引更多人关注和了解文化，还能够激发公众对文化的兴趣和爱好，从而增强他们对文化的认同和尊重。

（三）跨界融合：促进传统文化与现代科技的创新结合

跨界融合指的是将传统文化与现代科技、艺术等不同领域的元素结合起来，创造出全新的文化表现形式。这种融合赋予了传统文化新的生命力，也为文化的传播开辟了新的路径。

跨界融合拓展了传统文化的表达方式。在数字技术的帮助下，传统文化能够以更加丰富多样的形式呈现在公众面前。例如，通过增强现实（AR）技术，可以让观众在博物馆中看到历史文物的三维映像，甚至与之互动；利用虚拟现实（VR）技术，观众能够"亲身"体验古代人的生活环境。这些先进技术的应用，让传统文化的传播更加直观、生动，极大提高了公众的兴趣和参与度。跨界融合促进了文化创新。将传统文化与现代艺术、科技相结合，能够保留文化的核心价值，还能赋予其新的表现形式和内涵。例如，将民族音乐与现代电子音乐结合，创造出全新的音乐风格；将传统绘画技艺与数字艺术结合，展现出别具一格的视觉效果。这种创新丰富了文化艺术的表现形式，也让传统文化能够更好地融入现代社会，被更广泛的群体接受和欣赏。跨界融合加强了文化的国际交流。在全球化的背景下，文化的交流与融合尤为重要。通过跨界融合，不同国家和地区的传统文化能够以更加开放和包容的姿态出现在世界舞台上，促进了不同文化之间的相互理解和尊重。例如，将中国的书法艺术与西方的现代设计理念结合，可以创造出具有全球视角的艺术作品，也能够让更多的人了解和欣赏到中华文化的独特魅力。此外，跨界融合还为文化产业的发展提供了新的机遇。通过将传统文化元素融入现代产品设计中，可以创造出既有文化内涵又符合现代审美的产品，如服饰、家居、数字游戏等。这将有助于传统文化的传承和普及，也能够促进文化产业的创新和发展，为文化产业注入新的活力。

二、新媒体在文化创新中的角色

（一）平台多样性：拓宽文化表达的渠道

在新媒体时代，平台多样性为文化创新提供了广阔的天地。这一时代的特征之一便是信息平台的丰富多样，从社交网络、视频直播、播客节目到数字图书馆和在线展馆，种类繁多的新兴平台推动了文化内容的创造、分享与交流，进而催生了多元化的创新形态。

平台多样性赋予了文化内容创造者以更为灵活的展现空间。不同平台的功能特性和用户偏好促使内容创造者有针对性地开发和调整其作品，无论是通过图文结合的方式讲述历史故事，还是通过短视频为传统手工艺注入新鲜活力，抑或是开发增强现实（AR）应用带来沉浸式的文化体验，每一种尝试都为文化的当代表达提供了无限可能。平台的交互性为文化内容的共创和迭代提供了机遇。现代人习惯于在数字环境下就喜好和看法进行即时互动和反馈，这种参与和互动催生了共创文化。读者、观众乃至任何普通用户均可成为内容生产的一分子，贡献创意、素材乃至成品，推动了文化产品从静态到动态、从单向输出到双向乃至多向交流的转变。在这样的互动之下，文化产品得以迭代升级，被赋予了更贴合时代与受众需求的内涵。平台多样性为跨文化融合和国际交流铺平了道路。全球范围内的内容共享和文化输出，不再受限于物理界限和语言壁垒。中外艺术家得以在同一平台上并肩展示其创作，跨国界的协作项目得以高效推进，这加深了不同文化间的理解和尊重，也催生了跨文化的混搭与创新，推动了全球文化创新的大熔炉效应。多样的平台成为了架起跨国文化沟通桥梁的关键节点，迸发了全球创意碰撞的奇妙火花。平台多样性还催生了以用户为中心的个性化内容生产与传播模式。不同平台根据其大数据分析技术和个性化推荐算法，能够精确捕捉用户偏好，推动内容生产者有针对性地创作和推广文化产品，实现内容与受众之间的精确匹配。这种生产与消费的即时反馈循环，进一步促成了文化产品的去中心化和碎片化，每个独特的声音都能够找到其归属，让多元而细分的文化生态得以蓬勃发展。

平台多样性无疑为当代文化发展注入了活力与活水。通过为创作人提供功能各异的展示空间，促进公众参与共创，加速跨文化交流与整合，催化个性化内容生产。这种媒介环境的丰富性有利于促进文化的创新与繁荣，也对塑造开放、包容、多元的文化生态环境起到了积极的推动作用。在这样一个环境中，不同文化背景、兴趣取向和创作手法的参与者得以共融共存，共同促成一幅绚丽多彩的当代文化图景。

（二）创意激发：为文化创作提供新思路

在新媒体时代，创意成为连接文化与公众的重要纽带。创意的涌现，为文化创作注入了新鲜活力，还拓展了创作的边界，催生了别具一格的文化产品。其中，新兴的技术手段与传播渠道的结合起到至关重要的作用。

跨界整合催生创新灵感。文化产品的创新往往源于跨界整合的过程中，当不同领域、不同行业乃至不同文化背景的元素融合时，常常能够迸发全新的思维火花。例如，将传统文化艺术与现代数字技术结合，如通过虚拟现实技术还原历史场景，既为历史人文注入了生动的现代元素，也为观众提供沉浸式的体验。这种融合既激发了文化传统的新生命力，也让现代人更容易与之产生情感共鸣。平台互动为创作提供即时反馈。在新兴媒体平台上，内容创作者能够即时收到受众的反馈，这对创作来说既是一种鼓励也是前行的动力。观众的互动参与成为创作灵感的来源之一，为内容创作者指明了创作方向和改进空间。通过这样的即时反馈，创作者得以在短时间内快速调整创作思路和作品形式，逐步丰富和完善其文化产品的内涵和形式。跨文化交流开阔了创作思路。在全球化背景下，不同地区和文化背景的融合交流愈发频繁，这为本土创作人带来新鲜的文化素材和灵感。通过网络等新兴媒体手段，东西方艺术风格的交流和碰撞，使得更多跨文化的创作得以实现，让更多独特的文化故事得以跨越地域的界限传播开来，也推动了多样化文化观念的形成。艺术家和文化工作者得以汲取全球范围内的文化精粹，赋予作品超越时空的情感共鸣能力和思想深度。同样，跨领域协作使创作显示出跨界智慧。在当代文化创作中，跨界整合已不限于艺术与技术之间的结合，更拓展至哲学、环境科学、生物科技等多个维度。在艺术创作中融合环境保护的理念，通过设计体现对自然的致敬，或是将前沿的生物科技成果应用于艺术装置中，打造充满探索精神和实验性的作品，都在不断拓展文化领域的边界。这种多领域的交叉和深度合作，赋予了文化创作以全新的视角和阐释方式，提升了其在公众中的影响力和认同度。

第二节　新媒体时代对文化的解构作用

文化差异性是由多种复杂因素共同塑造的结果，体现了人类历史进程和不同地理环境下群体之间多样化的社会实践。每种文化所蕴含的知识体系、信仰观念、审美取向和生活方式均根植于该民族或国家的历史演进、生态条件和社会结构之中。文化因此成为一种地域性的象征，标志着群体身份的认同和差异的显现。就历史脉络而言，由于跨文化的交流较为有限，不同国家和民族的文化之间界限分明，彼此间鲜有深入的了解和沟通，导致了在观念、习俗和艺术形式上的显著分异。然而，随着全球化的发展和新媒体技术的广泛应用，社会的边界得以拓展，不同文化之间的接触愈发频繁和直接。信息技术的飞速发展促成文化内容的跨国界流动，加速了跨文化对话的进程，为不同地域之间的文化了解与欣赏提供了平台。文化间的互动促成观念的交流和价值观的碰撞，加之人们的跨文化意识日益增长，促进各种文化之间借鉴与吸收，催生出富有创新精神的"新型文化"形态。这种跨文化的互鉴和交流，并不简单等同于文化同质化，而是在不断对话与反思中，推动文化的发展与创造性转化。

一、拓展文化传播渠道，正向促进文化传播

文化的扩散与传播，本质上是民族思想观念、经验技艺及其他文化特质通过不同媒介在社会群体间或地理空间的广泛传递。在传统媒介语境中，电视、电台及报纸等成为信息传递和沟通的主要渠道。然而，这些媒介，受限于经济利益或其他外在因素，往往偏重于文化相关的经济、政治信息的传播，导致文化内容本身在信息传递过程中处于边缘位置。传统媒介的这种局限性，对文化的全面传播构成了障碍。文化传播不仅仅是信息的简单转移，更关乎文化内涵、价值观念及社会实践的深层次交流与理解。因此，为了实现文化的有效传播，需对传播机制进行深入分析与优化，挖掘传统媒介在文化传播中的潜力，同时探索新的传播途径。

在数字时代背景下，大数据和移动互联网的迅速崛起为新媒体技术发展提供了肥沃土壤，极大推动了文化传播渠道的拓展和多样化。新媒体技术不断进步，涵盖了博客、微博、电子书、公众号、短视频以及抖音等众多形式，展现出比传统媒体更丰富的内容形式和创新的传播路径。这样的传媒形式变迁对文化的传播产生了深刻影响，既重塑了文化的表现手段，也改变了大众对文化接受的途径与态度。通过新媒体，传统的文化内容得到了创新性的转化和再生产，加之视频、音频和图像等形式的结合使用，增强了文化传播的趣味性和可观赏性，还扩大了其受众范围。这种变化使得不同背景和需求的受众能够依据个人偏好自由选择最合适的传播途径，实现了从单向的文化"接受"向双向的文化"互动"转变，即受众既是信息的消费者，亦参与到信息的解读和传播过程之中。伴随新媒体技术的不断发展，文化的信息传播模式也在不断地发

生变革。这种变革不限于信息的获取方式，更拓展至内容的生产和体验过程之中。新媒体环境下的文化产品逐渐形成了高度个性化和定制化的特点，这既为创新文化作品的生产提供了新的动力，也促进了文化产业链的延伸和多元化。尤其是通过微信公众号等自媒体平台，使得文化内容的创作与分享门槛大大降低，大众参与感得以增强，这也为文化的广泛传播和保护奠定了基础。新媒体的运用还推进了文化认同感的形成与强化。通过影音、图文并茂的生动展现，加之与受众之间即时互动的交流模式，增进了受众对文化内涵的理解和欣赏，也为个体与群体之间建立起文化联结并使其产生情感共鸣，为文化的可持续性传播和多样性维护贡献了积极力量。

由此可见，新媒体媒介的出现与发展，对文化的传播与推广产生了深刻影响。这种媒介拓展了文化传播的渠道，而且通过其互动性、精准性等特性，极大地激发了社会公众对文化的兴趣。新媒体提供的多样化传播方式，有效提高了文化的影响力，有利于文化在更广泛的社会范围内进行定向推送和传播。通过这种方式，可以形成一个促进文化推广和保护的良好文化氛围。新媒体的核心特性是社会交往的虚拟化。它基于真实的社会角色，是现实社会交往的延伸，因此在新媒体语境下的社会文化交流更为真实。在新媒体环境下，文化的社会化构建表现出更大的多元性。网络空间的文本、图像、音频视频以及三维虚拟空间等，为受众创造了全新的情境文化体验。这种体验在很大程度上消解了虚拟现实与客观真实之间的界限，拓展了受众的参与空间。通过与受众的交互和信息反馈，提高了信息传播的效率。新媒体媒介的运用，使得文化传播不再受限于传统的线性传播模式。通过互联网和社交媒体等新媒体平台，文化信息可以实现快速传播和广泛分享。这增强了文化信息的可及性和接受度，而且通过用户生成内容（UGC）、互动评论等形式，促进了受众对文化内容的深入理解和个性化解读。新媒体提供的这种双向互动通道，为文化的传播和交流提供了更加丰富和立体的平台。

二、新媒体语境促进文化的记录和再现

文化在历史的长河中，呈现出丰富多样的形态，是民族身份与精神面貌的重要体现。随着时代的发展，多种因素，如政治、经济、技术、民族心理等，对文化的保存与传承造成了挑战，导致一些珍贵的文化遗产逐渐淡出人们的视野，甚至消失。数字技术的快速发展和普及，尤其是新媒体的应用，为文化的保护、记录和传承提供了新的可能性。数字化能够以高保真度记录文化遗产，还能通过采集、储存、处理和显示等手段，有效地传播文化信息。数字化技术的应用，使得文化遗产得以在虚拟空间中得到重现和复原，拓宽了文化传播的途径，还增强了文化的可接触性和互动性。通过数字化转换，文化遗产不再受限于物理空间和地理位置，能够跨越时间和空间，实现全球范围内的共享。这种转变，为人们认识和了解不同文化提供了便利，也为文化的多样性和持续性提供了保障。

现代数字技术的发展，为文化信息的有效存储和利用提供了创新途径。

一方面，数字化技术能够对文化遗产资料进行全面的数字存储，包括音乐、影像、图片、手稿等多种格式，利用新媒体手段实现资料的长期保存和广泛传播。此外，数字化转化和处理技术的应用，拓展了文化遗产的表现形式和解读空间。通过 2D 及数字 3D 技术，文化遗产得以在虚拟环境中被重新构建和呈现，为公众提供了直观、互动的体验方式。这种技术能够复原历史文化景观，还能对文化遗产进行深入的解析，使其内涵与价值得到更广泛的认识。同时，视频、图片、三维动画等多媒体形式的运用，为文化遗产数字化体系的构建提供了丰富的表达手段。①这种多元化的表现形式能够吸引更多人的注意力，增强公众对

---

① 吴丹，赵江.新媒体语境下良渚文化的传播与传承 [M].北京：中国财政经济出版社，2019：28.

文化遗产的认知和兴趣。数字化技术的应用，确保了文化资源记录的完整性和系统性。通过高精度的数字化记录，每一件文化遗产都能得到精确的保存，包括其形态、色彩、细节等所有方面，为未来的研究和教育提供了宝贵的资料。此外，数字化存储具有防止物理损坏和遗失的优势，对于提高文化遗产保护的效率和效果具有重要意义。

另一方面，在数字时代背景下，移动互联网络、手机应用程序、社交媒体平台如微信、微博以及抖音等视频分享服务，为文化的传播提供了新的路径和方法。借助这些工具，可以对文化产品进行更直接、全方位的再现，通过构建互动性强的小视频内容，吸引观众的注意力，促进信息的转发和分享。这种方式增加了文化内容的可见度，也为公众参与文化传播提供了便捷的途径。对于文化研究领域的专业人士而言，利用取得进展的最新技术，由技术团队负责平台的建设与维护，可以实时更新数字平台上的内容。这样能够让更广泛的受众群体了解到丰富的文化遗产，还能实现资源的共享与有效利用。例如，通过在线视频直播博物馆展品，社会公众能够在网络上在线欣赏，参与转发和评论，从而加深了公众对文化遗产的认识和理解。此外，结合多种多媒体信息，如视频、音频、图文等，可以建立起一个综合性的视觉传播平台，形成一个统一的文化数据库。在这样的平台上，大众可以轻松地搜索、查阅和传播文化遗产信息，有效地促进了文化的传承和发展。这种综合性的信息整合，为公众提供了丰富的文化资源，也为文化的传播打开了新的渠道，使文化在数字时代获得了新的生命力。

第三节　新媒体平台的生态网络传播特征

　　数字化时代的到来，催化了数字媒体平台在全球范围内的蓬勃发展，这为广告产业的转型和创新提供了广阔的空间。数字媒体平台借助计算机、网络以及多媒体存储等尖端技术，整合了数字内容的创造、管理、传输及相关的电子商务活动，优化了信息共享的渠道，也重新定义了受众与内容的互动方式。广告作为一种商业和文化交流的重要形式，在数字化语境下发生了显著的变迁。多元化和立体化成为当下广告发展的鲜明特点，平台由曾经的单向传播媒介转变为富有互动性和参与度的新媒体形态。这加速了从传统广告到数字广告的媒介转换，也促进了内容形式与技术手段的创新。广告内容和制作形式正逐步向电影化倾斜，表现在故事情节的丰满度、影像表现的技术处理上，为观众打造了更具沉浸感的观赏体验。新媒体广告的兴起，得益于其与互联网技术的紧密结合，展现了短小精悍、"碎片化"的特点，以契合当代人们快速的生活节奏和多样化的信息获取习惯。移动互联的飞速发展，赋能新媒体广告通过数字媒体平台实现精准而广泛的传播。这类广告通常有针对性地服务于不同的社会组织，致力于宣传产品或文化品牌，由此成为树立企业形象、提升品牌知名度与美誉度的有力工具。它破除了以往媒体精英话语的垄断，体现了内容创作与接收的民主化趋势，呈现草根化和全民化的特色。

　　新媒体广告传播特征的研究逐渐深入，广泛关注于传播主题的普遍接受度、方式的开放性及渠道的多元化。在此背景下，意见领袖对于广大受众选择的影响显著，引导了广告信息的传播方向与效果。据此，多元化的评估指标被提出，旨在精确测评新媒体广告的传播成效，包括内容质量、渠道选择及最终影响力等方面。这些研究通常采用传统的新闻学和传播学理论框架，探索广告信息如何在新媒体环境中有效传播。然而，现有研究在探讨新媒体广告传播机制时，往往忽略了传播生态学的视角，即广告信息在不同平台生态中的传播动力与互动关系。生态传播学理论提供了一种新颖的视角，强调不同传播元素间的相互作用与依存关系，以及这些关系如何发挥信息传播的效果。特别是在新媒体环境下，平台之间的互动及其对受众行为的影响更加复杂多变。引入贝叶斯网络作为研究工具，可以更深入地分析新媒体广告传播的不确定性和动态性。贝叶斯网络通过概率模型揭示不同变量间的依赖关系，为理解和预测广告信息在复杂生态系统中的传播路径提供了强有力的分析框架。

一、新媒体平台的多层次贝叶斯网络拓扑结构

新媒体平台在数字时代下的广告传播呈现出显著的多层次结构特性，贝叶斯网络模型为理解其复杂的信息传递机制提供了有效的分析框架。在此模型中，数字媒体平台作为根结点，扮演信息输入的关键角色，开启广告信号的初级传播路径。信息自根结点发出后，向下游的多个用户层级展开，形成了一种层次分明的传播结构。每一层级的用户，无论是作为直接接收者还是信息的再传播者，均在信息链中占据特定的节点位置，如 G_0 代表首层用户节点，而 G_n 则代表信息经由首层用户转发后所到达的次级用户节点，如图 2-1。每个节点不仅仅是信息传播的中介，更通过其转发、评论等互动行为，对接收到的信息内容进行加工处理，从而影响信息在后续层级中的传递效果。在这样的传播体系中，信息流动不是线性单向的，而是呈现出复杂的网络状结构。信息从根结点出发，通过不同层级的节点不断分裂、扩散，最终形成广泛的覆盖范围。每个节点的作用不仅限于传递信息，更包括信息的筛选、加工与个性化表达，这些节点间的相互作用构成了复杂的信息传播网络。

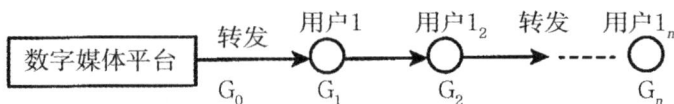

图 2-1　新媒体广告传播的多层次贝叶斯网络拓扑结构

该模型揭示了一种由信号发送节点、接收节点及传播路径构成的复杂网络，突出了新媒体环境下信息传播的非线性特征与动态性。信号在各节点间的传递不仅仅是简单的线性过程，而且通过节点与节点间的相互作用与链接叠加，展现出无限扩散的可能性，形成了一个庞大且复杂的网络系统。该网络体系以数字媒体平台为核心，利用各种传播节点作为信息传递的中介，通过节点之间的相互连接构建起一个全面的信息传播路径。每个节点不单独存在，而是通过传播链接与其他节点形成互动，使得信息能够在网络中流动、扩散并被加工。这种结构的存在，让信息传播不再局限于单一路径或方向，而是形成了一个多维度、多方向的传播体系，提升了信息传播的效率与广度。在这个传播网络中，每个接收节点都有可能转变为新的发送节点，扩大信息的传播范围。这种模式增强了信息传播的动态性和不可预测性，也体现了新媒体环境下用户对信息流动的重要影响。用户不仅仅是信息的接收者，同时也是信息的传播者，这种双重角色使得信息在网络中的传播更加复杂且多变。

二、新媒体平台的生态系统传播特征分析

生态系统概念的首次提出，由 Arthur George Tansley（阿瑟·乔治·坦斯利）完成，其在生态学领域内部署了物质与能量流动的宏观描述。[①] 继而，Neil Postman（尼尔·波兹曼）等研究者将此视角引入传播

---

① TANSLEY A G. The use and abuse of vegetational concepts and terms[J]. Ecology, 1935, 16（3）, 284-307.

学，探讨其内在的生态问题。①在此框架下，将"生态系统的动态平衡"
理念融入传播学研究，对于理解新媒体广告的传播过程具有重要意义。
传播生态系统由平台生态系统、纵向与横向用户子生态系统组成，这些
生态因素在不同的传播活动中互动，形成复杂的网络结构。在此网络
中，贝叶斯网络的应用，允许对传播过程中的不确定性进行量化分析，
揭示生态因素之间的相互作用及其对传播效果的影响。这种方法提供了
一个理解和分析传播活动层次性的新视角，强调了在动态变化的新媒体
环境中，各个生态系统因素如何共同作用于信息的传递和接收。通过这
种分析，可以深入理解新媒体广告传播的复杂性，以及用户之间、用户
与平台之间的动态关系。这种理解有助于识别和优化传播策略，以适应
不断变化的新媒体环境，实现更有效的信息传递。

（一）多元化的传播路径

在新媒体传播生态系统中，传播路径的多元化显著增强了信息的传
递效率和受众的参与度。多种媒体技术的综合运用，包括电影、3D动
画等视觉手段，结合增强现实、虚拟现实及全息影像等前沿技术，为
信息的呈现提供了多维空间。这种技术融合丰富了视听效果，而且通过
开放式故事结局的设计，增加了受众的互动参与机会，拓展了信息交互
的方式。在此过程中，受众不再是被动接收信息的对象，而且通过参与
故事结局的猜想和剧情设定，成为信息传播的一部分。这种参与性的增
强，促进了受众与媒介内容之间更深层次的互动，从而提高了信息的吸
引力和传播效果。开放式的互动设计使得每个受众都能根据个人偏好选
择不同的信息路径，实现了信息传播的个性化和定制化。此外，多元化
的传播路径还意味着信息能够通过不同渠道达到更广泛的受众。在新媒

---

① POSTMAN N. Amusing Ourselves to Death： Public Discourse in the Age of
Show Business[M]. New York： Penguin Books, 1985.

体生态系统中，传统媒体和新兴媒体的界限逐渐模糊，形成了一个复杂但高效的信息传播网络。这个网络加速了信息的流动，而且通过多样化的呈现方式，满足了不同受众群体的需求。

（二）故事化的传播形式

在新媒体生态中，广告传播逐渐向故事化倾斜，显示出其深刻的变革。故事化的传播形式通过情感故事的共享，触及观众的情感维度，从而有效强化了信息的吸引力和传播效果。新媒体平台利用丰富的媒介手段，将广告内容嵌入引人入胜的故事之中，使得广告信息的传播超越了传统的推广方式，成为一座情感交流的桥梁。新媒体广告的这种故事化表达不仅仅是信息传递的策略，更是一种深刻的文化交流形式。通过讲述故事，广告创造了一个可以产生情感共鸣的空间，让观众能够在故事中看到自己的影子，体验到情感的共振。这种传播方式极大地增强了广告的吸引力和影响力，使广告信息在观众心中留下了深刻的印象。例如，当珠宝品牌通过讲述一个关于长久爱情的故事，将珠宝的价值与夫妻之间平凡而又珍贵的日常生活联系起来时，既展示了产品的外在美，更重要的是也传达了珠宝背后的情感价值和生活哲学。这种情感的触动，使得广告信息超越了物质层面，触及了人们情感深处的渴望和寻求，实现了与受众之间更深层次的情感连接。

故事化的传播形式还具有自我增强的传播效应。观众在情感共鸣的基础上，往往会主动分享和转发这些故事，使得信息得以在社交网络中迅速传播，形成了一种有效的口碑效应。这种基于故事和情感产生的共鸣，让广告传播不再是单向的信息推送，而是变成了多维度的情感交流和文化共振，极大地提升了信息的传播效率和影响力。

（三）精准性的传播渠道

数字媒体平台借助先进的客户分级系统，对收集到的用户数据进行深入分析，准确把握用户习惯、偏好及潜在需求。此过程涵盖了对用户行为模式的解读，还包括了对其消费倾向的预测，从而实现对目标群体和地区的精准定位。平台能够依据这些分析结果，灵活选择传播内容的形式，无论是文字、图片还是视频，均能通过精准投放系统精准投放给对应的受众。这种精细化的市场分析与定向投放策略，使得新媒体广告能够以更高的效率和精确度触及目标消费者。数字媒体平台的另一显著优势在于其对广告内容和效果的实时监控能力。通过持续追踪广告表现，平台可以即时获取反馈，进而调整和优化广告投放策略。这种动态的调整机制，确保了广告策略的灵活性与适应性，使其能够在变化的市场环境中保持竞争力。此外，实时监测也提供了对广告效果的即时评估，为后续的营销决策提供了科学依据。

三、新媒体平台文化传播的生态系统模型构建

（一）平台生态模型

在新媒体平台文化传播的研究领域，构建一个综合的生态系统模型对于深入理解数字时代下的信息流动与交互模式具有重要意义。该模型立足于信息流动的纵向与横向维度，旨在全面捕捉数字媒体环境中信息生态的多样性与复杂性。纵向文化传播子生态系统着重于揭示不同层级间信息丰富度的变化与传播效率，体现了信息自上而下或自下而上流动时生态系统内部结构的动态调整与优化。横向文化传播子生态系统则关注于同一层级内的信息差异，揭示了信息在平行维度上的分布不均与交流模式，促进了对文化多样性与信息交换机制的深刻理解。

1.纵向文化传播子生态系统

在纵向文化传播子生态系统中，数字媒体平台利用新媒体广告作为信息传递的起点，向第一层用户展开传播。随后，这一批用户转化为新

的传播节点，通过分享等互动方式将信息传递至第二层用户。如此的传播过程持续，直至达到第 n 层用户，形成了一个多层次的传播网络。在这个过程中，每一层用户既是信息的接收者，也是下一层的信息传递者，通过转发、评论等方式为信息传播添加新的内容，从而实现了纵向生态子网络的延伸。这种纵向的文化传播子生态系统由多个层级构成，展示了信息流在数字媒体平台上的传播特性。信息流的方向呈现出单一、正向的特点，即信息自上而下逐层传播，每个层级的用户既是信息的传播者，也是新内容的创造者。此模型突出了用户在信息传播过程中的主动作用，个体的参与和互动推动了信息的纵向流动，也丰富了信息的内容，使得文化传播在数字媒体平台上呈现出独有的生态特征。通过这种方式，文化传播的过程是信息量的扩散，更是内容深度和质量的提升，展现了新媒体环境下文化传播的复杂性和动态性。

2.横向文化传播子生态系统

在横向文化传播子生态系统中，数字媒体平台的转发、分享、评论等功能促进了同一层次不同用户间的内容分享与信息交流。这种交流构成了一个由多个子生态系统组成的网络，标志着信息流的双向同层传播，形成了循环往返的回环流通模式。该模型揭示了新媒体广告传播系统作为一个复杂、非线性的信息传播生态网络的本质。

从网络结构角度分析，该生态网络由节点、边、子网等子单元构成，展现了信息传播过程中的互联互通。节点代表着传播过程中的参与者，边则反映了信息传递的路径，而子网则是由特定关系定义的节点集合，揭示了信息流动的复杂性。生态系统的视角进一步强调了这种网络的动态性，即它是由不同层次的小型生态网络组合、演变而成的，随时间推移不断发展，形成了一个庞大的生态网络集群，如图2-2。在该生态网络中，信息传播规模不断扩大，而且生态网络的链接数量也随之增加。新媒体广告的信息传播经历了从初始传播到转发扩散，再到循环回流的阶段性演进，最终形成了庞大的生态网络集群。在这一过程中，信息的流动范围得到了显著扩大，这也进一步促进了信息的广泛传播，增强了生态网络内部的互动性和连接性。横向文化传播子生态系统内部的双向信息流动机制是其显著特征之一。这种机制使得信息除了在传播过程中被广泛分享之外，还允许信息的接收者成为信息的传播者，形成了一个多层次、互动性强的传播模式。这种模式的形成和运作，体现了新媒体环境下信息传播的特点，即开放性、互动性和参与性，这些特点共同推动了文化传播生态系统的复杂性和动态性的提升。

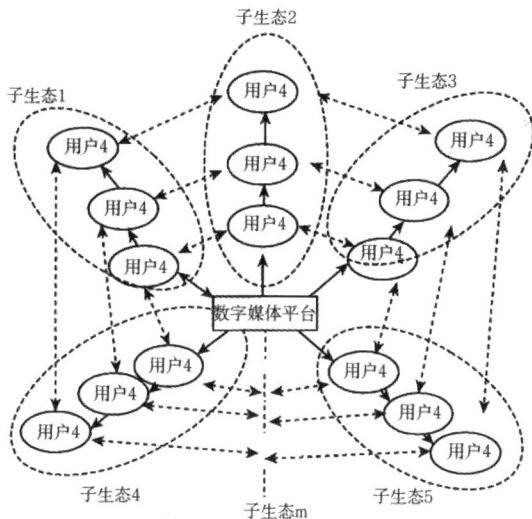

图2-2　新媒体平台文化传播生态网络构成模型

（二）数字媒体平台文化信息传播的生态多样性和传播驱动机制

1.文化信息生态多样性

文化信息生态多样性反映了网络信息生态系统内信息的多元化程

度，类比于自然生态中的物种多样性，揭示了信息种类与量的丰富性及其在不同区域、层次之间的分布均衡性。在文化信息生态多样性方面，关注点在于识别和量化系统中存在的信息种类以及每种信息种类中所含信息的量。这体现了信息内容的多元化，还展示了文化表达的广泛性与深度。而文化信息分布的生态多样性着眼于这些信息种类如何在不同的地理区域、社会层次及用户群体中得到共享与传播。均衡的分布有助于确保各个群体都能接触到广泛的信息资源，促进文化交流与理解。

文化信息生态多样性体现于不同的社会属性与传播特征之中，依据发布方式与数字媒体平台反馈，呈现出独特的分类模式。发布方式的区分基于信息传播的频次，可划分为一次信息、二次信息及多次信息。特别是在数字媒体平台如微博、博客、微信等的环境下，二次信息与多次信息主要指信息通过平台被反复转发形成的现象，揭示了文化信息在数字时代的传播动态与网络传播特性。数字媒体平台的反馈进一步细化了文化信息的类型，将其分为积极信息、消极信息与中立信息三种。积极信息反映了用户对通过数字媒体发布的信息持积极乐观态度的观点，通常关联于正面的传播效果与社会影响。相反，消极信息展现了用户采取消极态度的观点，往往与负面影响和不利的传播效果相联系。中立信息则代表了用户对文化内容的客观评价，体现了在信息传播过程中保持客观性和中立性的重要性，同时也指出了观众在接收信息时的多元态度和反应。这种分类揭示了文化信息在数字化环境中的复杂性和多样性，也强调了信息传播过程中观众态度的差异性和信息本身的多重价值。在数字媒体平台的作用下，文化信息的生态呈现出独特的传播模式和社会影响，因而对文化传播的理解和研究提出了新的视角和挑战。通过分析这些分类和特征，可以更深入地理解数字时代文化信息的传播动态，及其对个体观念、社会态度和文化价值观的影响。

文化信息生态多样性体现于数字媒体平台的使用和信息分布的均衡性上。该概念强调了在数字时代，文化信息的传播不应局限于特定的用户群体，而是应跨越年龄层次、教育背景及社会阶层，实现广泛的覆盖和提供平等的获取机会。文化信息的种类和内容在数字平台的广泛分布，既促进了信息资源的丰富性和多样性，也为各类用户提供了表达和交流的空间，从而增强了社会文化的包容性和交流的深度。在数字媒体生态系统中，文化传播的广度和深度直接影响到生态系统的稳定性和发展。当文化信息覆盖广泛时，不同背景的用户都能找到与自身相关的信息，促进了文化的交流与理解。同时，用户在转发信息时所表达的情绪、观点和形式的多样性，进一步丰富了文化生态的多样性。这种多样性展示了社会文化的丰富面貌，也为文化的创新和发展提供了肥沃的土壤。

2. 文化信息传播的驱动机制

文化信息的传播在现代社会中扮演着极其关键的角色，其过程与效果受到多种因素的共同作用与影响。新媒体平台作为数字时代最为显著的传播渠道，其生态系统的构建与功能发挥，对文化信息的传播机制产生了深远的影响。在这一过程中，数字媒体平台不仅仅是信息传递的工具，更是便于信息流动、促进文化互动的核心力量。

在新媒体平台的生态系统中，信息的传播不再是单向流动的线性过程，而是成为了一个多维的、动态的互动系统。在这个系统内，用户既是信息的接收者，也是信息的传播者。通过转发、评论等互动方式，用户参与到信息的再生产和传播中，从而形成了文化信息传播的网络结构。这种结构的形成，极大地提升了文化信息的传播深度和广度，使得信息能够迅速扩散，触及更广泛的受众。然而，网络受众的参与程度及其情绪倾向，对文化信息传播的效果产生了显著影响。正向的参与和情绪可以有效促进信息的扩散，形成良性的信息传播循环。相反，负向的参与和情绪则可能抑制信息的传播，甚至引起信息传播的逆流，导致网络生态系统的紊乱。因此，网络受众的情绪和参与度成为影响文化信息传播效果的重要表面因素。更为根本的是，数字媒体平台的信息处理属性和方式，构成了文化信息传播的核心驱动力。有效的信息控制和引导机制能够促进信息沿着预期的路径传播，扩大传播范围，增强信息的影响力。而对于负面信息或用户反馈，平台的应对策略和调整能力，直接关系到信息生态系统的稳定性和文化信息传播的连续性。因此，数字媒体平台的管理策略和技术应用，是确保信息有效传播的关键。新媒体平台生态系统与自然生态系统之间的相似性，为理解文化信息传播机制提供了有益的视角。系统内部的生产者、消费者、分解者角色的存在，正负相互作用的动态平衡，以及系统调控机制的作用，都是维持生态系统健康与稳定的重要因素。同样，在文化信息传播的过程中，平台的技术属性、用户的互动行为、信息的内容质量等，共同作用于信息传播的效率和效果，形成了复杂而动态的传播生态。

基于此，在新媒体平台背景下，文化信息传播作为网络信息生态系统的一部分，其路径与效率的变化显著影响了该系统的动态平衡。在文化传播过程中，"失衡—平衡"的循环反映了文化信息的流动性和互动性，揭示了数字平台文化信息生态系统进化的内在逻辑。这种进化是技术层面的发展，更是社会文化生态演进的体现，对于掌握网络信息传播的规律、揭示文化发展的各个阶段以及文化要素的驱动机制具有深远意义。文化受众的情绪和反馈在文化信息传播过程中起着至关重要的作用。作为信息接收者的主观体验，受众情绪和反馈直接影响文化信息的接受度、传播速度以及传播效果。因此，通过信息反馈分析，可以有效监测和度量文化传播的实时状态和潜在趋势，为文化信息传播的优化提供数据支持。政府文化部门在监测和引导文化信息传播方面扮演着不可或缺的角色。通过网络文本分析等技术手段，能够实时监控文化信息流动的态势，捕捉受众的文化反馈，从而在必要时进行预警和疏导。这种主动的信息传播管理策略有助于推动网络信息生态系统的健康发展，促进积极健康的文化价值观的形成与传播。

第三章

新媒体环境下的博物馆视觉文化传播

新媒体的兴起特别是数字视觉媒体的发展，推动了信息传播方式和媒介生态的转变，促进社会进入一个以图像阅读为主的新时代。在这个时代，视觉文化成为主导，触及生活的各个领域。博物馆视觉文化传播通过视觉传达系统，将观众所见的文物及其背后的历史进行编码，为观众提供具有丰富文化内涵的可视化解读。这种传播方式是一种文化现象，也是一种传播形态，它使文化传承和教育变得更加直观和易于接受。通过视觉传播，深化观众对文物背后故事和历史文化的理解，增强文化认同感和历史意识。

第一节　博物馆视觉传播的形成与发展

一、博物馆视觉传播的形成

博物馆视觉传播的核心在于通过视觉元素强化观众的记忆，从而提升博物馆文化的传播效力，进一步发挥其在社会中的作用。在这一过程中，传统以展陈为中心的模式已经逐渐演化，形成了一个更为丰富和多样的展陈视觉传达体系。这一体系主要包括商标、场馆建筑、主题元素、图像和场景复原等多种形式，以及由此衍生出的文化创意产品。这些视觉元素为观众提供了直观的印象，加深了他们对博物馆文化内容的理解和记忆，有效地促进了博物馆的文化传播和社会功能的实现。

（一）视觉记忆的重要作用

博物馆视觉传播具备植入视觉记忆的作用，对于博物馆功能的实现扮演着无可替代的角色。早期博物馆并非完全意义上的文化机构，更多地体现为皇家贵族或宗教组织收藏珍稀文物的私人空间，仅限极少数有权访问的人群能够一睹其珍宝。随着 18 世纪后期的转变，博物馆逐渐进入国家管理之下，成为展示历史文化和自然遗产的重要场所，同时担负起教育和宣传的使命。例如，在欧洲，许多博物馆起源于私人收藏，后来逐步演变为国家机构。如英国的大英博物馆和法国的卢浮宫，收藏有丰富的艺术和历史文物，成为学术研究和公众教育的中心。在美洲，尤其是美国，许多博物馆也扮演着社会教育的角色。这些机构往往更注重于利用互动展览和教育项目来吸引公众，如纽约的美国自然历史博物馆和华盛顿的史密森尼博物馆群，通过创新的展览来教育公众，提高社会成员对科学、历史和艺术的认识。在亚洲，随着各国对文化遗产的重视程度日益提升，许多博物馆致力于展示本国的文化和历史，积极促进国际文化交流。如中国的故宫博物院和日本的东京国立博物馆，便是展示各自国家历史文化的窗口，也是国际文化交流的重要平台。随着对参观者开放范围的扩大，博物馆的角色和功能也发生了显著变化。不同领域的研究人员表示，博物馆转变为一种特殊空间，成为个人记忆与集体记忆交汇的地方，被视为实现记忆传递的理想场所[①]。换句话说，博物馆的存在和其功能的实现，根本上依赖于记忆的力量。作为一个包含各种

---

① 杨宇萌.博物馆实现记忆重构的尝试：以苏州博物馆西馆"技忆苏州"展为例[J].艺术与民俗，2022（2）：5-12.

记忆元素的综合体，博物馆的使命在于将这些元素有效地传达给观众，从而激发其内在的力量和价值感。

博物馆视觉传播如同人类记忆过程中的物流系统，是信息从输入到提取的一连串精心组织的活动。在这个过程中，观众对艺术品或展览的初次接触，类似于记忆输入阶段，观众通过视觉接收信息。随后，这些信息通过个人的感知和理解被编码，就如同快递在快递点被扫码记录一样，观众对所见内容进行个人解读，形成了记忆的编码阶段。信息的存储阶段在博物馆视觉传播中表现为观众对展览内容的深加工与内化，通过反复回顾或在不同的展览环境中对比理解，观众的记忆得到巩固和分类储存。正如快递在运送过程中经过不同站点的分类与储存，观众在这一阶段确保了信息能够被有效保存。当需要时，观众能够从记忆中提取信息，就如同快递最终被收件人提取一样。在博物馆视觉传播的背景下，这一阶段表现为观众在未来某一时刻回忆起展览内容，或在讨论中引用所学知识。博物馆视觉传播是关于信息的传递，还涉及信息的加工、储存和提取过程，这些过程共同促进了观众的认知和理解。通过精心设计的展览和有效的视觉传播策略，可以促进观众的长时记忆形成，增加思考的频率和深度①。因此，博物馆不只是文化和艺术的展示空间，也是促进个人记忆、认知发展的重要场所。

博物馆视觉传播通过其独特的文化技术手段，致力于加强公众的视觉记忆。在视觉信息占据人类信息获取主渠道的今天，视觉刺激的影响力不容小觑。色彩、空间等元素对视觉感知有着显著影响，只有遵循感知规律的视觉设计才能有效增强记忆力。因此，博物馆除了是展示空间的构建者之外，更是特定观看方式与特定主题展览的责任承担者。在博物馆视觉传播的实践中，简单的视觉冲击和快感难以满足深层次的记忆

---

① 张依倩.新媒体背景下博物馆视觉文化传播研究 [D].长沙：湖南大学，2019：21.

需求。反之，那些具有组织性、能够引发深刻思考和情感共鸣的视觉传达，才能有效地加强观众的视觉记忆。博物馆作为文化记忆的载体，承载着捕捉观众视线、提供强烈视觉冲击和快感的责任，以此深化观众的视觉记忆，实现其文化传播的核心功能。博物馆视觉传播的成功与否，直接关系到观众视觉记忆的强化程度。一个有效的视觉传播策略，能够促使观众在感官体验中形成深刻的记忆痕迹，进而在心理层面产生文化的自我认同和自我约束。这种视觉记忆的强化，增强了观众对展览内容的理解和吸收，更促进了文化价值的传承和推广。

（二）逐步建立的展陈视觉传达系统

博物馆视觉传播在历史的长河中逐步形成，并随着社会的发展不断演进。自工业革命以来，随着生产力的飞速发展，人类社会进入了一个新的阶段。物质需求得到了极大的满足，人们开始更多地追求精神层面的满足和文化的享受。在这样的背景下，视觉传达设计作为一种新兴的文化传播手段，应运而生并迅速发展。视觉传达系统的出现，标志着视觉文化传播的新起点。早期的图形传达系统，如伦敦地铁线路图，便是视觉传达设计的经典例证。这些图形不仅仅是静态的视觉元素，通过设计，这些元素转化为载有丰富信息和文化内涵的符号，能够直观且有效地与观众沟通。这种沟通方式，超越了语言和文字的界限，使得信息的传递更为直接和广泛。在视觉传达的过程中，不同的视觉元素和设计方法的组合使用，形成了复杂多样的视觉传达系统。这些系统并不是单一元素的简单叠加，而是通过科学合理的设计和组合，产生了超出单个元素之和的效果。在博物馆这样一个特殊的文化传播场所中，视觉传达系统的重要性不言而喻。博物馆拥有丰富的文化藏品，跨越时间与空间的广阔背景，使得其视觉传达系统的建立和完善成为一项复杂且长期的任务。博物馆的视觉传播，旨在通过精心设计的视觉传达系统，使广大观众能够直观地理解和感受到藏品背后的深刻文化内涵。这是一种信息的传递，更是一种文化的传承和普及。通过视觉传播，博物馆成为连接过去与现在，沟通不同文化和价值观的重要桥梁。随着技术的进步和社会的变迁，博物馆视觉传播的方式和手段也在不断创新和发展。从最初的图形设计到现今的多媒体互动展示，视觉传播正成为博物馆吸引观众、传播文化的重要手段之一。通过不断优化和完善视觉传达系统，博物馆能够更有效地完成其文化传播的使命，让更多人享受到文化的魅力和价值。

　　起初，博物馆仅作为贵族和宗教机构珍藏宝物与艺术品的场所，与教堂、宫殿和神庙等地紧密相连。这些场所本身便是艺术的体现，不以展览为目的，而是为了展现权力或信仰。因此，早期博物馆的展示方式相对单一，仅通过按历史或类型划分区域的方式展出文物，让观众通过观察珍稀展品获得视觉体验。这种体验较为表面，未能深入引导观众的审美方向。随着时间的推移，博物馆的性质发生了转变，从私人收藏向公众开放，逐渐成为国家和社会文化生活的一部分。伴随着这种转变，博物馆开始寻求新的方式来吸引观众，提升观众的体验，使之不限于传统的观察和欣赏。因此，博物馆视觉传播开始注重如何利用不同的媒介和环境来服务于展览，从而满足日益增长的视觉传达需求。在视觉传播的发展过程中，博物馆开始引入简单的标识和独特的建筑外形设计，以增强自身的品牌形象。此外，展品的文字叙述和静态平面图片的使用，为观众提供了更多关于展品背后故事和文化意义的信息，增强了观众的参与感和教育价值。进入 21 世纪，随着技术的发展，文创产品的出现更是为博物馆的视觉传播开辟了新的道路，通过将艺术与日常生活用品结合，让博物馆的文化内涵得以在更广泛的社会范围内传播。尽管如此，21 世纪之前的博物馆视觉传播依然受到技术水平的限制，主要侧重于展陈方面。但随着数字技术的飞速发展，博物馆视觉传播的方式和手段正在发生根本性的变化。数字化展览、虚拟现实体验、互动多媒体等新兴技术的应用，为博物馆提供了更多元、更丰富的视觉传播手段，极大地丰富了观众的体验，也拓宽了博物馆视觉传播的边界，使其成为跨时代文化传播的重要载体。

1. 商标（Logo）

Logo 作为最为直观的视觉元素，承载着博物馆的品牌形象，更是文化内涵与精神价值的集中体现。设计一个既符合审美又便于公众识别的 Logo，对于提升博物馆的文化传播效果具有重要意义。Logo 的设计不是孤立进行的，而是需要紧密结合博物馆的名称、文化主题、代表性藏品以及建筑特色等多方面因素。这种设计方法能够使 Logo 具有独特性，还能增强其文化传播的指向性和扩大其覆盖面。例如，故宫博物院的 Logo 设计就深刻反映了其作为明清皇家宫廷的文化特色，采用"天圆地方"的形态，既体现了皇家建筑的庄严肃穆，又寓意了"宫"字的结构美感，使之成为一种强有力的视觉符号。[①]同样，黑龙江省博物馆的 Logo 设计则是以馆内镇馆之宝——铜坐龙为灵感来源。该设计巧妙融合了多种动物特征，并借助"龙"字的字形之美，赋予了 Logo 独特的文化象征意义。这让公众在视觉上一眼认出博物馆，更深层次地传达了博物馆文化的多样性与丰富性。河南博物院的 Logo 则是另一种创意的展现。它的设计灵感来源于其主体建筑——河南登封古观象台的几何形态。该形态如铜鼎，象征着问鼎中原的历史文化。通过这种设计，Logo 在视觉上与博物馆的建筑形态产生了呼应，同时深刻传达了河南深厚的历史文化底蕴。

博物馆视觉传播在西方与中国的实践中呈现出不同的发展态势。西方国家的博物馆倾向于采用更为抽象的设计风格，常见的设计元素包括几何图形和字母形态，这种设计反映了博物馆的现代审美观念，也在视觉上强调了品牌的独特性和辨识度。例如，芬兰国家博物馆新 Logo 的设计就是一种极致的简约主义表现，通过几何图形的巧妙组合，融入了

---

① 窦楠.故宫正式启用"宫"字形院徽标[J].党建文汇：上，2005（8）：52.

芬兰语和瑞典语的首字母，既展示了博物馆的文化属性，也体现了设计的国际化视角。

2.场馆建筑

场馆建筑作为博物馆视觉传播的重要组成部分，通过其独特的设计理念和建筑特色，为观众提供了丰富的视觉体验并使其产生更多的文化感悟。

场馆建筑的视觉展现主要分为两种类型：一种是将博物馆建设在具有历史价值的建筑中。这类建筑本身就承载着丰富的历史文化内涵，如法国卢浮宫博物馆，是世界著名的艺术殿堂，更是法国王室的旧宫殿，其本身就是一件不可多得的历史文物。宫殿的恢宏气势和悠久历史为博物馆增添了无与伦比的文化底蕴。另一种是通过现代建筑设计理念，创造出具有标志性的视觉形象，如卢浮宫的玻璃金字塔，它与古老的宫殿建筑形成了鲜明的对比，不仅成为卢浮宫的一个重要标志，也为整个博物馆的视觉传播增添了现代感。

在设计场馆建筑时，设计师往往会结合博物馆的文化定位和展览内容，采用富有象征意义的设计元素，从而使建筑本身成为一种视觉语言，向公众传达特定的文化和艺术信息。例如，海南省博物馆的入口设计巧妙地将"海"字的首字母"H"融入立柱中，既体现了海南作为海洋省份的地域特色，也寓意"海纳百川"的包容精神，如图3-1。这种设计增强了建筑的视觉效果，也使得博物馆的文化内涵得以更加直观地传达给公众。博物馆场馆建筑的设计除了追求视觉美观之外，更重要的是体现其在文化传播中的作用。通过建筑设计传递的视觉信息，引起观众的情感共鸣，激发人们对文化遗产的兴趣和探索欲望，从而使博物馆的文化价值和社会功能得到充分的体现。

图 3-1　海南省博物馆的入口设计

3.主题元素

综合性与专题性博物馆一般均展现出地域和历史的深刻影响，通过独特的主题元素，构建各自鲜明的视觉形象。这些主题元素是文化传播的核心，也是连接博物馆与观众的桥梁，让观众在视觉上反复接触到这些元素，从而加深对博物馆文化主题的理解。以四川省金沙遗址博物馆为例，通过太阳神鸟图腾这一独特元素，展示了古蜀人民对太阳的崇拜和勇敢、积极的民族精神。太阳神鸟图腾来源于博物馆馆藏的太阳神鸟金箔，贯穿于博物馆的各个方面，如主路路灯上的图案、建筑屋顶的图像以及导览系统与纪念品的标识等。通过视觉元素的反复出现，成功地让观众记住了金沙遗址博物馆的特色。此外，金沙遗址博物馆通过举办太阳神鸟节等系列活动，加强了视觉效果和宣传力度，使得这一主题元素更加深入人心。通过这种方式，博物馆在传播文化的同时，还增强了观众对博物馆品牌的认识和记忆。博物馆视觉传播的成功，在于如何将文化主题通过视觉元素具象化，并通过多种途径和形式，让这些元素在观众心中反复呈现，从而加深理解和记忆。

4. 图像

早期，藏品讲解主要依赖文字描述，虽然在深入解析方面具备独到优势，但在快速传递信息、进行横向对比和直观展示时常显得力不从心。随着摄影技术的出现和发展，图像成为博物馆展示中的重要元素，极大地丰富了观众的体验。以四川三星堆博物馆为例，该馆在青铜展馆中采用了大量图片来展示青铜面具，既明确展现了物理特征，还深入解释了其文化和历史价值。通过横向和纵向的对比，与其他时期或地区的面具进行比较分析，观众能够直观地理解这些面具的特点。这种图文并茂的方式，加深了观众对展品的理解，也使得信息的传递更加高效和直接。图像在博物馆视觉传播中的应用远不止于此。对于那些因保存状态不佳无法展出，或者出于保护考虑不能直接向公众展示的藏品，则通过照片和图像提供了一个展示的窗口。观众通过这些照片图像，可以认知更多的藏品，了解它们的历史背景和文化意义。此外，图像还能用来展示藏品的历史背景，通过旧照片或绘制的历史场景，帮助观众建立起对展品历史时期的直观认识。博物馆通过图像的广泛应用，实现了信息传递的多样化和丰富化。观众在视觉上感受到的冲击，远比单纯的文字描述更为直接和深刻。这种视觉传播方式，提高了展览的吸引力和传播效果，也为观众提供了一个更加全面和深入了解文化遗产的渠道。

5. 场景复原

博物馆视觉传播通过场景复原技术，为公众提供了沉浸式的体验空间，让历史和文化的展示更加生动和直观。场景复原并不只局限于静态的展览，通过综合运用多种视觉和听觉元素，如背景画、蜡像、动植物仿真以及灯光和声音效果，营造出一个仿佛穿越时空的环境，让观众能够身临其境地感受到历史事件或生活的氛围。在场景复原中，生活场景的再现、画作场景的呈现以及微缩场景的构建等多种内容形式的结合，极大丰富了展示的层次和深度。例如，通过背景墙上的画作和配合的蜡像人物，观众可以直观地看到历史人物的风采和当时的生活状态，感受到历史的厚重感。

例如，在滇西抗战纪念馆中，场景复原技术的应用，通过背景图、蜡像和实物的有机结合，生动地展现了抗战时期滇西军民一家亲的场景。人物蜡像的表情和动作精细到位，加之逼真的环境布置和声光效果的辅助，使得这段历史不仅仅停留在文字的描述上，而是变得触手可及，让人们能够更加深刻地理解和感受到那个时代的情感和精神。通过这样的视觉传播方式，博物馆在传递知识和信息的同时，更激发了公众的想象力和探索欲，加深了对历史文化的理解和认同。场景复原作为博物馆视觉传播的一种重要形式，其价值和意义除了体现在教育和传播上之外，更在于其能够跨越时间和空间的界限，连接过去与现在，让历史文化的传承更加生动和持久。

随着VR（虚拟现实）技术的发展和网络博物馆的兴起，博物馆视觉传播进入了一个全新的时代。通过场景复原技术，群众可以在几乎无限制的空间内体验到历史场景的重现，这种沉浸式体验大大增强了观众对历史文化的认识和感受。VR技术使得观众可以跨越时间和空间的限制，亲身体验到历史事件发生的环境，从而获得更加深刻和直观的历史认知。同时，网络博物馆的出现让更广泛的内容得以展示，不受物理空间的限制，观众可以随时随地访问博物馆的藏品和展览。这些技术的应用构成了一个新的视觉传达系统，提升了博物馆的展示效果，也拓宽了公众的文化视野，使博物馆的教育和传播功能得到了极大的增强。

6. 文创产品

博物馆视觉传播在全球范围内逐步成为一种显著的文化现象，特别是文创产品的热潮，它不仅仅是一种商业行为，更是一种文化传播的方式。在欧美，博物馆对于文创产品的开发已有悠久历史，如美国大都会艺术博物馆在19世纪设立的博物馆商店，以及大英博物馆于1973年成立的文创产品公司。在中国，对文创产品的重视始于 21 世纪，故宫文创的成功是其中的典范，例如，紫禁城祥瑞蟠龙麒麟摆件、宫喵赏莲·渔夫帽等。2015 年《博物馆条例》的实施，为博物馆开展营利性活动提供了法律支持，同时强调了这些活动应当以挖掘和传播文化价值为核心，旨在培养公众的文化意识，并推动文创产业及旅游产业的发展。这标志着文创产品成为博物馆视觉传播的重要方式，也是其经济模式的重要组成部分。文创产品的开发和销售，成为连接博物馆与公众的桥梁，使得文化遗产的价值得以在更广泛的社会范围内被认识和欣赏。通过这些产品，博物馆的视觉文化得以跨越物理界限，进入人们的日常生活，成为一种流行的文化消费形式。这种模式增加了博物馆的经济收入，可以使博物馆的运行和发展进入良性循环，更重要的是，能够促进文化的传播和交流，为公众提供了接触和了解文化遗产的新途径。

二、博物馆视觉传播的发展

博物馆视觉传播随着视觉传达体系的逐步完善而日趋成熟，内容和途径变得更加多样化。特别是数字技术的广泛应用和新媒体的兴起，极大地丰富了博物馆视觉传播的手段和效果。这一变化加快了信息的传播速度，还拓宽了观众的接触范围，从而增强了博物馆与公众之间的互动性，并使公众的参与感提升。数字化展览、虚拟现实体验、在线互动教育等新兴形式，使得博物馆能够突破时空限制，吸引更广泛的观众群体。因此，博物馆视觉传播的发展和创新，为传统文化遗产的保护与传播提供了新的动力和可能。

（一）传播主体之发展

21 世纪初，博物馆行业迎来了蓬勃的发展期。这一时期见证了博物馆主体形态的多样化，也见证了视觉内容的丰富以及与受众关系的深化。在这个过程中，传统的实体博物馆逐渐向虚拟博物馆和智慧博物馆等新形态演变，开启了博物馆视觉传播的新篇章。随着 20 世纪 90 年代数字技术的逐步推广，博物馆界开始探索将这一技术应用于传统的展览形式中，从而诞生了虚拟博物馆。这一形态的博物馆不仅是实体博物馆在网络空间的延伸，更是一个全新的展示和体验平台。它允许观众通过互联网，跨越时间和空间的限制，观赏到远在他乡的文物和展览。随后出现的智慧博物馆，标志着博物馆视觉传播进入了一个新的阶段。这种形态的博物馆继承了虚拟博物馆的优点，通过引入更加先进的信息技术和数字展示手段，如三维展示、虚拟现实等，使得观众可以享受到更为生动、直观的展览体验。文物和环境被转化为信息数据，突破了传统保存条件的限制，提高了文物的可访问性和展示效果。

在中国，政府对博物馆数字化的重视始于 2003 年，此后，包括故宫博物院、北京数字博物馆、南京博物馆、上海科技馆在内的多家博物馆相继建立了自己的虚拟博物馆。[①] 这些虚拟博物馆为公众提供了一个全新的"游览"体验，极大扩展了博物馆视觉传播的范围，使得无法亲临其境的观众也能够对这些博物馆形成深刻的视觉印象。通过数字化和虚拟化，博物馆能够跨越物理界限，与更广泛的受众进行互动，从而实现其文化传播的目的。

在行业快速发展的背景下，综合类博物馆的影响力日益扩大，专题类博物馆数量不断增加。这些博物馆越来越注重利用自身独有的文化资源，通过视觉传播的手段，向公众展现更加多元和丰富的内容。以首都博物馆为例，其"地志"主题的定位，通过整理和展出具有北京地区特色的出土文物，利用新媒体装置展示北京的历史变迁、劳动人民的生活等，为观众提供了一个深入了解北京历史文化的窗口。这种视觉传播方式让观众能够直观地感受到北京深厚的历史文化底蕴，体验到北京文化的独特魅力。随着博物馆与观众关系的转变，从单向的信息输出到双向

---

① 周志鹏.基于网络的虚拟服饰博物馆设计研究[D].上海：东华大学，2006.

的信息互动，博物馆的角色也在发生变化，从过去单纯进行信息传播，转变为现在的增加了服务功能。展览设计的观念也从"以展品为本"转变为"以观众为本"，表明了博物馆对观众参与体验的重视，以及对于引导观众与展品之间积极互动的探索。①传统的"请勿触摸"警示牌被"欢迎参与"的标语取代，这不仅是字面上的变化，更是博物馆发展理念的重大转变，体现了对观众体验的重视和对文化传播方式的创新。

（二）传播载体之发展

联合国教科文组织 1992 年启动的"世界记忆"计划标志着人类文化遗产保护进入一个新纪元。该计划着眼于利用现代科技永久保存人类文化遗产，致力于实现其在互联网上的共享，促进文化遗产的全球传播与交流。紧随其后，美国博物馆界积极响应，1995 年建立了博物馆互联网系统，开启了博物馆视觉传播的新篇章。该系统的建立为博物馆提供了一个新的展示和教育平台，还为公众提供了更加便捷的途径来接触和了解博物馆藏品及文化知识。随着美国博物馆行业的成熟，欧亚地区也开始重视博物馆的数字化建设，进一步推动了博物馆视觉传播载体的快速发展。博物馆视觉传播的方式经历了从静态图文展示到动态影像放映的转变，数字化技术的应用极大地丰富了展示内容和形式，提高了观众的互动体验。新媒体技术的应用，尤其是网站和社交媒体平台的建设，为博物馆视觉传播打开了新的通道。观众不再局限于物理空间的限制，可以随时随地通过网络平台访问博物馆的展览和藏品，实现了文化资源的广泛传播和共享。

其一，过去，文物的呈现多依赖于静态的二维图片，限制了观众的感知深度。现在，随着电子屏幕的广泛应用，动态图像和三维视图的展

①　王希.以观众为中心的博物馆互动展示设计[J].创作评谭，2013（6）：52-53.

示成为可能，丰富了观众的视觉享受。宣传片和讲解视频的播放，提供了更加生动、详细的文化解读，使文化传播更加立体、生动。场景还原技术的创新，特别是 4D、AR、VR 技术的应用，使博物馆可以提供前所未有的浸入式体验。这些技术突破了物理空间的限制，模糊了真实与虚拟的界限，使观众仿佛置身于历史现场，体验到逼真的视觉效果和全方位的感官刺激。互动装置的引入，更是将博物馆的视觉传播推向了一个新的高度。观众不再是被动的接受者，而是可以通过触摸屏游戏等互动方式，主动探索和学习。这种双向的互动使得观众的参观体验更加丰富多样，还有助于提高他们对文化内容的理解和记忆。

其二，博物馆视觉传播在互联网应用的拓展中，迎来了新的发展机遇。随着 21 世纪的到来，数字化管理和存储技术的进步，使得博物馆能够在线上进行视觉传播，极大地扩展了传播的范围和效果。借助微信、微博、App 等社交平台，相关图片和信息得以迅速传播，有效提高了公众对博物馆及其藏品的关注度。网站和数字博物馆的建设，利用动态三维图片、影像、VR 等先进技术，为公众提供了一种全新的观展体验。观众无须亲临现场，即可足不出户享受到博物馆提供的视听盛宴。这种方式丰富了人们的文化生活，也为博物馆的视觉形象塑造提供了新的路径。随着技术的不断进步和应用的日趋成熟，数字化手段在博物馆视觉传播中的作用愈发显著。网络平台的广泛使用，让博物馆的展览、教育、科研等功能得到了有效的拓展和深化。通过网络，博物馆能够跨越地理界限，触达更广泛的受众群体，实现文化的共享与传承。

其三，文化创意产品在互联网时代背景下，不再局限于传统的实体店销售，通过京东、淘宝等电商平台，文创产品向更广泛的受众群体进行展示。2016 年是文化创意产业的兴起之年，故宫博物院文化创意发展便是一个典型例证，例如每月更新的故宫元素手机壳，更有不断设计出的几百种文创产品，如电脑包、鼠标垫、U 盘、特色笔记本、纸胶带、钛金眼镜、香皂盒、筷子、云起如意领带、真丝被及棉被等。为成为具有极高文化价值的超级 IP，故宫研发的文化创意产品数量有数万种，通过网络销售，不仅创造了经济价值，更为博物馆视觉传播开辟了新渠道。网络平台的利用，让文化创意产品的传播跨越了时间和空间的限制，使得更多人能够轻松接触和了解博物馆的文化内涵。即使是那些未必准备购买的观众，他们浏览产品图片、阅读相关信息的过程，实际上也是一种文化接受的体验。这种无形中的视觉传播，强化了公众对博物馆文化的认知，增强了文化的亲和力和影响力。电商平台成为文化创意产品的新展示和销售场所，为博物馆和公众搭建了一个直接的交流和互动平台。这种新型的视觉传播方式，有利于提升博物馆的品牌形象，也促进了文化产品的创新和多样化发展。更重要的是，它为传统文化的传承与创新提供了更广阔的空间，使文化的生命力更加旺盛，更能适应现代社会的发展需求。

（三）传播客体之发展

在文化领域，博物馆是收藏和展示历史遗产的场所，更是一个促进文化交流、教育公众的平台。随着时间的推移，博物馆行业逐步摒弃了旧有的观念，采纳了"以人为本"的服务理念。这一转变极大地增强了博物馆与观众之间的联系。在传统观念中，博物馆常被视为高冷的文化传播者，观众则是被动的接收者。然而，现代博物馆视觉传播的发展已经超越了这一模式，强调观众的主动参与和创造性互动。这种参与丰富了观众的文化体验，也让博物馆的展览和活动更加贴近公众的需求和兴趣。

博物馆视觉传播在提高受众视觉文化素养方面发挥了重要作用。在这一过程中，观众通过视觉感受获取信息，同时整合个人的感官经验，形成了独特的视觉能力。这种能力的提升反映在对图像的批判性解读和审美鉴赏上，也体现在对图像提出建设性意见的能力上。随着视觉暴力现象的增多，一些国家开始重视公众视觉文化素养的教育，提升观众的解读和审美能力，引导人们在观看博物馆视觉影像时，能够更加主动地去思考和理解图像背后的深层含义，进而参与互动，提出自己的见解和建议。博物馆视觉传播的客体发展，强调了视觉文化素养的重要性，这不仅是一个简单的认知过程，而是涉及深层的感知、理解和创造的过程。培养这种素养，既需要系统的教育和训练，也需要个体对视觉艺术的深入感悟和主动探索。博物馆作为文化传播的重要场所，提供了丰富的视觉材料和互动平台，促进了观众视觉文化素养的提升，加深了对文化遗产的理解和欣赏。在这一背景下，博物馆视觉传播的目标不仅仅是传递信息，更重要的是促进观众视觉文化素养的全面发展，包括批判性思维、审美鉴赏和创新建议的能力。这种全面的能力提升，有助于建立更加积极、健康的视觉文化环境，为社会文化的进步贡献力量。

第二节　新媒体环境下的博物馆视觉文化传播表现

一、新媒体环境下博物馆视觉文化传播方式

传统上，观众通过直接面对文物实体来获取信息，体验文化的独特魅力。随着技术的进步，虚拟媒介的出现为文物信息的获取和分享提供了新的平台，使得文化传播不再局限于物理空间。通过实体媒介和虚拟媒介，博物馆能够向广大受众展现丰富的视觉文化信息，包括但不限于图片、视频和三维重建模型，从而实现了文化传播的多样化和广泛性。这种双轨并行的传播方式加深了公众对文化遗产的理解和欣赏，也促进了文化的跨界交流与创新①。

---

① 张依倩.新媒体背景下博物馆视觉文化传播研究[D].长沙：湖南大学，2019：32.

（一）受众—实体媒介—视觉文化信息

新媒体环境为博物馆视觉文化传播注入了新的活力和多样性。传统上，博物馆依赖于实体图片等媒介来展示文化信息，旨在增强展览的吸引力和教育意义。然而，随着技术的进步，新媒体为观众提供了更为丰富和立体的体验方式。线下影像播放装置不再局限于视觉信息的传递，还拓展到了听觉、触觉乃至嗅觉，使得文化传播更为全面和深刻。在新媒体环境下，博物馆的视觉文化传播方式可以归纳为四种主要类型。每种类型都基于不同的技术平台，涵盖从二维图片到三维模型，再到虚拟现实和增强现实的不同维度。这些技术增强了展览的趣味性和互动性，还帮助观众更好地理解文物背后的文化和历史背景。

1. 动／静态电子影像等视听式新媒体

动／静态数字影像作为博物馆数字化技术中最为普遍的形式，广泛应用于各类展览之中。这种新媒体技术，通过动画、视频等多样化的视听手段，为文物及展览的解读提供了丰富的维度。观众在享受视觉盛宴的同时，也能从多角度深入了解展品背后的故事与历史。以周恩来邓颖超纪念馆为例，该馆巧妙地在展厅出口处设置了一部纪录片，精心回顾了这对伟人的生平事迹。这种影像作品的运用，是对馆内主要内容的完美总结，更是对展览主题的深度升华。影片中，二人的种种感人事迹生动呈现，直击人心，使观众在参观的尾声处达到情感共鸣的高潮。此类数字影像的设置，展现了博物馆利用现代技术手段，增强展览吸引力与教育意义的智慧。通过视听结合的方式，观众能更直观、深刻地感受到历史人物的伟大精神与情感世界，进而更加珍视和理解我们共同的文化遗产。此举提升了观众的参观体验，也促进了文化的传承与交流。

2.触屏互动体验式新媒体

触屏技术的应用，尤其在博物馆展览领域，提供了一种全新的互动体验。通过可触界面，如屏幕、桌面或墙壁，参观者能够与展品进行直接的交互，这种人机交互方式大大增强了观众参与的积极性。以甘肃省博物馆"丝绸之路文明"主题展览为例，触屏技术的引入让参观者能够通过一个大屏幕与世界各地的文物进行互动对比，很好地吸引了观众的参与和体验。触屏互动体验式新媒体的引入，让参观者在视觉上获得了享受，更在心理和情感上建立了与展品之间的连接。观众不再是远观历史与文化的外人，而是通过触摸、点击成为探索历史的参与者。这种参与感和体验感的提升，有效地将观众的注意力集中到展览的内容上，使得文化传播效果得到了显著的提升。博物馆通过触屏技术设计的逼真情境，让观众能够在视觉上得到前所未有的体验，更重要的是鼓励了观众积极参与和思考。观众在参与互动体验的过程中，能够更深入地理解展品背后的文化和历史意义。这种从被动参观转变为主动探索的过程，极大地丰富了博物馆的文化传播内容，也让博物馆的展览模式更加多元化和生动化。

3.虚实结合式新媒体

传统的展览方式已难以满足观众多元化的需求，因此，虚实结合式新媒体技术的应用成为一种创新的解决方案。这种技术的核心在于通过高科技手段，将虚拟体验与实体展览紧密结合，为观众提供了一种全新的观展体验。

3D 技术作为虚实结合式新媒体的一部分，利用立体成像技术模拟人类双眼效应，创造出具有纵深感的画面。观众只需佩戴专用的立体眼镜，便能在视觉上感受到影像的立体效果，仿佛置身于一个全新的三维空间中。这种技术的应用，使得博物馆的展览内容更加生动，能够更好地吸引观众的注意力，增强其参与感和体验感。

4D 技术在 3D 的基础上，通过加入风、雨、雷、电等自然环境效果及座椅震动等物理特效，实现了视觉、听觉、嗅觉和触觉的全面刺激。这种多感官的体验方式，让观众仿佛亲身经历展览内容所呈现的场景，从而达到了极致的沉浸感。以浙江省自然博物院为例，该博物院借助 4D 技术，创造了一次独特的钱塘江大潮观赏体验。观众坐在小船形状的座椅上，通过控制方向，仿佛亲自驾船沿着钱塘江前行，屏幕两侧的弧形球幕展现了大潮的壮观景象。随着船体的前进，座椅会相应产生震动，模拟真实驾船时的感觉，甚至喷溅的水花让人感觉自己真的在江面上航行。观众通过 4D 眼镜观看立体影像，再加上座椅的震动和特效，使得整个体验极为逼真和震撼，仿佛亲身经历了一次钱塘江大潮的奇观。虚实结合式新媒体的应用，不仅仅是技术的展示，更是一种文化传播的创新。它通过高科技手段，提供了一种全新的文化体验方式，将观众从传统的观赏者转变为互动的参与者。这种体验方式使得文化传播更加生动和有效，增强了观众对文化内容的理解和感受，更好地促进了文化的传播和传承。

4. 全虚拟浸入体验式新媒体

全虚拟浸入体验式新媒体技术的核心在于虚拟现实（VR）技术，它通过计算机与最新传感技术的结合，带来了前所未有的人机交互体验。与依赖实体建筑或场景的传统展示方式相比，VR 技术的应用打破了物理空间的限制，允许观众在任何地点、任何时间，都能享受到沉浸式的展览体验。

虚拟现实技术的发展为博物馆提供了全新的展示手段。传统的展览方式往往受限于空间和展品的物理条件，而 VR 技术的应用，能够以数字化的形式复原和呈现历史场景和文化遗产，让观众仿佛亲身经历了历史，增强了展览的吸引力和教育意义。金沙遗址博物馆里使用的"再现金沙"VR 设备便是一个典型例子，它通过 720° 的全景视角，再现了古蜀人的滨河祭祀盛景，使观众能够在虚拟环境中深度体验到古蜀文化的独特魅力。虚拟现实技术的应用，为博物馆提供了一个展示历史文化、艺术作品的新途径，打破了时间和空间的界限。观众无需长途跋涉，就能跨越千年，领略不同文明的风采。这种技术不仅丰富了博物馆的展示形式，还提高了展览的互动性和教育性，让观众能够通过全新的视角和方式，深入理解展品背后的文化和历史。

（二）受众—虚拟媒介—视觉文化信息

国外博物馆较早开始利用虚拟媒介进行线上宣传，积累了丰富的经验。国内博物馆，如故宫博物院、上海博物馆和上海科技馆等，迅速跟进，通过引入新媒体形式，开始利用网络平台广泛传播视觉文化信息。这种转变不仅迎合了不同观众的需求，也适应了数字化时代的发展趋势。

1.博物馆官方网站

传统上，官网功能主要局限于提供基本信息和展览预告，但现代技术的发展使得官网变身为一个全方位的虚拟博物馆，除了展示文物之外，还通过科技手段挖掘并传递文化价值。这种转变意味着网站已不再是简单的辅助工具，而是成为博物馆不可分割的一部分，肩负起了更广泛的视觉展示和文化传播职责。通过官网，博物馆能够将藏品的价值与故事以数字化形式呈现给公众，使其不受地理和时间的限制，可以随时随地浏览和学习。官网的互动功能允许观众与藏品建立直接联系，通过在线引导、互动展示等方式，观众可以深入了解文物背后的历史和文化。这种直接的互动加深了观众对文化遗产的理解，也使得文化传播变得更加生动和有效。大型博物馆官网上设立的论坛为来自世界各地的观众提供了一个交流和探讨的平台。在这里，人们可以分享自己的观展体验和心得，以此增进了观众之间的交流与理解。同时，博物馆通过设置自动回复机器人和人工服务，积极回应观众的提问和需求，体现了以人为本的服务理念。这些互动和服务功能提升了观众的参与度和满意度，也为博物馆的文化传播增添了新的维度。

2. 网络社交平台

在新媒体环境下，博物馆通过网络社交平台的应用，有效地拓宽了视觉文化的传播途径。论坛、贴吧、微博和微信等社交媒体成为重要的信息发布渠道。尤其是微博和微信，作为主流平台，它们以丰富的影像内容和吸引人的软文为主，有效地提升了博物馆与公众之间的互动，同时也强化了吸引访客的能力。这种互动不限于信息的单向传播，还包括观众的反馈、评论以及转发，形成了一种双向交流的模式，增强了博物馆文化传播的动态性和互动性。评价性交流平台如马蜂窝网、大众点评等也成为重要的信息传播和获取渠道。意向参观者常通过这些平台搜索博物馆的游记和评论，这些第一手的体验分享对于潜在访客的决策有着直接的影响。通过社交平台的广泛应用，博物馆不仅能够展示自身的文化价值和教育意义，还能够实时了解和满足公众的需求，促进了观众参与度的提升和文化传播效果的优化。这种新型的传播方式使博物馆与公众之间建立了更紧密的联系，为视觉文化的传播开辟了新的路径。

据第52次《中国互联网络发展状况统计报告》显示，截至2023年6月，中国网民规模达到了10.79亿人，互联网普及率达76.4%，体现了网络社交平台在日常生活中的重要地位。在这样的环境下，博物馆作为文化传播的重要场所，也在积极探索与时俱进的传播方式，以适应数字化时代的需求。网络社交平台，如微博、微信等，因其便捷性、互动性和广泛的覆盖范围，成为博物馆视觉文化传播的重要途径。通过开设官方账号，博物馆可以发布最新展览信息、学术研究成果，还可以分享博物馆藏品的故事和背后的文化意义，用平易近人的语言与公众进行沟通和互动。这种直接与观众建立联系的方式，极大地拉近了博物馆与观众之间的距离，增强了观众对博物馆的好感和参与相关活动的积极性。例如，故宫博物院、苏州博物馆等通过微博后台积极与粉丝互动，及时回应网友的留言和问题，受到了网民的广泛欢迎。更有趣的是，三星堆博物馆与金沙遗址博物馆通过微博进行友好互动，使用"小金"和"堆堆"等亲切的昵称，增加了互动的趣味性，同时也吸引了更多的关注和讨论，提高了博物馆的网络知名度。在视觉文化传播方面，博物馆利用社交平台上传的静态与动态图片、影片等内容，都会精心设计并打上独特的水印，既保证了视觉识别度，也加强了文化传播的专业性和权威性。通过这些富有特色的视觉文化资源，博物馆能够有效地传达文化价值，激发公众的文化兴趣和探索欲望。同时，互动留言的功能让观众能够直接参与文化传播的过程，提供反馈和建议，使得博物馆能够更好地听取公众的声音，优化和丰富文化传播的内容和形式。

3.移动端智能应用

在新媒体环境下，博物馆利用移动端智能应用开展视觉文化传播，体现了数字化与文化创新的结合。尽管市场上博物馆 App 数量有限，但它们的质量和功能性通常较高，能够提供优质的视觉体验和丰富的文化信息。例如，故宫博物院 App 就集成了展厅地图、重要藏品展示及稀有画作的动态介绍等功能，使用户能够享受到近乎亲临现场的浏览体验。博物馆还通过非自主开发的 App 扩大其文化传播的影响力。这种做法促进了文化产品的销售，还有效传播了视觉文化，增强了博物馆的公众形象和知名度。故宫淘宝店便是通过电商平台销售文创产品，既实现了商业价值，又促进了文化价值的传播。短视频 App 的应用为博物馆提供了一个全新的视觉文化传播渠道。通过在抖音、腾讯短视频等平台上设立官方账户，博物馆可以发布高质量的短视频。这些视频具有很好的视觉效果，而且传播力强，能够吸引更多的年轻观众。抖音与故宫博物院合作的"抖来云逛馆"计划，通过视频化的方式介绍故宫的藏品文物，为公众提供了一个直观、生动的学习平台。这些移动端智能应用的广泛使用，标志着博物馆在新媒体环境下的视觉文化传播正在朝着更加多元化、互动化的方向发展。通过不断创新和优化移动应用内容，博物馆既能够提升自身的文化传播效率，还能够拓展观众群体，加深公众对文化遗产的认识和理解。

4.网络电视平台的运用

这种基于互联网平台和数字技术的媒介，虽然在观看形式上与传统电视并无太大差别，但其提供的随时点播和回看功能极大地丰富了视觉文化的传播方式，使得观众能够更主动地选择和接触到所需的文化内容。这种改变不仅仅是技术层面的进步，更是观众接触和理解文化遗产的方式上的一次革命。网络数字电视的优势在于其能为人们带来良好的观看体验，相较于平面媒体，更能吸引观众的注意力，提供更为生动的视觉享受。通过网络电视平台，博物馆能够以视频的形式展示文物背后的故事，使文化遗产的展示更加生动、直观，从而吸引更多的观众关注和了解文化遗产。直播平台的兴起进一步拓宽了网络数字电视的应用范围，实时性的特点让观众即使不在电视机旁，也能通过手机等移动设备随时随地观看到直播内容。这种方式极大地方便了观众，使文化传播不再受时间和地点的限制。例如，湖南省博物馆在2018年重新开馆之际，便采用了直播的形式，让无法亲临现场的观众也能实时参与其中，感受文化的魅力。

随着网络电视平台使用率的不断提升，以博物馆为主题的电视节目逐渐成为公众关注的焦点。节目制作方在精致程度和吸引力上投入大量精力，目的在于吸引更多的观众流量。例如，2017年播出的《国家宝藏》第一季，成功地将观众的关注度再次集中到博物馆上。该节目由中央广播电视台和央视纪录国际传媒有限公司共同承制，归类于文化博览探索节目。该节目不仅在内容上进行了深入挖掘，更在舞台视觉效果和视觉美感上做到了极致，为观众提供了一场视觉与知识的盛宴。这种高超的制作质量获得了观众的高度认可，在豆瓣上的评分更是高达9.0分。《国家宝藏》的成功不止于此，其第二季和第三季分别获得了9.1和9.2的高分，显示了节目对观众持续吸引力的增强。这一系列的高评分进一步反映了观众对博物馆主题内容的喜爱，也展现了网络电视平台在文化传播中的重要作用。通过这样的平台，博物馆及其藏品的故事得以跨越物理空间的限制，触达更广泛的观众群体。《国家宝藏》等节目的成功案例，标志着博物馆视觉文化传播方式的创新与发展，为更多的文化传播提供了新的思路和方向。这种传播方式提高了博物馆的公众知名度，也加深了公众对文化遗产的理解和尊重，促进了文化的传承与发展。

二、新媒体环境下博物馆视觉文化传播特征

在新媒体环境下，博物馆视觉文化传播展现了显著的特征。受众群体得以扩大，不再局限于实地参观者，网络平台使得全球观众均可接触到丰富的文化内容。传播手段变得多元化，包括社交媒体、官方网站、移动应用等多种形式，为观众提供多样化的互动体验。情境虚拟化强化了观众的沉浸感，通过虚拟现实等技术，人们能够以全新的方式体验艺术与文化。同时，传播更加注重大众消费导向，着眼于满足广大观众的需求与偏好，使文化传播更加贴近公众生活，增强了文化的普及性和吸引力。

（一）视觉传播对象体现大众与小众融合

在历史的长河中，博物馆的视觉文化传播对象从小众群体逐步扩展至大众，这一变化背后是社会结构和文化观念的深刻变迁。早期，博物馆作为知识和文化的宝库，其展示和教育功能主要针对社会上层的少数人，如贵族、教会成员等，这一群体对艺术和文化有着特定的需求和偏好。博物馆的展览设计和展品选择往往围绕这些小众群体的兴趣进行，

展示的内容多为高雅艺术和稀有文物，强调个性化和独特性。这种模式在一定程度上限制了文化的普及和传播。随着时代的发展，尤其是新媒体技术的兴起，博物馆的视觉文化传播开始发生显著变化。新媒体为博物馆提供了更广泛的传播平台和方式，使得博物馆能够突破物理空间的限制，向更广大的公众展示其收藏和知识。这不仅使得大众能够更加方便地接触到博物馆的内容，也促进了个性化和定制化服务的发展。通过网络、社交媒体、移动应用等新媒体工具，博物馆可以根据不同观众的兴趣和需求，提供更加丰富和多样化的视觉文化内容。在这个过程中，博物馆视觉文化的传播对象不再是单一的大众或小众，而是在两者之间实现了融合。一方面，博物馆利用新媒体平台拓宽了其文化传播的范围，吸引了更多的大众群体；另一方面，通过提供个性化的展览和互动体验，也满足了小众群体对于文化消费的精细化需求。这种大众与小众的融合，丰富了博物馆的视觉文化传播内容和形式，也体现了博物馆在新媒体影响下的改革与创新，促进了文化的多元化发展和普及。

（二）视觉传播图像由仿真向拟像转变

视觉文化作为人类文明发展的重要组成部分，其传播方式随着社会进步和技术革新而不断演化。在新媒体环境下，视觉文化的传播特征呈现出明显的时代标志，特别是视觉传播图像从仿真向拟像的转变，标志着人类视觉文化进入了一个新的发展阶段。

视觉形式的变迁反映了人类对美学、文化和技术认识的深化。早期，图腾的使用体现了原始社会对自然界和社会关系的理解与尊重。随后，仿真图像的兴起，如古埃及的壁画、古希腊的雕塑，展现了对现实世界的精确描绘和美学追求。这一时期，视觉艺术着重于形式美、比例协调与对自然的真实再现。进入现代社会，随着摄影术和电影的发明，纯视觉图像成为主流，这些图像以其独特的视觉冲击力和传播效率，反映了现代人对速度、效率和技术革新的重视。视觉文化的传播更加依赖于技术手段，图像传播变得即时和广泛，但同时也面临着真实性与再现性的挑战。伴随着数字技术和互联网的广泛应用，拟像成为视觉文化传播的新趋势。拟像不再追求对现实的直接复制，而是通过技术手段创造出新的视觉现实，这些图像既有现实的参照，又超越了现实，为观众提供了更为丰富和多元的视觉体验。

拟像，通过虚拟的、超现实的数字化图像，展现其独有的虚拟性、时空性、复制性和快速性特征，深刻地影响了视觉文化的传播方式和接受模式。这种转变意味着观众不再仅仅满足于对现实的模仿和再现，而是追求更具创意和想象力的视觉体验。拟像的出现，使得图像不再受限于现实世界的物理规律和时间、空间的约束，它们可以被无限复制、快速传播，让观众即使身处千里之外，也能体验到前所未有的视觉文化。例如故宫博物院自主研发并上线的《韩熙载夜宴图》App，能够将古代书画进行立体展示，对人物角色进行深度刻画，使观赏者可以听到当年的琴声、看到当年的舞姿；"数字书法"临摹《兰亭序》，可进行打分；"数字绘画"根据每一个鸟的叫声进行复原，点击它后鸟就活了，可以蹦蹦跳跳，还能进一步点击研究鸟的羽毛。数码技术的发展，为拟像的创造提供了更为便捷的手段。这些技术让假象在某些情况下甚至比真相显得更加"真实"。正如"绘画是一种活动，其倾向是他看到他画的东西，而不是画他所看到的东西"①所言，在艺术创作中，艺术家往往不是简单地复制所见，而是创造了一个符合自己想象的视觉现实。这种创造性的活动，恰恰是拟像带给我们的视觉文化的新体验。随着博物馆开放性的增强，拟像作为一种后现代视觉文化的特征被广泛采用，观众不再满足于传统的文物展示，他们渴望互动性更强、更加生动的视觉体验。拟像的使用，正好满足了这一需求，它通过虚拟的手段，提供了一种全

---

① 刘洁，刘莹.视觉形式的历史性[J].佳木斯教育学院学报，2013（10）：75.

新的视觉文化体验方式，让观众能够更加深入地理解和感受文化内涵。

（三）视觉传达设计展现多维互动影像

随着技术的进步，人们对于传统平面影像的视觉体验已逐渐感到不满足，渴望更加具有沉浸感和互动性的视觉享受。这种需求促使了多维互动影像技术的发展，增加了视觉的维度，更在观众与作品之间建立了前所未有的互动关系。

多维互动影像通过引入空间动态元素，打破了传统视觉艺术的界限，使得艺术作品不再是静态不变的展示，而是变成了可以与观众进行互动交流的动态存在。这种技术的应用，极大地丰富了观众的参观体验，使其不再是被动的接收者，而是作品情节发展的参与者和推动者。观众的选择和互动不仅影响作品的展现形式，也在一定程度上改变了作品的内容和意义。不同于传统媒体的单向信息传递，新媒体通过互动性建立了双向的信息流动机制。这种高度的互动性是新媒体区别于传统媒体的重要特征，使得信息的接收与反馈变得更加即时和有效。在博物馆视觉文化传播中，这种互动性体现在观众与作品之间，也体现在观众与博物馆之间的互动上。通过在线平台、社交媒体等渠道，观众可以更方便地获取信息、分享观点和参与讨论，从而增强了参与感和归属感。

传统艺术作品虽然能够反映社会生活，但其内容一经创作完成便固定不变，观众的体验相对被动。而在新媒体环境下的互动影像作品，却能够提供动态的、多种可能的情节发展，给观众带来更加个性化和多样化的体验。设计者通过预设不同的情节变化和场景，赋予观众选择权，使每一位参与者都能够根据自己的偏好影响作品的发展方向，从而实现一种全新的艺术创作和欣赏模式。例如，故宫博物院 AR 导览项目为游客带来了全新的参观体验。通过 AR 技术，游客可以通过智能设备或者 AR 眼镜，实时观看虚拟的展品、听取对应的解说，甚至可以与虚拟人物互动。这种创新的导览方式提升了游客的参观体验，还使得历史文化得以以更加生动的形式呈现。这种多维互动影像改变了观众的参与方式，也为博物馆视觉文化的传播开辟了新的路径。它通过增强作品的互动性和参与性，让观众能够更深入地理解和感受作品背后的文化和艺术价值。同时，这种新型的传播方式也为博物馆带来了更广泛的受众群体和更高的参与度，有助于推动文化的传承和发展。

（四）视觉读取思维呈现符号消费导向

商品经济的蓬勃发展促使文化传播逐渐转向工业化生产，形成了信息产业、文化工业和媒介产业等新兴领域。这一变化影响了信息的生产和消费方式，也重新定义了博物馆的角色和功能。

博物馆从实物导向转变为信息导向，不再局限于传统的实物展示，而是利用数字化技术，通过互联网进行跨时空的视觉文化传播。这种变化使得博物馆能够更广泛地触及全球观众，满足人们对于文化消费的需求。在这一过程中，视觉符号的设计与融入成为传播的关键，它不仅需要吸引观众的注意力，更要与观众的消费习惯和审美偏好相契合。例如，苏州博物馆充分挖掘自身的文化资源，将"园林文化"和"江南柔情"这独特的文化符号融入其展示设计中。通过与电商的合作，苏州博物馆推出了"型走的历史"主题的服饰系列，将博物馆的藏品和建筑风格提炼为具有苏州特色的视觉元素，进而设计出既具古典美感又符合现代时尚追求的服饰。这一做法为观众提供了全新的文化消费体验，也成功地将博物馆的视觉文化转化为具有市场竞争力的商品，实现了文化价值和商业价值的双重提升。这种以消费为导向的视觉读取思维，反映出社会文化诉求与大众符号消费行为之间的密切联系。博物馆通过对视觉文化传播方式的创新，既可以促进文化的广泛传播，还能够深入挖掘文化的内在价值，满足现代社会对于文化多样性和个性化的追求。这一过程中，博物馆的角色逐渐从被动的文化守护者转变为主动的文化创造者和传播者，展现出文化传播在数字时代的新特征和新动向。

三、新媒体环境下博物馆视觉文化传播成效

在新媒体环境下，博物馆视觉文化传播展现出显著成效，其影响力和覆盖范围不断扩大。通过利用新媒体工具和平台，博物馆成功地将文化内容以更直观、互动性更强的形式呈现给公众，有效提升了观众的参与度和文化体验。随着技术的进步和传播策略的优化，这种传播方式更是呈现出了良好的增长趋势，为文化的传承与创新开辟了新的途径，同时也为博物馆的社会功能和文化价值的发挥带来了积极影响。

（一）推动产业发展及品牌塑造——以故宫博物院为例

在新媒体环境下，博物馆视觉文化传播成效显著，尤其在产业发展和品牌塑造方面表现突出。故宫博物院的实践展现了视觉文化传播在推动文化产业发展和加强品牌影响力方面的巨大潜力。

故宫博物院作为中国文化遗产的代表，通过一系列视觉文化传播策略，成功地将丰富的历史文化资源转化成文化产品，提升了附加值，推动了文化产业的发展。通过深度挖掘和利用自身独有的视觉符号——无论是宏伟的宫殿建筑、精美的文物收藏，还是丰富的历史故事，故宫都能通过新媒体平台有效地传播文化，吸引国内外众多观众的关注。这种视觉文化的广泛传播，提高了公众对故宫文化价值的认识和理解，也促进了相关文化产品和服务的开发，为文化产业的发展注入了新的活力。同时，故宫博物院的视觉文化传播对品牌形象的塑造也起到了关键作用。在"互联网＋"的背景下，故宫不单单依靠传统的展览形式向公众展示其珍贵的文化遗产，而是通过社交媒体、移动应用、网站等新媒体渠道，将视觉文化以更加直观、生动的方式呈现给公众。这种创新的传播方式加深了公众对故宫文化的认识，有效地提升了故宫品牌的知名度和影响力，实现了其社会功能的充分发挥。虽然故宫作为遗址类博物馆在使用实体媒介方面有所限制，但其通过新媒体的应用，成功地解决了

观众在参观过程中可能遇到的问题，优化了参观体验。通过微信讲解等虚拟媒介的辅助，故宫在传播效果上取得了显著成效，也在观众服务上实现了质的飞跃。

在网站建设上，故宫博物院充分发挥了其文化特色和美学价值。官方网站界面设计优雅，以"宫"字为Logo，简洁而富有意义，反映了故宫深厚的文化底蕴和古典美。网站栏目设计用户友好，操作简便，下级目录细致，提供了丰富全面的信息和大量精美的图片资源。此外，故宫数字博物馆的建立，利用3D技术全方位展示故宫的壮丽景象和珍贵文物，为用户提供了沉浸式的参观体验，极大地丰富了公众对故宫文化的认识和体验。社交媒体的运用更是体现了故宫与时俱进的一面。自2010年起，故宫通过注册腾讯微博账号开始其社交媒体之旅，其独特的自我介绍"男，天秤座，家住北京市东城区"赢得了广泛好评，展现了故宫官方微博的亲和力和幽默感。相比之下，故宫在新浪微博的表现更为出色，无论是在视觉展示还是内容丰富度上都有显著优势。通过发布高质量的图片和视频，如纪录片《我在故宫修文物》等，故宫新浪微博吸引了大量的粉丝关注，有效提升了故宫的品牌影响力和文化传播效果。更为重要的是，故宫通过这些新媒体平台建立了与公众的互动渠道。独具匠心的粉丝服务栏目，拉近了与网友的距离，也提高了文化传播的互动体验，增强了公众对故宫文化的认同感参与感和归属感。

（二）促进特有文化的挖掘与传承——以三星堆博物馆为例

四川广汉三星堆博物馆作为古蜀文化的重要展示窗口，在新媒体环境下展现出了独特的视觉文化传播成效。尽管场馆内部仍依赖于传统的展览形式，如静态图片和宣传片，但其线上传播策略却取得了显著成效。博物馆利用微博等社交媒体平台，吸引了超过400万的粉丝关注，有效地扩大了影响力，成为国内外瞩目的文化传播焦点。

该博物馆的线上活动增强了公众对三星堆文化的认识和兴趣，促进了对这一特有文化遗产的挖掘与传承。通过社交媒体的广泛传播，三星堆博物馆的文化价值得到了社会各界的广泛认可，如获得"年度全国文博十大影响力官微"等荣誉，这是对其传播效果的肯定，也是对其在文化挖掘和传承方面所做贡献的认可。人民网舆情监测室发布的报告显示，三星堆博物馆官方微博的政务影响力排名颇高，这一成绩体现了其在新媒体环境下，通过创新传播策略成功构建起的良好公众形象。此外，"中博热搜榜"发布的全国热搜博物馆百强榜单中，三星堆博物馆能够位列"十大热搜博物馆"，进一步证明了其在网络文化传播中的重要地位和影响力。

三星堆博物馆在新媒体环境下的视觉文化传播显著促进了传统文化的挖掘与传承。该博物馆通过微博和微信等平台，巧妙运用视觉元素和影像信息，深入探索并展示古蜀国的独特文化。这种传播方式吸引了公众的广泛关注，也增强了对古蜀文化深层次价值的认识和理解。首先，三星堆博物馆充分利用新媒体的影响力，对未解之谜进行渲染宣传。将神秘的青铜文物作为重要的视觉元素，通过图片合成和软文的形式呈现，营造了一种神秘而引人入胜的氛围。同时，结合微信 AR 展览和实体场馆的互动体验，为观众提供了新颖独特的参观方式，使得古蜀国文化的展示更加生动和立体。其次，三星堆博物馆与四川成都的金沙遗址博物馆之间的互补与互动，加强了对区域文化的挖掘与传承。通过线上宣传和线下展览的紧密结合，两家博物馆共同举办的展览不仅加深了公众对古蜀文化的认识，也促进了地区文化遗产的保护和发展。再者，三星堆博物馆在组织特展方面的横向联合，有效地增强了视觉文化传播的冲击力。例如，在意大利罗马举办的"人与神的世界——四川古蜀文明特展"，通过不同文化之间的对比，为观众提供了更为丰富和深刻的视觉体验。这种跨文化的交流和展示，拓宽了三星堆文化的传播范围，也为公众提供了学习和欣赏不同文明的机会。最后，三星堆博物馆官方微博博主朱丹丹在推动博物馆视觉文化传播方面发挥了重要作用。她的频繁公开亮相和在学术交流会中的积极发言，展现了一种开放的姿态和对新知识的渴望。通过在新媒体和视觉文化相关论坛上的见解分享，增强了三星堆博物馆在学术界的影响力，也为博物馆的创新发展提供了宝贵经验。

第三节　新媒体环境下的博物馆视觉文化传播策略

一、注重新媒体资源的合理应用

（一）线上正确对待互联网的作用

在新媒体环境下，博物馆应充分认识到互联网在视觉文化传播中的重要作用，以及它的双刃剑属性。互联网的优势在于能够突破时间和空间的限制，让博物馆的珍贵藏品及其背后的文化故事触达更广泛的受众群体。然而，互联网的劣势也不容忽视，如信息的碎片化、真实性难以把控等问题，都需要博物馆在利用互联网进行视觉文化传播时加以注意。

1.处理好互联网展示与视觉信息的关系

互联网的作用不容小觑，它为博物馆提供了一个无与伦比的平台，能够将丰富的视觉信息迅速传达给全球观众。博物馆管理人员在利用互联网进行视觉文化传播时，应当明确互联网的主要功能是宣传和广播，而不是视觉信息本身的创造者。为了使互联网的效用最大化，博物馆应当专注于视觉信息内容的设计与创意，确保展示给公众的每一件展品都能够吸引观众的注意力，传达出博物馆想要表达的文化价值。在此基础上，互联网平台的作用则转化为一个强大的传播工具，帮助博物馆将这些精心策划的内容有效地展现给更广泛的受众。博物馆与互联网服务商之间的合作应当建立在互利共赢的基础上。通过明确双方的职责和优势，博物馆可以更有效地利用互联网平台进行宣传，而互联网服务商也可以从中获得相应的收益，比如通过吸引更多的用户流量来提高广告价值或者通过合作项目来增加服务的多样性。此外，博物馆在利用互联网进行视觉文化传播时，还应当注重保持内容的更新频率，定期推出新的展览信息或者举办在线活动，以维持公众的兴趣和参与度。同时，博物馆还可以通过互联网收集观众的反馈，进一步优化展览内容和服务，使得博物馆的视觉文化传播更加符合现代观众的需求。

2. 注重视觉文化表达方式，促进博物馆与互联网有机融合

互联网的迅捷特性为博物馆提供了一个广阔的平台，使得视觉文化的传播不再受地域限制，观众群体得以大幅扩展。为了更好地在这一环境下优化视觉文化传播，博物馆需要与互联网深度融合，共同探索适合双方特点的传播策略。

其一，博物馆应重视视觉文化的表达方式。在传统观念中，博物馆更注重于展示实物和传递历史文化知识，但在数字时代，单一的展示方式已难以满足观众的需求。博物馆需要通过互联网，采用更为丰富多样的视觉语言，如虚拟展览、互动体验等，以更加生动、直观的形式展现文化精髓，吸引公众的注意力。其二，博物馆与互联网的合作应基于深入的理解和尊重。博物馆在保持自身文化深度和严谨性的同时，可借鉴互联网的即时性和互动性，让视觉文化传播更加灵活、有效。例如，通过社交媒体分享展览预告、背后故事或精彩瞬间，增加观众的参与感和归属感。同时，互联网平台也应积极探索如何更好地利用博物馆资源，提高内容质量。通过与博物馆合作，互联网可以获得高质量的文化资源，还可以通过创新的技术手段，如增强现实（AR）、虚拟现实（VR）等，为公众提供更为生动、沉浸式的文化体验。其三，双方的合作还应注重视觉文化的二次传播效果。博物馆可以通过互联网平台的数据分析功能，了解观众的偏好和反馈，持续优化传播内容和方式，从而实现视觉文化传播的最大化效果。

（二）线下分清展品和新媒体的主次关系

在新媒体环境下，博物馆视觉文化传播的优化是提升公众文化体验与增强文化影响力的关键。尤其在线下环境中，明确展品与新媒体间的主次关系，不仅能够强化视觉体验的核心地位，还能通过技术手段增强文化艺术的传播效果。博物馆拥有的众多珍贵藏品，本身就是视觉设计与文化传播的重要基石。新媒体的运用，应当围绕着这些文化遗产的展示与解读，通过创新的技术手段，为公众提供更丰富、更生动的视觉体验。

对于那些因年代久远而难以直接展出的文物，新媒体技术提供了一种全新的展示方式。例如，三维重建技术能够让观众以全新的视角欣赏到唐三彩的精美细节，或是通过虚拟现实（VR）技术体验古代时期的生活场景。这种技术的应用不仅让历史文物"复活"，还能够让观众跨越时空，以更直观、更互动的方式了解文物背后的历史与文化。同时，线下展览中新媒体的使用应注重与传统展览形式的有机结合，确保技术服务于文化的核心展示，而不是替代或掩盖展品本身的价值。通过合理布局展览空间，巧妙设计互动环节，可以让观众在享受技术带来的新奇体验的同时，更加深刻地感受到文物本身所蕴含的深厚文化底蕴。通过技术的应用，使得静态的展品以一种动态化、多角度的形式呈现，极大地提高了展品的吸引力和教育价值。观众能从视觉上欣赏到文物的美，还能通过互动体验更全面地理解文物的历史背景和文化意义。

为了提升展览的吸引力和教育效果，创新展览方式成为当下的重要课题。一方面，广泛邀请视觉方面的专家成为博物馆的顾问，这能够为博物馆带来专业的视角，也有助于针对具体情况提出切实可行的改进建议。通过专家的指导，博物馆可以对整体布局进行优化规划，特别是在视觉效果方面做出有针对性的调整，通过专业的视觉设计提升展品的展示效果，让观众能够获得更加深刻的视觉体验。另一方面，针对目前部分展览在场景布置上存在的平面化问题，建议采取创新的三维空间搭建方式。通过将平面图像转换为立体的3D场景，能够提供更加生动的视觉效果，还能让观众产生身临其境的感受。这种三维展示方式能够有效增强展品的视觉冲击力和观众的内心体验，突破传统的文字和平面图像展示模式，为观众带来全新的观展体验。通过这些改进措施，博物馆能够更好地适应新媒体环境下的传播需求，同时也能够更有效地传递视觉文化的价值和意义。在视觉效果的优化下，观众的参与度和满意度将得到显著提升，从而促进博物馆文化的广泛传播。这种创新的展览方式还将为博物馆开辟新的发展道路，提升博物馆在文化传播领域的竞争力和影响力。在不断探索和实践中，博物馆将不断寻求更多符合新时代特征的传播和展示方法，为公众提供更加丰富和深入的文化体验。

二、把握设计要素 关注视觉传达系统

在新媒体环境中，优化博物馆视觉文化传播需精心设计视觉传达系统。关键在于充分挖掘和利用可展示资源，通过各种现代技术应用、语言文字、衍生产品等多元素组合，相互协调配合，共同构建富有吸引力的视觉体验。通过创意的视觉具象展示，能更有效地传递文化内涵，吸引更广泛的受众群体。这要求博物馆除了要注重视觉文化的表现形式之外，还需要深入理解受众的视觉消费习惯，从而提升文化传播的效果。

（一）以主题为导向的视觉内容设计

博物馆通过主题为导向的视觉内容设计，能够突出自身的发展定位，还能结合独特的文化特点，提高文化传播的效率和效果。例如，美国华盛顿的史密森尼学会，无论是历史文化博物馆还是航天博物馆，都是通过主题设计，结合高科技手段，使展品视觉表现力强，同时将主题延伸至商业领域，推动文创产品的二次开发。既增强了视觉冲击

感，又深化了文化的传播并提高了影响力。史密森尼学会的实践表明，以主题为核心的视觉内容设计可以有效地吸引观众，尤其是青少年群体，对科技、历史的兴趣被大幅激发。通过逼真的仿真场景和拟像技术，创造了强烈的时代感和空间感，让观众在参观的过程中获得沉浸式的体验。此外，通过线上互动平台的交流和销售，博物馆能够实现文化产品的广泛传播，促进了文化消费的多元化发展。再如，法国的卢浮宫，作为世界著名的艺术博物馆，卢浮宫深谙主题的重要，在不同时期不断注入新的历史意义和文化内涵，以不断变换的身份吸引着来自全世界的游客。这种以历史变迁为主题的视觉文化设计，使得卢浮宫成为艺术品的收藏展示地，也成为法国历史文化变迁的见证者。从史密森尼学会到卢浮宫的成功案例中可以看出，把握设计要素以及关注视觉传达系统对于新媒体环境下博物馆视觉文化传播的优化至关重要。博物馆需要结合自身特色和发展方向，采用创新的视觉设计手法，以主题为导向进行内容设计，提升展览的吸引力和教育功能，促进文化产品的开发和文化消费的多样化。

以主题为导向的视觉内容设计，能增强博物馆的吸引力，还能深化观众的参观体验。然而，在执行这一策略时，需细致考虑其背后的复杂性和挑战性。其一，博物馆的视觉主题设计需紧密结合社会、文化与历史背景。博物馆是展示文物的场所，更承担着社会教育的职责。因此，主题的设定必须保持客观性，尤其是对于具有深刻历史意义的展览，如涉及历史事件的展示，应避免夸大或过度强调某一方面，以免引发观众的极端情绪。以展示日本侵华罪证为主题的陈列馆为例，展示内容应着力于历史事实，引导公众以平和的心态反思历史，汲取教训，而非激发仇恨。其二，在新媒体传播中，视觉内容的选择和取舍至关重要。博物馆展示通常围绕几个主题或场馆进行，每个展区的视觉内容侧重点各异。因此，符合特定主题的视觉内容应当在相应的展厅中展示，而与整体主题相关但关联性不高的内容则应适当削减，以免展示内容冗杂无序。其三，要充分考虑不同视觉内容适用的传播媒介。有些信息通过图片或文字结合实物展示更为直观易懂，而过度依赖新媒体技术反而可能影响信息的有效传递。

（二）以技术为参考的视觉组合设计

博物馆是文化传承的重要场所，更是连接过去与未来的桥梁。随着技术的不断发展，欧美等发达国家已经将博物馆定义为具有教育、娱乐和人生意义的综合性空间，在满足人们心理需求中起到重要的作用。技术的应用使博物馆的展品不再是冰冷的物件，而是能与观众进行交互沟通的媒介，为观众提供了感受历史文化的全新途径，同时也满足了内心的需求和愉悦。在视觉组合设计方面，技术的选择至关重要。不同的新媒体技术，如二维、三维甚至四维展示，线上与线下的传播场域，互动与非互动的新媒体，为博物馆视觉文化的传播提供了多样化的选择。这些技术的合理组合能够提升观众的体验，还能够在有限的资源投入下，实现最优的传播效果。因此，博物馆需要依据自身的特点和观众的需求，精心设计视觉传达系统，避免一味追求技术的应用而忽视了内容的深度和形式的适宜性。

优化博物馆视觉文化传播的关键在于：一方面要注重技术的创新应用，另一方面要把握好内容的精准度和互动性的设计。博物馆可以通过虚拟现实、增强现实等技术，为观众提供沉浸式的体验；通过社交媒体和移动应用，增强与观众的互动交流；通过精心的设计将线上展览和线下体验相结合，打造多维度的传播模式。此外，博物馆还应关注观众的反馈，不断调整和优化视觉传达系统，确保技术和内容的有效结合，让博物馆的文化传播更加生动、有效，真正达到教育、娱乐和启示的目的。

（三）以有效为原则的视觉语言设计

随着技术的迅速发展，视觉展示方式由传统的平面展示、静态展示转变为更为生动的立体展示与动态展示，观众的感官体验也因此得到极大的丰富。这种转变要求博物馆的视觉语言设计除了要注重信息的有效传递之外，还需关注如何通过新媒体平台，如网络和 App，以更吸引人的方式呈现给公众。博物馆的视觉文化传播，不仅是艺术品或历史文物的简单展示，更是一种复杂的文化交流活动。博物馆的形象和所传达的内容，涉及社会环境、馆藏研究、社会公信力、道德规范以及教育和正确的历史观等多个方面。因此，视觉语言设计应当深入挖掘并综合这些复杂因素，确保传达的每一项内容都能反映博物馆的综合属性，同时又能吸引公众并引导其深入了解。

有效的视觉语言设计应遵循的首要原则是效率优先，即如何在有限的时间和空间内，高效率地将文化信息传递给观众。这不仅需要设计者具有深厚的艺术造诣和文化积累，更需要他们掌握新媒体技术，通过创新的方式结合视觉、听觉乃至触觉等多种感官元素，提升观众的体验。例如，通过虚拟现实技术让观众仿佛置身于历史现场，或是利用增强现实技术展现藏品背后的故事，这些都是新媒体技术在博物馆视觉文化传播中的应用示例。同时，视觉语言设计还应注重多元化，满足不同观众群体的需求。不同年龄、文化背景的观众对于视觉信息的接受方式和偏好存在差异，设计时应考虑这些差异，采用多样化的表现手法和内容设置，确保每一位观众都能从中获得知识和享受。此外，视觉语言设计在追求效率和多元化的同时，还需保持其艺术性和教育性，确保传达的内容不仅美观、吸引人，而且更富有深度和启发性。设计应当精心策划，既要突出博物馆的特色和优势，又要避免信息的泛滥，确保每件展品和每项活动都能在视觉上引起观众的兴趣，并在头脑中留下深刻印象。

（四）以个性为追求的视觉消费设计

个性化设计成为突破传统视觉传达模式的关键，为吸引更多观众提供了新的路径。这种设计要求博物馆在视觉传达中注入独特性，拒绝千篇一律，通过差异化突出自身的文化特色和价值。

首先，博物馆需要深挖藏品背后的文化内涵，提取具有消费价值的视觉符号。这不仅仅是对物品本身的展示，同时要挖掘藏品与当代生活的联系，将其转化为能够使大众产生共鸣的视觉语言。例如，将古代艺术品的图案元素融入现代设计中，或是提炼历史人物的形象特点，使之成为独特的文化符号。这样的视觉符号不只是美观的装饰，更是承载着文化和历史意义的传达工具。其次，利用新媒体的高效传播特性，确保具有消费价值的视觉符号能够广泛传达给公众。新媒体平台如社交网络、移动应用等，以其互动性强、覆盖范围广的特点，成为视觉文化传播的有力工具。通过这些平台，博物馆可以将设计好的视觉内容迅速推广给大众，实现文化的即时分享和交流。同时，新媒体的多样化也为视觉传达提供了更为丰富的表现形式，如视频、动图、互动游戏等，这些都能够增强观众的参与感和体验感。最后，博物馆应提供可供选择的接收设计，满足不同观众的需求。观众的兴趣爱好多种多样，因此，博物馆在设计视觉传达内容时，应考虑多元化的表现手法和内容选择，让观众根据自己的偏好进行选择。例如，通过设置不同的主题展览区，提供多样化的解说方式，或是开发个性化的观展路线等，让每位观众都能在博物馆的视觉文化中找到自己感兴趣的点。通过上述三个步骤，博物馆的视觉消费设计将更加贴近大众的审美和需求，实现个性化和差异化的传播目标。这既能够提升博物馆的文化影响力和社会认知度，更重要的是，也能够激发公众对文化遗产的兴趣和爱护，促进文化的传承与发展。

三、注重行业合作 积极拓展传播途径

博物馆作为视觉文化的重要传播者，需整合地域、历史与技术资源，通过行业合作，积极探索多元化的传播渠道。这种做法能够突破时间与空间的限制，还能有效提升文化内容的传播效率和覆盖范围。通过合作模式，可以更好地利用各方优势，丰富文化传播的形式与内容，促进视觉文化的广泛传播和深入人心。

（一）以地域文化为线索进行横向合作

地域文化的差异性为博物馆提供了丰富的视觉展示内容和多样化的文化表达方式。环境、社会条件以及文化差别等因素综合作用下形成的地域文化差异，丰富了人类的文化遗产，也为博物馆展示提供了独特的视角和内容。

博物馆作为地域文化的重要展示平台，通过收藏不同地域的文物和艺术品，讲述背后的历史故事，展示了地域文化的独特性和多样性。例如，故宫博物院凭借其丰富的清朝珍贵文物和中国古代历史中的艺术珍品，展现了中国宫廷文化的辉煌。通过横向合作，如与其他国家的博物馆联合展出，可以利用地域文化的差异，展示不同地域、不同国家的文化特色，增强展览的吸引力和教育意义。例如，自 2019 年起，故宫博物院开启了与国际文化机构的深入合作，与伊朗国家博物馆，伊朗文化遗产、旅游和手工艺部，以及沙特阿拉伯埃尔奥拉皇家委员会等众多重要机构展开交流与协作，共同致力于策划以了解、交流、互鉴和发展为核心主题的文物展览。这一跨国文化合作项目，至 2024 年初，已在故宫博物院午门展厅成功推出三个内容丰富且相互联系的展览："历史之遇——中国与西亚古代文明交流展""璀璨波斯——伊朗文物精华展"以及"埃尔奥拉——阿拉伯半岛的奇迹绿洲展"。通过这些展览，故宫博物院展示了沿丝绸之路的重要文明和精美绝伦的文物，并生动呈现了不

同文化之间悠久而璀璨的历史。地域文化作为视觉文化传播的重要内容，可以通过新媒体平台进行有效展示。新媒体技术的发展为博物馆提供了更多样的展示手段和传播渠道，如虚拟展览、数字化藏品、在线讲座等，这些都可以根据地域文化的特点进行设计和优化，使得视觉文化传播更加生动和具有吸引力。利用新媒体进行视觉文化传播时，应注重内容的地域性和文化性，通过故事化的叙述，增强文化的传播力和影响力。同时，通过跨行业合作，如与旅游、教育等行业的结合，可以开拓新的传播途径，吸引更多的公众关注和参与，实现文化的互动和共享。

地域文化作为连接不同博物馆的纽带，提供了合作的基础和线索。国内博物馆通过经济、文化、政治分区的合作模式，展开了丰富的视觉展示合作。例如，山西博物院、湖南博物院等联合推出的线上智能 AI 博物馆，引入明星讲解员，增强了展览的吸引力和互动性。这种合作不限于物理空间的展示，还涵盖了线上的宣传和体验，让观众能够通过移动端享受到丰富的视觉文化。博物馆之间的横向合作还表现在共同的宣传推广上。参与合作的博物馆互相在各自的大厅中放置宣传海报，帮助合作单位扩大影响力，这种互助互推的方式有效地拓宽了观众群和传播范围。国际的合作则打破了地理界限，通过不同国家的博物馆之间的合作，如湖南博物院与意大利都灵博物馆的主题展合作，引入虚拟现实技术，为观众提供了沉浸式的展览体验。这种跨国合作为观众呈现了异域文化的魅力，也促进了文化交流和理解。

横向合作的模式不局限于博物馆行业内部。实际上，跨行业、跨领域的合作为博物馆的视觉文化传播带来了新的视角和内容。通过与地方文物保护机构深度合作，博物馆不仅能够展示更为真实、全面的地域文化特色，还能借助文物保护单位在地域文化保护方面的专业知识和经验，使得展示内容更具学术性和深度。这种合作能够让博物馆的视觉文化传播更加生动、具体，有助于提升公众对本地优秀文化的认知和欣赏能力。博物馆在进行建筑设计和规划时，与具有良好资质的建筑设计单位合作，研究如何在建筑外观和内部布局中融入地域文化元素，既能够体现出博物馆对当地历史和文化的尊重，还能在视觉上为观众提供独特的文化体验。例如，中国紫檀博物馆横琴分馆是中国紫檀博物馆在北京以外地区建立的首家分馆，更是故宫博物院首个合作的民营博物馆。该博物馆便是由中国建筑科学研究院建筑设计研究院进行方案创作并设计的。这样的建筑设计既展示了博物馆对地域文化的传承和发扬，也提升了博物馆在公众心中的形象和品位。跨界合作的另一大优势在于：它能够使博物馆的视觉文化传播更加全面和细致。通过与不同领域专家的合作，博物馆能够发现并弥补自身在展示内容和形式上的不足，从而更好地满足公众的多元化需求。这种合作不限于视觉艺术的展示，也包括对地域历史、建筑、习俗等方面的深入挖掘和创新性呈现，这些都为观众提供了更加丰富和立体的文化体验。

（二）以历史叙事为线索进行纵向合作

与横向合作相比，纵向合作更加注重于视觉文化深度的拓展，通过深入挖掘，将视觉展示与文化内涵相融合，从而实现博物馆的文化启迪和社会教育功能。纵向合作的实现，需求博物馆间或博物馆与其他机构基于历史叙事进行深度的合作。这种合作的核心在于以馆内藏品为基础，采用多维展示手段，向观众讲述历史事实和变迁，使观众不仅仅是在欣赏，而是被引导去深入了解和思考历史叙事背后的原因。这要求博物馆在追求视觉画面的丰满和吸引力的同时，更要注重叙事的科学性和严谨性，确保历史叙事的真实性和深度，以提升观众的历史文化素养。

博物馆间的纵向合作，是两个或多个有着历史关联的机构之间的互动与协同。以四川成都的金沙遗址博物馆与四川广汉的三星堆博物馆为例，这两家机构均为古蜀文化遗址的代表，展示了蜀地文明的延续与发展。金沙与三星堆之间的合作，无论是在线上的展览，还是线下的展示厅，都通过历史线索的图片和宣传片，以及社交媒体上的互动，让观众在浏览的同时，深入了解这两个文化遗址的历史联系和文化价值，达到共赢的效果。在博物馆与其他机构的合作中，特别强调的是对具有重要历史意义的文物藏品的研究与展示。每件文物背后都蕴藏着丰富的历史故事和文化价值，如何将这些故事以一种近乎完美的形式呈现给公众，使人们通过文物的独特作用，深层次解读其历史内涵，成为博物馆工作的核心。为此，博物馆往往需要与文物历史研究机构进行纵向合作，依靠后者在历史研究领域的专业性、权威性和公正性，为博物馆关于文物的历史叙述提供坚实的支持与依据。通过这样的合作模式，能够增强博物馆展品的历史准确性和学术价值，也能够为公众提供更加丰富、深入的文化体验。观众在参观展览时，除了欣赏到珍贵的文物外，还能通过专业的解读，深入了解文物的历史背景、文化意义以及在历史发展中的独特地位和作用，从而更加深刻地感受到文化的魅力和历史的厚重。

第四章

新媒体环境下的移动音频听觉文化传播

进入 21 世纪以来，随着信息技术的飞速发展，移动音频媒介迅猛成长，成为文化传播的新兴力量。特别是在移动传播时代背景下，音频媒介以其独特的优势，如碎片化、场景化等特点，迅速崛起，为人们提供了全新的听觉文化体验。国内音频行业的蓬勃发展，综合性音频平台移动端的出现，加速了这一过程，形成了独特的发展模式和行业格局。移动音频媒介的发展，尤其是播客的兴起，为听觉文化的传播提供了新的平台和可能性。播客通过其原创性、多样性、主动性和创造性的内容，展现了听觉媒介独特的魅力和力量，推动了声音媒体在新媒体环境下的创新和发展。

第一节　广播音频与互联网移动音频融合发展

一、广播网络音频化之路

互联网提供了一个平台，使得声音内容能够超越时空限制，让用户能够按需接入，这一点对于传统广播媒体而言是一次质的飞跃。播客的兴起，促进了广播内容的多样化和个性化，满足了用户更加细分化的需求。同时，随着智能手机等移动设备的普及，互联网音频平台的便捷性大大增强，进一步推动了广播音频与互联网移动音频的融合发展。

（一）内容移动化：与细分化场景适配的短音频

在现代社会，广播行业正面临着前所未有的变革。随着移动互联网的普及和技术的发展，传统广播的内容生产和传播方式逐步转向网络音频化，以适应用户日益增长的移动化和碎片化需求。短音频，作为这一转变的重要组成部分，凸显了传统广播在新媒体环境下的适应与创新。

短音频的出现，标志着广播内容生产的策略转变。传统长篇幅的广播节目经过精心的二次加工，变为几分钟以内的音频精品，不仅能快速抓住移动用户的注意力，还能满足他们在碎片时间内的消费习惯。这种灵活性和便捷性，使得短音频成为连接广播媒体与移动互联网用户的重要桥梁。短音频的内容生产，注重与用户日常生活中的细分化场景相适配。通过针对听众群体不同的兴趣和需求，制作出多样化的短音频节目，广播媒体能够更精准地触达目标听众，增强用户的参与度和满意度。此外，短音频的分类、标记和检索功能，进一步方便了用户根据个人偏好快速找到所需内容，提高了内容的可访问性和消费效率。以上海广播电视台东方广播中心和吉林广播电视台"沐耳 FM"为例，他们推出的短音频战略及与"声音工厂"的合作，展示了广播媒体如何通过原创短音频节目，既丰富了内容生态，也实现了专业制作的优势发挥，促进了广播内容与移动互联网的深度融合[①]。

（二）传播形式升级：广播可视化

广播媒体在新媒体环境下的转型与发展，展现了传播形态多向融合的趋势。传统广播节目的边界被打破，不局限于声音传播，而且向多感

---

① 黄学平.短音频：移动互联广播的下一个风口 [J].中国广播，2018（9）：53.

官接收方式拓展,实现了可听、可视、可读乃至可运用的全方位传播。在这一过程中,广播可视化成为显著的趋势,它丰富了广播内容的表现形式,也促进了媒体与受众之间的互动。

广播媒体可视化通过物理空间的开放,让听众能够直接观察到广播的生产环境,拉近了媒体与受众的距离,增强了广播媒体的互动性和参与感。早期的广播可视化尝试,如重庆人民广播电台将直播间设置于百货商场底楼,让广播的制作过程"可见",便是向公众展示广播工作的直观尝试。这种形式的可视化,虽然在当时已经是一种创新,但相比于现代新媒体技术的应用,显得较为初级。随着新媒体技术的发展,广播媒体的可视化形式得到了极大的丰富和扩展。以"海阳工作室"与百度"实时搜索"合作推出的"围观海阳"为例,该全媒体产品通过视听方式进行实时直播,实现了广播内容的可视化,还融入了弹幕等互联网特色元素,为听众提供了全新的互动体验。[①] 这种形式的可视化广播,通过直播技术和网络平台的结合,打破了传统广播仅依赖听觉的限制,使得广播媒体能够以更加丰富多样的形式出现在公众视野中。广播可视化的实现,提升了广播节目的吸引力和覆盖面,也为广播媒体与受众之间建立了更加紧密的连接。通过视频直播等形式,广播内容变得更加生动、直观,使得受众能够更加直接地感受到广播节目的魅力,提高了媒体内容的影响力。此外,弹幕等互动元素的引入,增强了受众的参与感和互动性,使广播媒体能够及时收集和反馈受众的意见和建议,从而在内容创作和传播方式上不断优化和创新。

(三)端口融合:从多平台聚合到智能设备

端口融合作为媒体融合的一种重要方式,显著推动了广播媒体与新

---

① 凌昱婕,赵洁,欧阳宏生."广播+":互联网时代的全媒体整合——2015年中国广播媒介融合年度报告 [J].中国广播,2016(2):57.

兴技术的结合，进而扩展了传统广播的传播边界。在移动互联网时代，广播媒体积极拥抱"两微一端"（微博、微信与移动应用端）策略，即在微博、微信及移动应用端中开设平台，通过入驻社交媒体和移动音频平台，建立合作关系，从而实现内容的多样化传播。2015年，国内广播电台几乎全数加入了新浪"微电台"，标志着广播媒体在融合传播路径上迈出了重要步伐。

随着智能设备的兴起，又为广播媒体提供了新的传播端口。腾讯"听听"、阿里"天猫精灵"、百度"小度"等智能设备的出现，丰富了消费者的选择，也为广播媒体创造了新的声音输出平台。这些智能设备与移动互联网音频消费的趋势相契合，产品多样化及其在多种使用场景中的适用性，如家庭陪伴、在线购物等，展现了广播媒体与新技术融合的深远影响。端口融合还促进了广播内容的创新和多元化，使得广播媒体能够更好地满足不同听众的需求，增强了其竞争力和影响力。通过与智能设备的结合，广播媒体不仅能够在传统的听众群体中保持其吸引力，还能够吸引更多的年轻听众，拓宽其受众基础。

（四）资源整合：建立云平台与用户数据中心

广播行业在移动互联网时代迎来了转型升级的重要机遇。大数据、云计算、人工智能等前沿技术的应用，为广播内容的传播与服务提供了新的动力和可能。例如，中国广播云平台与全国超过一百家地方电台建立合作模式，标志着广播媒体资源整合与共享的新阶段。通过云平台，实现了广播节目在移动互联网环境下的有效推广和运营。同时，借助全媒体素材功能的新闻采编系统，进一步优化了内容生产和分发流程。特别是"两微一端"的策略，展现了广播媒体针对移动互联网用户特性的创新节目设计与服务方式。黑龙江广播电视台建立的战略数据部及其听友数据库的案例，凸显了通过数据分析和用户行为研究，实现广播内容与服务个性化定制的趋势。该数据库促进了广播内容的精准推送，还加强了区域内各电台之间的节目资源共享与协作，形成了有效的区域互补和上下联动机制。通过这些创新实践，广播行业实现了传统媒体与新兴技术的融合，显示出广阔的发展前景。

（五）整合营销：打造广播电商

广播媒体在移动互联网时代经历了显著的转型，逐渐发展成为具备提供增强服务功能和综合平台的重要渠道。苏州广播电视总台推出的"无线苏州"，定位为城市公共生活服务平台，覆盖生活多个方面，包括天气预报、交通状况、新闻资讯及生活服务等，体现了广播媒体向综合服务平台转变的趋势。这种转变不仅促进了产品的多元化，也强化了服务功能，通过线上线下活动的无缝链接，进一步扩展了广播媒体的功能和影响力。

广播电商的兴起标志着传统广播在整合营销领域的新探索。上海广播电视台东方广播中心与上海东方购物共同打造的全媒体购物平台——东方广播购物，以及广东广播电视台珠江经济台构建的网络商城、常态电商节目及每月一次的广播电商日，均展示了广播媒体如何利用现代技术和营销策略，拓展业务范围，增强用户互动积极性和参与度。江苏省广播电视总台的"大蓝鲸"客户端更是将广播电视节目、活动与销售充分融合，形成了一个综合性的服务平台，为用户提供了一个全方位的信息和服务渠道。这些实践表明，广播媒体通过整合营销和电商平台的建设，能够提供更为丰富多样的内容和服务，还能创造新的经济增长点。通过这种方式，广播媒体能够更好地适应数字化、网络化的发展趋势，增强其在现代传播生态中的竞争力和影响力。此外，广播电商的发展也为传统广播媒体与新兴媒体之间的融合提供了新的路径，促进了媒体形态的创新和发展。

二、移动音频反向与广播的融合

（一）内容融合：集成电台

在早期互联网发展阶段，移动音频与广播媒体的融合主要体现在调频（FM）化趋势及集成传统广播节目内容上。多数移动音频平台的命名中加入"FM"后缀，象征着与传统广播的密切关联。例如，"蜻蜓FM"作为一种网络收音机形态，展现了与广播媒体的紧密合作。自2013年起，蜻蜓FM不仅包含了广播电台、高校电台，还扩展至主播电台、有声读物及各类播客等点播内容，成为集广播与个性化点播于一身的平台。据百度百科介绍，距今为止，蜻蜓FM已收录超过1500家全国广播电台，成为移动音频领域与传统广播融合的典型案例。类似的，"喜马拉雅"等移动音频平台亦在不同程度上集成了传统广播媒体的节目，推动了传统广播内容与新媒体技术的融合。这种融合提升了传统广播内容的可访问性和互动性，也为用户提供了更加丰富多元的听觉体验。移动音频平台的这一发展趋势，标志着传统广播媒体与新兴数字媒体之间的界限正在逐渐模糊，双方在内容和形式上的融合，为听众提供了更为广泛的选择，同时也为传统广播媒体的创新与发展开辟了新的路径。通过这种方式，移动音频平台丰富了自身的内容库，也促进了传统广播内容的数字化转型，展现了新媒体技术在传统媒体转型中的积极作用。

（二）团队融合：吸纳主播

移动音频平台与传统广播媒体之间的互动，展现了媒介融合的新趋势。在这一过程中，尤其显著的是优秀主持人资源的整合。蜻蜓FM通过PUGC（专业用户生成内容）大赛的形式，大规模吸纳传统广播媒体的主持人，为其提供一个全新的在线创作平台。这种做法丰富了移动音频内容，也为传统媒体人才提供了新的发展空间。喜马拉雅的发展历程，从用户生成内容（UGC）到专业生成内容（PGC），再进化至专业用户生成内容（PUGC），反映了移动音频平台在内容生产方式上的持续创新。其中，专业生成内容（PGC）模式的成功，很大程度上依赖于平台对传统广播媒体主持人的吸纳和利用。这种跨媒体人才的流动，标志着传统广播媒体与互联网移动音频之间界限的模糊化，同时也指向了媒介融合的深层次发展。通过吸收传统广播媒体的专业主持人，移动音频平台提升了内容质量，也借此机会将广播媒体的成熟经验与互联网技术的创新能力结合起来，形成了独特的内容生产模式。

（三）盈利模式融合：专业用户生产内容

移动音频平台如"喜马拉雅"及"荔枝 FM"，采纳用户生产内容模式，充分激发了用户参与内容创造的热情，将"人人都是主播"的理念贯彻于音频制作、播出及营销的全过程。这种模式的优势在于能够快速聚集大量的内容，满足不同用户的多元化需求，提高了平台的活跃度和用户的黏性。相对于用户生产内容，专业内容生产模式则侧重于高质量的音频制作，这在传统广播领域尤为常见，由职业音频制作者负责内容的创作和制作。例如，"蜻蜓 FM"便是一直坚持专业生产内容模式的代表，通过形成头部 IP，实现内容的价值变现。专业内容生产模式的主要优势在于能够保证内容的专业性和高品质，吸引特定领域的听众群体，从而建立品牌的权威性和专业形象。"喜马拉雅"平台将专业内容生产与用户生产内容模式相结合，既保证了内容质量，又充分利用了移动互联网的特性，激发了广大用户的创作热情。这种融合模式在内容生产的广度与深度上相互补充，既能够满足用户对高质量专业内容的需求，又能够充分利用用户群体的创造力，形成更为丰富多样的内容生态。

（四）场景融合：车联网与智能设备

随着车联网和智能设备的迅速发展，移动音频通过与汽车前装及后装设备的合作，实现了对交通广播的有效渗透，进而推动了媒体消费习惯的转变。例如，蜻蜓FM与多家汽车品牌合作，将其客户端预装在汽车中，考拉FM则推出了内置3G通信模块的车载智能音箱，允许用户在行驶过程中便捷地接入音频内容。这种场景融合的趋势，表明了移动音频平台对于消费者媒体使用习惯和需求的深刻理解，同时也反映了智能设备在日常生活中扮演越来越重要的角色。通过这种方式，移动音频为用户提供了更为丰富多样的内容选择，也极大地提升了媒体内容的可接入性和便利性。此外，这一融合过程还促进了车联网技术的应用和智能设备的普及，为移动音频的发展开辟了新的渠道和提供了可能性，同时也为传统广播媒体的创新转型提供了新的思路和方向。

三、广播音频与网络移动音频互融发展策略

广播媒体与移动音频平台的融合，展现了媒介技术发展的新趋势。通过大数据和人工智能技术的应用，实现资源在人、财、物及管理机制上的全方位共享，为广播媒体与移动音频平台的融合提供了技术支撑。同时，依托于准社会交往，生产者与消费者之间的融合，促进了双方在内容生产和消费上的深度互动。此外，基于"大音频"理念的跨界合作，拓宽音频内容的边界，促进不同领域间的资源共享与合作，共同推动了音频生态圈的重构。

（一）以人工智能技术为支撑，打造智慧型广播

面对广播领域的现实挑战，包括节目内容的数字化、移动化程度不足，用户数据资源开发利用欠缺等，智慧型广播的构想应运而生。移动

音频领域虽然在用户数据个性化推荐、智能终端布局方面取得进展，但在核心内容生产与节目资源的场景化消费匹配等方面尚存不足。

为解决上述问题，建议采用大数据和云计算技术，建立一个统一、开放且可共享的数据收集分析平台。此举有助于打通多平台数据资源，实现对生产者、消费者及音频生产资源等各类数据的深入挖掘与研究，也为全产业链资源的整合提供了可能。通过这种方式，可以推动传统广播向智慧型广播的转型升级，形成资源聚合的云平台，促进以场景打造和社群经济为基础的内容生产新媒体化，实现智能设备、用户数据及综合服务功能的终端融合。智慧型广播的实现，旨在通过技术创新解决人员配置、机制优化、版权维护及价值变现等一系列难题。这种全面的技术驱动策略，提升了广播与移动音频的互融效率，也为广播行业带来了新的生命力和盈利模式。其中，智能化的内容推荐系统能够根据用户偏好进行个性化节目推荐，极大地提高了用户体验和节目的吸引力。同时，对节目资源进行细分场景匹配，以满足不同用户群体的需求，这也是智慧型广播能够有效促进内容消费的重要手段。例如，喜马拉雅在北京单田芳艺术传播有限责任公司的授权下，运用先进的 TTS（文本到语音）技术，成功地复原了单田芳先生的声音，首次通过人工智能合成技术演绎出观众耳熟能详的经典评书作品。为了尽可能地保留单田芳先生那具有标志性的苍劲沙哑嗓音以及充满情感的评书语气，喜马拉雅智能语音实验室开展了大量的研发工作。实验室团队通过自主设计的节奏提取模块，精心将其集成进 HiTTS 技术框架中。这一创新不仅精准捕捉并复原了单田芳先生的"云遮月"式独特嗓音，还细致地再现了他那情感饱满、波澜壮阔的讲述风格。通过这种技术，单田芳先生的声音得以跨越时间与空间的限制，让更多的听众能够再次听到这位评书大师的经典之作，继续感受到那份独特的艺术魅力和文化情怀，也是对传统文化传承和创新的一种探索和实践。

（二）以准社会交往为基础，建立生产消费者养成体系

准社会交往，是指媒介使用者对媒介人物产生情感依恋，进而发展出一种想象的人际交往关系，这种交往关系与真实的社会交往有一定的相似性。准社会交往作为一种媒介沟通的现象，对于构建生产消费者养成体系具有显著意义。媒介使用者通过对媒介人物的情感依恋，形成一种虚构的人际交往模式。这种模式虽非现实社会交往，但其影响力与参与度不容忽视。广播音频与网络移动音频平台，如蜻蜓 FM 与荔枝 FM 的成功案例，便是凭借优质内容生产者与用户之间的这种准社会交往关系，促进了品牌效应的放大与社群经济的发展 ①。

在移动互联网时代，音频产品的生产与消费边界日渐模糊，生产者与消费者角色的转换日益频繁。消费者不仅是内容的接受者，也逐渐成为内容的创造者，参与音频内容的多元化生产。这种现象要求对音频产业链进行重新整合，通过分层次培养与社群活动的设计，加强生产者与消费者之间的互动与沟通，进一步推动生产消费者养成体系的建立。社交媒体平台如微信、QQ 等，为音频内容的生产者与消费者提供了一个有效的互动平台。通过这些平台，可以更好地实现准社会交往，加深用户的情感投入，提高用户黏性。音频内容生产者可以利用这种准社会交往的机制，更精准地把握用户需求，创造与用户偏好相匹配的内容，从而在竞争激烈的市场中获得优势。社群经济的兴起为音频内容的生产消费模式提供了新的思路。通过建立与维护以音频内容为核心的社群，生产者能够直接与消费者进行交流，还能够借助社群成员的力量，进行内容的传播与推广。这种基于社群的准社会交往模式，能够有效促进生产者与消费者之间的深层次互动，为音频内容的创新与多样化发展提供动

① 赖黎捷，颜春龙.广播音频与互联网移动音频的融合发展 [J].中国广播，2020（8）：35.

力。以"海阳工作室"与百度"实时搜索"合作推出的"围观海阳"为例，这一全媒体产品通过视听直播的形式，融合了互联网的弹幕等元素，增强了广播的互动性和参与感，也使得广播媒体成功地从单一的听觉体验跨越到了与视觉体验相结合，实现了媒体形态的自我迭代。这种广播可视化的尝试，打破了传统音频的局限，还为媒体与受众之间的交流提供了更为丰富和直接的互动方式，有效缩短了媒体与受众之间的距离。

（三）以大音频理念为引导，重构音频生态圈

广播音频与互联网移动音频的发展历程揭示了两者之间复杂而深刻的关系。在数字化时代背景下，这种关系不再仅限于传统广播媒体与互联网平台的简单竞争，而是展现出融合与共生的趋势。随着技术的进步，尤其是 5G 技术的推广和应用，大数据、物联网、智能硬件及人工智能技术的广泛应用，为广播音频与网络移动音频的融合提供了技术支持和发展空间。在这样的背景下，以大音频理念为引导，重构音频生态圈成为一条可行的路径。

大音频理念强调的是音频内容的广泛性和包容性，旨在通过跨界合作与差异化布局，实现音频媒介的多样化发展。这涵盖了传统的广播音频和网络移动音频，还包括在线音乐、有声阅读、社交媒体在线音频、在线教育音频产品以及播客等个性化移动音频产品。这些内容的融合与互动，有助于构建一个更加丰富和动态的音频生态圈。为实现这一目标，需要识别并利用广播音频与网络移动音频各自的优势。广播音频以其广泛的覆盖范围和较高的信任度为基础，而网络移动音频以其灵活性、互动性和个性化服务为特色。通过互补和整合这些优势，可以提高音频内容的质量和多样性，满足不同听众的需求。同时，跨界合作是重构音频生态圈的关键。这包括与数字出版、社交媒体、在线教育等不同领域的合作，利用各自的资源和优势，共同开发新的音频产品和服务。

此外，借助于最新技术，如人工智能和虚拟现实，可以为听众提供更加丰富和沉浸式的听觉体验，从而提升音频媒介的吸引力和影响力。

第二节 新媒体环境下听觉空间转向及听觉文化传播崛起

一、听觉空间的转向及相关概念界定

（一）声觉空间及听觉空间的界定

根据《新不列颠百科全书》中关于"sound"词条的解释，声学或音响学，源自古希腊语"akoustos"，直译为"听觉"，涵盖了声音的科学研究[①]。牛津词典将"acoustic"解释为与听觉或声音相关的，进一步强调了听觉在声学研究中的中心地位。陈长松等人进一步阐述了声觉空间的概念，将其定义为一种无固定边界的动态空间，这一空间不同于传统的、可被视觉捕捉的静态空间，它是一个无中心、流动的、由声音事件本身不断塑造的维度[②]。声觉空间的这一界定揭示了声音与空间关系的独特性。与视觉空间相比，声觉空间不依赖于物理形态的界限，而是通过声音的传播与感知构建。这种空间的特性意味着声音可以在没有可见界限的情况下，形成一个全方位、多维度的体验空间。声音的波动性和无处不在的特点，使得声觉空间成为一种特殊的存在形式，它能够穿透和连接不同的物理空间，为人们提供一种不受视觉限制的感知维度。

早期研究将空间视作物理或地域的概念，强调口语、印刷、广播等

---

① 王敦."声音"和"听觉"孰为重：听觉文化研究的话语建构[J].学术研究，2015（12）：8.

② 陈长松，蔡月亮.技术"遮蔽"的空间：媒介环境学派"空间观"初探[J].国际新闻界，2021（7）：31.

媒介在物理空间中对文明与文化的延伸作用。哈罗德·伊尼斯（Harold Innis）对时间与空间的二元论框架在媒介研究中的应用，奠定了后续探讨的基础①。随后，马歇尔·麦克卢汉（Marshall McLuhan）对空间概念进行了重要的转义，将其从物理空间转变为主观感受空间，进而提出声觉空间理论。这一理论体现了空间概念的演变，也反映了媒介技术对人类感知世界方式的根本性影响。麦克卢汉区分了"视觉空间"与"声觉空间"，认为后者更为电子媒介时代所偏好，揭示了电子媒介如何使人类感知超越物理空间的限制，营造一种全新的主观感受空间。声觉空间的特点在于其非线性、全方位的感知方式，相对于视觉空间的直线性、有界限的特性，呈现出明显的对比②。这种区分强调了感官经验在空间构建中的差异性，也反映了媒介技术在塑造人类空间感知上的作用。约书亚·梅罗维茨（Joshua Meyrowitz）进一步指出，电子媒介的兴起导致物理空间变为"消失的地域"，转变了人们对"地点"的认识。在这个视角下，"地点"不再仅是人际交往互动的背景，而成为信息流动的空间。③这种观点强调了空间的流动性和动态性，反映了在全球化和数字化时代，空间概念和人们的空间经验正在发生根本性的变化。

保罗·莱文森（Paul Levinson）延续了麦克卢汉的观点，深入探讨"听觉空间"与"赛博空间（虚拟现实）"之概念。在数字化时代背景下，未来"赛博空间"演化为主要依托言语传播的"声觉空间"，标志着从物理空间到感觉空间的转变，再次回归全场景化空间的发展趋势。莱文森提出，电视、广播等传统媒体形成封闭型声觉空间，相对单向、限制

---

① 伊尼斯.帝国与传播[M].何道宽，译.北京：中国传媒大学出版社，2015：138-142.

② 麦克卢汉.理解媒介：论人的延伸[M].何道宽，译.南京：译林出版社，2019：82.

③ 梅罗维茨.消失的地域：电子媒介对社会行为的影响[M].肖志军，译.北京：清华大学出版社，2002：113.

性强；与之对比，"赛博空间"展现出开放性和互动性，更类似于面对面交流的听觉空间，促使主观感受空间向真实空间回归，强调了交流中身体在场感与感官需求中的重要性[①]。此观点反映了数字技术，特别是5G 和物联网等的成熟发展，使得线上与线下、真实与虚拟的边界逐渐模糊。在"元宇宙"探讨背景下，声觉空间的概念提供了新的视角，来理解当代社会交流与信息传播的复杂性及其空间化表现。

在当代社会，听觉空间的概念已经超越了传统意义上的物理空间，演变为一个真实与虚拟、线上与线下交织的动态赛博空间。这种空间的形成，得益于数字化信息的流动与存储技术的发展，使得人们能够在这一虚拟现实环境中自由交流，相互影响。特别是移动音频技术的兴起，为听觉文化传播提供了新的途径，进而塑造了一种全新的听觉环境。这种环境不仅仅是声音的传播空间，更是一种允许声音媒介与用户之间互动的虚拟与现实相交错的空间。在这个赛博空间中，声音不再局限于物理环境的限制，而是能够跨越空间与时间的界限，为用户提供一种全新的感官体验。这种体验基于声音的媒介特性，能够激发人们的想象力，创造出一个充满可能性的虚拟世界。本书论述的听觉空间指的是基于数字化的信息流动与存储，在虚拟与现实交错中形成的一种新型听觉环境。在此环境下，声音成为连接个体与世界、现实与虚拟的桥梁。通过听觉的交互作用，促进了信息的流动与存储，进而影响着个体的认知、情感与行为模式。

（二）"听觉空间"的转向

在前文字时代，人类生活在一种以言语和声音为主要交流手段的"听觉空间"之中。也就是说，在视觉媒介尚未成为人类主要交流工具

---

① LEVINSON P.Digital McLuhan： A Guide to the Information Millennium[M]. New York：Routledge，1999：85-87.

之前，声音和言语构成了人类感知世界和进行社会互动的核心方式。麦克卢汉通过深入分析，揭示了从听觉空间向视觉空间转变，再到听觉空间回归的历史进程，这一过程反映了媒介技术的演进，也映射了文化形态和社会结构的变迁[①]。在这一转变过程中，文字的出现标志着从听觉空间向视觉空间的重大转向。文字作为一种视觉媒介，改变了人类的交流方式，促进了信息的存储和传播，同时也推动了社会结构的变化，由此人类进入了一个以视觉为中心的时代。这一时期，视觉媒介的主导地位加强了个体的独立性，也促使社会组织形态向更加复杂和分散的方向发展。然而，20世纪60年代以来，随着广播、电视等电子媒介的兴起，另一场文化转向悄然发生。电子媒介的普及，尤其是互联网的出现，为声音和视觉提供了新的互动平台，这促使听觉空间得以重新整合，人类社会也因此步入了一个新的部落化时代。在这个时代，电子媒介打破了传统视觉媒介的局限，促进了多种感官经验的融合，从而使得听觉空间得以在个人空间、公共空间乃至赛博空间中重新显现其重要性。德国后现代主义美学家沃尔夫冈·韦尔施（Wolfgang Welsch）的论述，进一步强调了听觉文化的重要性和未来发展的趋势。他指出，随着视觉文化向听觉文化的转移，听觉时代的到来将会重新定义人类的交流方式和社会结构[②]。2009年在美国德克萨斯大学奥斯汀分校举办的国际学术研讨会，标志着听觉文化转向的研究已成为学术界的一个重要议题，反映了学术界对听觉空间及其在当代社会中作用的重视，也预示着听觉空间在未来社会中的复杂演变。

1.转向私人空间

传统公共听觉空间的主宰者为工业噪声、广播与电视等。这些具备

---

① 麦克卢汉.理解媒介：论人的延伸[M].何道宽，译.南京：译林出版社，2019：479.

② 韦尔施.重构美学[M].陆扬，等译.上海：上海译文出版社，2002：213.

时代同一性特征的声音，塑造了群体性的声音记忆与日常生活体验。在此背景下，留声机等声音媒介的发明，标志着听觉空间从公共向私人的初步转变，使得家庭成为接收公共听觉内容的新场所。随着技术进步，便携式录音机等移动听觉设备的出现，开启了新的听觉习惯，加速了这一转变过程①。数字化时代的到来，以蓝牙耳机为代表的声音产品兴起，传统的公共听觉空间遭到智能耳机等新兴产品的挑战。这些产品的大规模生产、流通与消费，标志着听觉空间从公共向私人的进一步转变，还反映了技术革新对声音产品大众化的推动作用。技术的进步赋予了生产内容的多样性与自主性，也为个体在私人听觉空间中的自由选择提供了条件，从而增强了个体的自主性，使得私人听觉空间与公共听觉空间之间的界限日益明显。移动音频产品作为这一转变的重要推动力，促进了私人空间的构建。随着个体对声音内容自主选择的增加，私人听觉空间得以充分发展，个体的声音经验也因此变得更加多元化和个性化。这种转变改变了人们的听觉习惯，也重新定义了声音在人们生活中的角色内容和意义。

2.私人空间与公共空间相融合

过去，听觉空间受到物理空间的严格限制，人们的听觉体验大多局限于特定的地理位置，被周围的声音环境所塑造。然而，随着电子媒介的兴起，尤其是电话、留声机和收音机的普及，彻底改变了这一局面。声音的数字化复制、再造和传播，使得听觉感官能够跨越时间和空间限制，体验源自社会的各个角落的声音信息。这一过程中，私人空间与公共空间的界限日渐模糊，空间观念出现根本的改变。电子媒介使得物理场景的边界逐步消失，促进了私人空间与公共空间的融合。个人能够在家中通过电子设备接触到外部世界，私人听觉空间不再仅限于个体所处

① 毛秋野.移动传播背景下听觉文化的表征、困境和超越[D].武汉：华中科技大学，2019.

的物理环境。通过网络信息技术的进步，个人可以在任何地点接收到来自全球各地的声音信息，形成了一种新的社交场景空间。这种空间不仅具有准确的地理位置，还包含了流动性极强的线上电子虚拟空间，实现了从"地方空间"向"流动空间"的转移。在这个过程中，出现了"地球村"的概念，个人的文化身份和社会关系在现代听觉空间中得到重新塑造。不同地区的声音文化开始产生交流和联系，个人空间和共同空间的界限逐渐模糊。声音的外放在公共空间中的渗透，不仅体现了私人空间与公共空间界限的消融，也反映了声音文化在公共领域的广泛传播。智能音箱、车载设备等智能终端的流行，促进了私人听觉空间向场景化的公共空间的转变。这些设备使得个体可以在任何时间、任何地点接入网络，还能根据个人偏好接收定制化的信息，使得私人空间的界限进一步扩散。随着这些技术的发展和普及，私人听觉空间不再是固定不变的，而是变得更加流动和灵活，能够根据个人的需求和环境进行调整。此外，社交网络等线上平台的兴起，为个体提供了一个全新的听觉空间，其中信息的分享和交流不受物理距离的限制。这些平台成为信息社会的主要空间形式，淡化了地理意义上的空间概念，加速了私人空间与公共空间的融合。

（三）听觉文化的界定

"听觉转向"标志着文化传播形态的一种重要变革，源自德国后现代主义美学家韦尔施的先锋观点。在《重构美学》中，韦尔施深入探讨了听觉文化的概念，将其视为后现代主义的核心特征。在他的理论框架中，听觉文化除了是一种感官经验的转变之外，还是一种深刻的文化意义转换；除了赋予听觉基本的交流与接收模式，还强调了以听觉为中心的文化实践在当代社会中的重要性。此观点拓宽了对文化传播方式的理解，也为后续的研究提供了新的视角和方法论基础，促进了对听觉文化深层次意义的探索和认识。

　　听觉文化作为一个研究领域，涵盖了噪声与音乐等元素在不同历史时期的研究与探索，同时也包含了相关的科技。该领域是跨学科的，集合了多种学术讨论与研究方法。在声学研究中，不同学者对于听觉文化的界定展现了多样性①。周灵提出了两种对听觉文化的界定方式，旨在通过不同角度理解声音在人类生活中的作用。一方面，听觉文化被视为一种宏观的概念，强调听觉在人类自我调节与行为模式中的基础性作用。这种定义突出了声音作为体验世界的一个新途径，意味着对声音的理解与运用可以深化个体与环境的互动；另一方面，强调听觉文化的实用维度，即通过对声音的培育与利用，提升文明的声音领域。这不仅包括技术层面的进步，也涉及文化层面对听觉环境的改善与调整②。王敦则从文化研究的角度出发，将听觉文化定义为对听觉感知的研究，关注人们所处的物理声音环境及其所反映的社会关系③。此定义强调了声音环境与社会结构之间的联系，指出声音是理解社会关系与文化构建的重要维度。声音是物理现象，也是文化现象，通过特定的声音景观，传递信息，形塑身份与社会归属感。曾军界定的"听觉文化"观点深刻揭示了现代社会中声音和听觉在文化领域中的重要性和作用。在他的论述中，明确了听觉文化的概念不局限于生理或物理的层面，而是通过现代听觉技术的媒介，将声音与社会文化、科学技术、政治经济等多个领域紧密连接，体现了声音在当前社会中的广泛影响和作用。在曾军的定义中，听觉文化被认为是一种以技术复制和处理后的声音为表现形态的文化现象。通过移动手机、电脑、车载声音设备等智能媒介的广泛应用，声音成为重塑听觉空间，影响个人听觉习惯、群体认知关系及社会听觉需求的重要

　　① TREVOR P, KARIN B. Sound Studies: New Technologies and Music[J]. Social Studies of Science, 2004, 34 (5): 635-648.

　　② 周灵. 数字媒介时代听觉文化转向研究 [D]. 武汉：华中师范大学，2019.

　　③ 王敦. 听觉文化研究：为文化研究添加"音轨"[J]. 学术研究，2012 (2): 154-158.

因素①。

综合上述观点，听觉文化的研究既关注声音作为一种物理和感官现象的特性，更重视声音在文化与社会层面的意义与功能。声音成为连接个体与社会，以及人与环境之间的桥梁。通过对声音的研究，可以揭示人类如何通过听觉感知来构建世界观，以及如何在不同文化和社会环境中赋予声音以特定的意义。听觉文化的研究跨越了多个学科领域，包括但不限于社会学、文化研究、音乐学等，展现了其作为一种文化现象的复杂性和多维性。听觉文化不仅仅关注声音本身，更关注声音如何在不同的文化、社会环境中被理解、被使用以及如何影响人类的社会行为和文化认同。与"视觉文化"相对应，听觉文化强调了听觉在人类文化和社会生活中的独特地位和作用。在这一框架下，声音不再是被动的存在，而是作为一种能够主动塑造社会现象和文化形态的力量。

二、移动音频及播客的兴起

（一）移动音频及其发展脉络

移动音频作为一种新兴的媒体形态，依托于网络流媒体技术的发展，通过智能手机、家居设备等移动终端的普及，提供了音频节目、音频直播、有声书及网络电台等多样化的听觉内容。该形态覆盖了广播剧、资讯、相声等众多领域，以声音为主要传播介质，满足了人们在出行、居家、运动、社交等多维场景下对知识、娱乐的需求。随着时间碎片化趋势的加剧及移动常态化的发展，移动音频已经成为现代人日常生活的重要组成部分。当前，随着物联网等先进技术的不断革新与应用，移动音频的传播渠道及接收终端正逐渐拓展至车载、家居等智能设备，这增加了其应用场景的多元性，也促进了行业的成熟发展。此外，

---

① 曾军.转向听觉文化[J].文化研究，2018（1）：6-16.

移动音频以其独特的传播特性，如随时随地的接入便利性、较低的参与门槛、丰富的内容种类，成为满足人们求知需求和生活娱乐需求的有效途径。可以预见，随着技术的进一步提升和市场需求的不断扩大，移动音频将在未来的数字媒体领域占据更加重要的地位，其发展前景值得期待。

我国的移动音频市场自 20 世纪 80 年代以来，经历了几个显著的发展阶段，每个阶段均体现出技术革新和市场需求的深刻变化。广播事业的蓬勃发展标志着移动音频的初步探索，城际交通道路网的完善及汽车的普及为广播电台提供了广阔的发展空间。广东广播电视台珠江频道和上海广播电视台等地方性广播电台的成功，展现了广播服务内容向情感、文化、音乐、生活等多元化需求的延展。然而，广播技术和经营体制的局限性，限制了其在更广泛平台的普及。进入 21 世纪，互联网技术的兴起对传统广播行业构成了挑战，同时也提供了新机遇。2004 年，中国出现了第一个网页版播客《糖蒜广播》，标志着互联网与广播的融合开始取得实质性进展。随后，网络电台的推出和豆瓣 FM、蜻蜓 FM、喜马拉雅 FM 等移动音频平台的相继成立，使得移动音频市场迈向商业化道路。这些平台的成功，既依赖于互联网技术的支持，也得益于用户对便捷、多样化内容的需求。2016 年，"互联网 +"时代的到来加剧了音频市场的竞争。有声书、知识付费、播客等新形态的出现，推动了移动音频发展进入增长阶段。知识付费模式的兴起，特别是在个人成长和专业技能提升方面，展现了移动音频市场在内容消费模式上的创新。2020 年以来，随着 5G 技术的不断成熟和新技术如人工智能、物联网、VR 的发展，移动音频的发展迈入了全景化时代。在这一时期，移动音频不仅仅是信息资讯和服务的提供者，更成为集成新技术、创新服务模式的前沿平台。"视听在场"的概念成为新常态，反映了移动音频市场在技术融合和内容创新方面的深刻变革。

（二）播客的兴起

《2021—2022年中国声音经济数字化应用发展趋势报告》揭示了声音经济产业在中国的蓬勃发展，特别是在播客和有声书方面。该报告显示，2022年，该产业市场规模达到3816.6亿元，显示出付费用户数量的快速增长。自2020年以来，由于特殊时期导致人们居家时间延长，音频节目成为新兴的个人及公共表达空间，为用户提供了一种释放视觉疲劳和便捷获取信息的方式。此外，知识付费的普及也促进了移动音频成为碎片化学习的新渠道。在此背景下，播客作为一种声音媒介，逐渐成为人们生活中不可或缺的一部分。其快速发展反映了数字化时代下用户需求的变化，也标志着信息消费模式的转变。播客的兴起，既满足了现代人追求效率和多样化的信息获取方式，也为声音经济的进一步拓展提供了强有力的动力。

播客，一种基于互联网的音频发布与订阅方式，自2004年诞生以来，经历了快速的演变与发展。最初由英国记者在介绍网络音频时创造，旨在通过基站子系统（BSS）订阅机制，允许用户发布、自动接收更新的文件，这一新兴媒介很快在2004年下半年获得广泛流行[①]。2008年，随着iPhone的问世，众多播客应用应运而生，为播客的普及与发展提供了强大的技术支撑。特别是2014年，广播剧《Serial》的爆红，促进了播客节目的增长，标志着播客发展的一个新高峰。苹果公司于2012年推出的独立播客应用，为听众打开了方便直接的听觉享受之门，加速了播客媒介的普及。尽管播客在全球范围内获得了快速发展，但在中国，这一媒介的成长路径呈现出独特的特点。中国的播客早在2004年就已出现，但经历了2009年之后的发展低谷，即在这一时期，播客面临市场认知度

[①] 史安斌, 薛瑾. 播客的兴盛与传媒业的音频转向[J]. 青年记者, 2018(16): 76-78.

不足、内容质量参差不齐、用户群体相对有限等问题。此外，当时的其他媒体形式如电视、广播等仍占据主导地位，播客尚未能完全展现其独特的价值和优势。直至移动音频平台的兴起，播客在中国的发展才得以再度活跃。2018年，随着智能移动设备与互联网技术的广泛普及，以及"耳朵经济"的兴起和知识付费模式的引入，播客行业迎来了新的生机。这一模式的变革丰富了播客的商业模式，也激发了更多内容创作者的参与热情，为行业注入了新的活力。到2020年，中国大陆播客节目的数量激增，因此这一年被誉为"中文播客元年"。这一现象反映了播客作为一种媒介形式，正逐渐成为人们获取信息、知识和娱乐服务的重要渠道。播客的兴起，改变了人们的听觉消费习惯，也为内容创作者提供了一个全新的展示平台，同时，也促进了听觉文化的发展和多元化。

2020年3月，随着"小宇宙"App的推出，国内首次见证了播客应用的兴起。紧随其后，喜马拉雅、网易云音乐、QQ音乐等多个平台相继设立播客独立板块。2021年1月，荔枝集团更是推出专注于播客的应用，凸显出各大平台对于这一新兴市场的高度重视。播客作为一种新型的听觉文化传播方式，在中国迅速进入发展的黄金期。这一现象背后是多元化的用户需求驱动以及对知识和情感交流新形式的探索。播客之所以能够迅速崛起并受到广泛欢迎，与其独有的特点密切相关。它满足了用户对碎片化信息消费的需求，也提供了丰富的交互功能，让听众能够在日常生活中轻松接触并消化内容。更重要的是，播客开创了一种新的知识与情感交流的场景，使得信息传播不再局限于传统的视觉阅读，而是通过听觉渠道，为用户带来全新的体验。这种传播方式在数字移动化时代尤为重要，它拓宽了信息传播的渠道并丰富了其形式，也使得知识与情感的交流更加生动和直接。通过探索播客的发展历程、用户需求及其对社会交往的影响，可以更全面地认识到数字移动化时代下信息传播的新趋势及其对个人和社会的深远影响。

第三节 播客对听觉文化传播的重构

一、播客的听觉文化传播

（一）作为声音媒介的播客

1.播客的认识

播客作为一种新兴的媒体形态，借助简易信息聚合技术，实现了音频内容的广泛传播与共享。喜马拉雅音频平台进一步拓宽了播客的内涵，将用户原创内容（UGC），如段子、有声书、付费课程等，纳入播客的范畴。这种界定不仅体现了播客作为一种内容平台的开放性，也强调了用户参与度的重要性。从专业角度出发，播客被视为一种围绕特定主题，由一位或多位主播输出观点的音频节目形式。这一定义揭示了播客的核心特征——多样性和互动性。涵盖社会热点、影视、文化、金融、游戏、科技等众多领域，播客以讲述、访谈、多人聊天等多种形式呈现，满足了不同听众的需求。JustPod对播客的重新定义，强调了"听"的重要性，将播客定位为一种以听觉体验为中心的音频节目。这一观点突出了播客作为音频媒介的本质特性，也反映了当下媒体消费趋势的变化，即用户更加追求便捷、高效的信息获取方式。

基于上述内容，笔者认为，播客作为一种新兴的媒体形态，其主要表现形式为音频内容节目，以访谈和聊天为核心，围绕单人或多人对特定话题或一系列话题的见解分享和价值感悟展开。这种媒介的特色在于它为内容创作者提供了一个平台，以音频的形式输出个人观点，拆解现象，讨论问题，从而与听众建立起一种新型的互动关系。播客的分布和接触渠道多样，既包括通过 RSS 订阅的传统方式，也涵盖了"小宇宙App"、Podcast 等专业播客应用程序，以及喜马拉雅等综合性音频平台。此外，还有机核、看理想、三联中读等行业专业机构旗下的综合性应用程序，为听众提供了广泛的选择空间。这种多渠道的分布模式增强了播客内容的可达性，也为不同兴趣和需求的听众群体提供了便利。播客作为一种媒介，其核心价值在于观点的输出和内容的深度讨论。与传统广播节目相比，播客更加灵活，更能满足现代人碎片化的时间管理需求，同时提供更为丰富和深入的内容。它不受地域限制，听众可以在任何时间、任何地点通过互联网接入，收听感兴趣的话题。这大大增强了其作为信息传播和文化交流工具的功能。

2.播客的分类

（1）按制作主体进行划分，播客主要可以分为个体制作和机构制作两种类型。个体制作模式在播客平台上占据较大比例，这种模式的门槛相对较低，个体或小团队通过音频录制便能在各大音频平台发布节目，吸引听众。这类播客多样化，内容丰富，包括但不限于明星大咖、意见领袖、行业专家等人士在平台上开设的个人节目，例如知名作家许知远、行业专家马家辉等人的播客节目，展示了个体制作模式在内容创造与传播方面的活力。而机构制作的播客表现出不同的特点。该类型可细分为专业行业类媒体机构制作与播客 MCN 组织制作。多家知名媒体机构投身于播客市场，推出各自的节目，如南风窗网、新京报和看理想等。这些机构制作的播客节目往往具有更高的生产质量和更专业的内容深度，例如《三联生活周刊》出品的《Talk 三联》节目，就是一个典型例子。该节目深入探讨杂志的封面故事和重大报道，通过邀请当期撰稿记者和相关话题的嘉宾进行分享，提供了丰富的背景故事、经验和思考内容，展现了机构制作模式在深度和专业性方面的优势。

播客 MCN 组织采用工业化流程机制来生产播客内容，链条式的生产方式可以像工厂流水线一样进行批量生产和持续输出。这种机制确保了播客内容的稳定供应，同时也使得各个 MCN 机构能够形成自己的标准化生产流程，从而达到生产的规范化。播客 MCN 组织通常拥有专业的运营团队，他们具备丰富的经验和专业知识，能够针对播客市场的发展趋势和用户需求，制定有效的运营策略。这些策略可能包括内容策划、营销推广、用户互动等多个方面，旨在提升播客内容的传播效果和影响力。播客 MCN 组织本质上是内容生产者的联盟，它们聚合了众多的播客创作者。在这些创作者之间，MCN 组织可以实现硬件设备资源、IP 资源、广告主资源、电商平台资源等的共享。这种资源共享的模式有助于降低创作成本，提升创作效率，同时也能够加强创作者之间的合作与交流。播客 MCN 组织通常会与多个播客平台进行合作，利用这些平台的大量用户基础，实现内容的广泛传播和导流。通过与平台的合作，播客 MCN 组织可以获取更多的曝光机会，吸引更多的听众关注。以耳光播客 MCN 为例，该组织成功签约了多位影视领域的知名意见领袖（KOL），其活动范围不限于播客，还包括直播、线上和线下活动，实现了商业版图在多个领域的扩散。此外，耳光播客 MCN 还与其他播客平台建立合作关系，如喜马拉雅、"小宇宙" App、Apple 播客等，通过在这些平台上传内容，扩大了其影响力。这种跨平台合作策略，增加了内容的可接触性，也为 MCN 机构和旗下签约的 KOL 提供了更广阔的舞台。

（2）按内容类型划分，播客可分为泛文化类播客、深耕某一垂直领域的播客、脱口秀类播客等类型。泛文化类播客，覆盖社会学、历史学、人类学、文学等多个学科领域，展现出跨学科的魅力。这类播客通过对公共议题和文化作品的深入探讨，能够让听众从宏观和微观两个层面理解复杂的社会现象。例如，《随机波动》通过三位女性媒体人的视角，为听众呈现了一个既宏大又细腻的世界，使听众能够在轻松愉快的氛围中获得知识和启发。深耕某一垂直领域的播客则专注于特定行业或领域，如科技、金融、互联网、考古等，满足了听众对专业知识的需求。这类播客通常由领域内的专家或爱好者主持，能够为听众提供深度分析和独到见解。通过专注细分市场，这类播客建立了稳定的听众群体，成为信息过载时代中的一股清流。喜剧脱口秀类播客则以幽默轻松的方式谈论各种话题，近年来其迅速发展的态势尤为明显。通过幽默的叙述和对日常生活的观察，为听众提供了一种释放现实压力的方式。

（二）播客的文化传播特点

1.碎片化

在当代社会，播客作为一种新兴的文化传播方式，以其独特的碎片化特征，逐渐成为信息时代的重要媒介。在视觉文化主导的背景下，长时间对视屏幕造成的视觉疲劳促使人们寻找替代的信息获取方式。声音媒介的兴起，尤其是播客的普及，为现代人提供了一种释放视觉压力同时获取信息的有效途径。与传统的广播电台相比，播客在信息传播上展现出更加灵活和个性化的特点，它允许制作者自主选择内容和播放时间，也为听众提供了按需选择节目的自由，从而满足了现代人在快节奏生活中对时间管理的需求。播客通过移动电话、耳机等便携设备作为载体，使得在通勤、运动、用餐等碎片化时间内的信息获取成为可能。这种以声音为主要传播方式的媒介，有效地解放了双眼，为现代人提供了一种全新的学习和娱乐方式。此外，播客的内容覆盖面广泛，从教育、科技到娱乐、生活等各个领域，满足了不同听众的多元化需求。播客的这种多样性和选择性，使其成为文化传播中的重要力量。碎片化时间的高效利用，除了体现在播客可以在任何时间、任何地点被接收，还体现在其内容的高度定制化和个性化上。听众可以根据自己的兴趣和时间安排，选择适合的节目进行收听，这种按需服务强化了个人在文化消费过程中的主体性，也促进了文化的多样性和个性化发展。

2.场景化

播客作为一种现代的传播媒介，以其独特的形式和灵活的使用场景，在文化传播领域占据了重要的位置。场景化，作为播客传播特点之一，体现了播客在不同生活场景中的应用和影响力，展现了其在文化传播中的重要作用。

在居家场景中，播客通过提供情绪导向和娱乐类的内容，满足人们对于和谐氛围和陪伴的需求。这种需求来源于个人对于情感舒缓的追求，也反映了在快节奏的生活中寻找精神慰藉的共同心理。播客在这一场景下的应用，丰富了居家文化生活，也促进了个体情感的健康发展。在通勤场景下，播客以其信息密度高和易于沉浸的特性，为听众提供了获取碎片化音频内容的途径。在上下班、上下学或开车等通勤过程中，人们通过收听播客，有效利用了通勤时间，也实现了知识的积累和信息的更新。这种场景下的播客使用，展现了播客在满足现代人信息需求和促进终身学习方面的作用。随着万物互联的发展，播客的场景应用得到了扩展，从移动交通场景扩展到室内外运动，甚至进入人工智能化的场景①。这种全场景化的应用拓宽了播客的使用范围，也加强了播客在文化传播中的渗透力。通过为听众在不同场景下提供定制化的内容，播客实现了个性化推荐，满足了受众多样化的需求。

3.互动性

与传统媒体相比，播客通过提供评论、转发和点赞等互动方式，极大地促进了作者与听众之间的直接交流，丰富了文化传播的维度并拓展了其深度。

互动性首先体现在播客能够让听众直接参与内容的讨论。听众可以通过评论功能表达自己对播客内容的看法和感受，这种直接反馈为播客

---

① 张劲雨，宋学清.论播客营销的价值优劣与发展策略[J].出版广角，2022（15）：70-73.

创作者提供了宝贵的听众观点，有助于创作者调整和优化后续内容的创作方向。此外，听众间的评论互动也为构建以播客为中心的社群文化提供了发展的土壤，促进了文化观点的多元交流和文化知识的共享。转发机制则扩大了播客在文化传播中的影响范围。通过转发，播客内容能够迅速在社交网络中传播，触及更广泛的听众群体。这种跨平台的内容共享加速了文化信息的流动，也促进了不同文化背景听众之间的相互了解和文化的互鉴。点赞是听众对播客内容喜好的直接表达，也是对创作者努力的一种肯定和支持。点赞数据的多少在一定程度上反映了播客内容的受欢迎程度和文化影响力，对创作者而言，这是一种激励，是激发其持续创作高质量内容的动力。以上互动方式的综合运用，使播客成为一个动态的文化传播平台，也加深了文化信息的传播效果。通过互动性的加强，播客在促进文化多样性、增进文化理解和推动文化创新等方面发挥了积极作用。文化传播不再是单向的信息传递，而是变成了一种多向的、参与性强的交流过程。在这一过程中，每个听众都有机会成为文化传播的参与者和贡献者，共同塑造着丰富多样的文化景观。

4.即时性

播客能够快速更新和发布内容，这种即时性使得文化信息的传播更为迅速，也使得播客成为反映社会热点和文化趋势的重要平台。

在信息技术日益发达的今天，社会各界对于信息的需求呈现出前所未有的迫切性，播客的即时性恰好满足了这一需求，使得各类文化内容能够在第一时间内被传播和分享。这种传播方式使得信息接收者能够迅速接收到最新的文化动态，也为文化创作者提供了一个及时反馈和互动的空间。此外，播客的即时性还体现在其对社会热点和文化趋势的快速响应上。在面对突发事件或重大社会议题时，播客能够提供即时的见解和分析，引发公众对相关文化现象的关注和讨论。这加深了社会大众对文化事件的理解，也促进了文化观点的多元化交流。

5.自由度高

播客的发布相对于传统媒体受到的限制较少，为制作者提供了更大的创作自由度。这种自由度不仅体现在内容创作上，也反映在传播方式和受众互动上，为文化多样性的展示提供了广阔的空间。与传统媒体相比，播客的这一特性更加突出，为文化传播带来了新的可能性。

在内容创作方面，播客允许制作者根据个人兴趣、专长以及目标听众的需求，自由选择主题和形式。这种创作自由度极大地激发了创作者的创新潜能，促进了多元文化表达方式的发展。从深度访谈、故事讲述到知识分享、技能教学，不一而足的播客节目类型丰富了文化传播的内涵，使得不同文化背景、兴趣爱好的受众都能在这个平台上产生共鸣。更重要的是，播客的自由度为边缘文化和少数群体提供了发声的平台。在传统媒体中，这些群体的声音往往被边缘化，难以获得足够的关注和表达空间。而播客借助其开放性和易于接入的特点，使得这些少数声音能够被广泛传播，促进了社会文化的多元化和包容性。这种文化多样性的展示丰富了社会文化的层次，也增进了不同文化之间的理解和尊重。

（三）播客的听觉文化传播偏向

1.声音传播的感知偏向：听觉延伸带来的感官偏向

播客作为当代流行的听觉文化传播形式，体现了声音传播在人类感知系统中的重要地位。在媒介技术的发展历程中，从文字、印刷到电话、广播，每一次技术的突破都极大地拓展了人类的感知边界。尤其是电话和广播的普及，标志着听觉感官的显著延伸，这种延伸改变了人类接收信息的方式，也深刻影响了人类的文化生活和社会互动。

声音作为一种基本的传播媒介，其直接性和亲密性使得听觉文化具有独特的感知偏向。与视觉媒介相比，声音能够跨越物理空间的限制，为人们提供了一种更为直观的沟通和感知方式。例如，在播客的听觉传播中，声音的温度和情感能直接作用于听众，产生共鸣。这种特性使得播客成为传递情感、态度和文化价值的有效渠道。播客的听觉文化传播偏向还表现在其对人类日常生活和思维方式的影响上。声音媒介的普及，尤其是播客的流行，促进了信息接收方式的多样化。人们在日常生活中可以通过多种场合倾听播客，从而在不同程度上改变了人们的生活习惯和思维模式。相比于视觉媒介，播客等声音媒介的使用更为灵活，能够在不占用视觉注意力的同时，丰富人们的精神生活。播客的听觉文化传播偏向也体现在其对感官模式的适应上。历史上，广播之所以能够在多种媒介形态中存活并发展，正是因为人类能够适应"只听不看"的感官模式。这种模式的适应性，说明了声音传播在人类文化传播中的核心地位，也反映了声音媒介在满足人类感官需求和心理预期方面的独特优势。

2. 声音传播的时空偏向：空间偏向和场景化偏向

播客作为一种声音传播的媒介，其文化传播的特征在时空维度上表现出明显的偏向，具体体现在空间偏向和场景化偏向两个方面。这种偏向彰显了播客媒介的独特性，也为理解其在现代文化传播中的作用提供了新的视角。

空间偏向体现了播客传播的流动性和无界性。与传统的固定和局限于特定空间的媒介不同，播客依托于互联网技术，通过便携式设备进行传播，能够打破地理界限，实现声音信息的全球范围流通。这种空间的流动性使得播客成为一种动态的"听觉空间"，在这个空间中，声音不受物理空间的限制，能够自由传播和扩散，为听众提供了更为广阔的文化体验空间。场景化偏向细化了播客在不同生活场景中的应用。在物联网时代，播客的声音传播能够根据不同的场景需求进行个性化定制，无论是在家中、通勤路上，还是在进行户外活动时，播客都能够提供相应的内容，满足听众在特定场景下的文化消费需求。这种场景化的传播偏向增强了播客的应用灵活性，也使得声音文化能够更加深入人们的日常生活，促进了文化的亲密性和即时性。播客的这种时空偏向，体现了声音媒介的技术特性，也反映了现代社会对于文化传播形式的新要求。在快速变化的社会环境中，播客通过其空间流动性和场景化的特点，为人们提供了一种更为便捷、个性化的文化传播方式，满足了现代人对于文化消费的多样化和即时化需求。通过这种形式，播客加强了文化的普及和交流，促进了文化的现代化和公平化发展，显示出其在当代文化传播领域中的重要价值。

3.声音传播的叙事偏向：精英化的叙事及个体化表达

播客作为一种新兴的文化传播形式，以其独特的声音叙事特性在现代社会中扮演着重要角色。这种叙事的偏向，特别是在精英化叙事及个体化表达方面，为文化传播带来了新的视角和深度。

在播客的生产模式中，UGC（用户生成内容）和 PUGC（专业用户生成内容）成为主导，这两种模式的普及促使了一批专业背景强、在各自领域内具有深厚积累的个体成为内容的主要生产者。这些生产者，无论是专业媒体人士还是各行各业的资深专家，他们所分享的内容往往都是围绕着特定领域的深入讨论，具备较强的专业性和深度，也反映了一种精英化的叙事倾向。这种倾向既能够设置议程，引导公众关注特定议题，还能够以高度专业化的视角对社会现象进行解读，从而影响舆论方向。此外，播客中的精英化叙事不限于宏观层面的议题探讨，还可以深入对个体经验和小众文化的关注。这种关注体现了播客在个体化表达方面的优势，使得播客成为展示多元文化和边缘群体声音的有效平台。个体化的叙事方式使得播客内容更具有亲和力和针对性，能够触及听众的个人经验，引发共鸣，促进对底层社会现象的理解和关注。播客的这种叙事偏向，无疑为文化传播领域带来了新的活力。它打破了传统媒体中权威主导的叙事模式，使得文化传播更加民主化、多元化。通过为不同的声音提供发言的空间，播客促进了社会对于多样性和包容性的认识，有助于构建更加开放和包容的文化环境。同时，播客的精英化和个体化叙事也对传统文化传播的格局带来了挑战。它促使传统媒体和文化生产者反思如何在新的传播环境下，更有效地进行内容创作和调整传播策略。通过倾听和参与这种新型的文化叙事，传统媒体可以更好地适应数字化时代的需求，促进文化传播的创新和发展。

二、移动音频中听觉文化传播的"听觉空间延展"

（一）声音属性中的信息空间拓展

播客，作为移动音频的典型代表，通过其独特的声音属性，为信息的空间拓展提供了新的维度。声音是信息传递的载体，更是构建听觉文化空间的关键元素。播客通过其内容的丰富性和互动性，深化了听众的听觉体验，进而拓宽了听觉文化的传播空间。播客的声音属性具有独特的信息内涵。主播和嘉宾通过对谈，运用丰富的言语、适当的语气和营造良好的情绪氛围，有效传递不同类型的文化主题信息。这种声音的表现形式，不局限于言语内容的传递，更包括了情感和态度的交流，使得信息传播具有了更加丰富的维度。声音的这种特性，使得播客能够在听众分心做其他事情时，依然吸引其注意力，实现文化信息的有效传递。此外，播客在与听众的互动中所产生的信息交流，进一步拓展了听觉空间中的信息内容。通过评论、反馈和社交媒体平台的互动，播客与听众之间形成了一种双向的交流模式。这种模式增强了文化信息内容的多样性，也使得听众能够更深入地参与播客的内容构建，形成了一种共创的听觉文化空间。在这个空间中，信息不再是单向传递，而是在主播、嘉宾和听众之间形成了动态的、互动的文化流动。

移动音频通过其独特的声音属性，改变了信息传播的方式，还拓展了听觉空间，为文化传播带来了新的发展机遇。移动音频的技术进步，使得大众重新获得话语权。在平台内容共享和自由渠道传播的技术支持下，播客成为一个既公开又私密的文本空间①。这种空间的开放性和互动性，为听众提供了一个多元化和个性化的信息获取平台，使得文化传播更为广泛和深入。随着有声阅读的普及及知识付费的兴起，移动音频创设了知识学习的新场景。通过声音获取知识和信息成为一种新的学习方式，不仅提升了个人的知识水平，也促进了终身学习的文化建设。移动音频的灵活性和实用性，使得收听场所不再受限，无论是在通勤途中、休息还是进行户外活动时，人们都可以通过听觉来接收信息和知识，这大大增强了文化传播的效率和覆盖面。主播在移动音频平台上，将碎片化和海量化的互联网信息进行结构化的梳理，再通过精简实用的优质内容进行再解读和传播。这种信息的结构化处理和再解读，拓宽了信息传播的新渠道，也使得内容更加易于理解和吸收，从而丰富了听觉文化的内涵和形式。移动音频在听觉文化传播中的"听觉空间延展"，还体现在其能够跨越地域和时间的限制，使得文化传播更为灵活和广泛。人们可以在全球范围内，随时随地通过移动音频来接触和了解不同的文化内容，这种无界限的传播方式，促进了文化的交流和融合，也为不同文化的保存和传承提供了新的可能。

（二）声音互动中的认知空间拓展

随着播客等声音媒体的兴起，个体在社会和行动场景中建构的认知得以通过声音的形式进行广泛传播，这影响了人们的日常行为模式，也在更深层次上重塑了社会的认知结构②。

播客作为一种新兴的声音传播媒介，以其独特的传播机制和内容形式，为听众提供了与众不同的文化体验。依托长尾理论，许多小众文化

---

① 王长潇，刘瑞一.从播客到移动音频媒体：赋权的回归与场景的凸显[J].新闻大学，2019（6）：71-80，123-124.
② 高贵武，王彪.从广播到播客：声音媒体的嵌入式生存与社交化发展[J].新闻与写作，2022（7）：98-104.

内容得到关注和传播，为不同兴趣、不同需求的受众群体提供了丰富多样的选择，满足了用户个性化的内容选择需求，还促进了具有共同兴趣和喜好的个体之间的相互连接，促成了特定听觉社群文化的形成。例如，科技播客"极客说"，吸引了大批对科技领域文化感兴趣的听众。这些听众中既有科技行业的从业者，也有对新技术充满好奇心的普通用户。这些基于共同兴趣和喜好汇聚而成的小众化群体，在文化传播的过程中扮演了重要角色。它们通过播客这一平台传播特定的知识和信息，丰富了声音媒体的内容库，也为社会文化的多样性和丰富性做出了贡献。更重要的是，这种传播过程在不断地影响和改变听众的原有知识结构，促使个体在认知上进行拓展和重构。

从社会文化的角度来看，播客中的声音互动和认知空间的拓展具有深远的意义。它为个体提供了一个自我表达和认知拓展的空间，也为社会文化的传承和发展开辟了新的渠道。通过声音的传播，知识和文化得以在不同的社群之间进行交流和碰撞，促进了社会文化认知的多元化和深化。这种基于声音的文化传播方式，由于其独特的传播特性和形式，为传统的文化传播模式带来了新的挑战和机遇。它不仅要求传统文化传播者在内容创作和传播策略上进行创新，也促使社会大众在接受和理解文化内容的过程中，形成更加开放和包容的态度。

（三）声音价值中的文化与审美空间拓展

播客作为一种亚文化传播方式，凭借其内容的个性化生产和自由交流的特性，正逐渐成为重要的文化消费模式。不同于大众文化中大量同质化内容的泛滥，播客通过精细化、垂直类的文化内容，呈现出从"单一、封闭"向"多元、开放"的转变，满足了公众对精神文化深层次需求的探索。这种转变丰富了文化表达的形式，也促进了文化内涵的多样化发展。在互联网技术迅速发展的当下，人们的交流方式愈发依赖于各种媒介，趋向于表面化和浅层化。与此同时，声音作为一种媒介形式，在传播过程中展现出独有的亲密性和精神性。相对于视觉文化的直接冲击和消费主义倾向，听觉文化通过声音的深度传递，为人们提供了一种更为内省和丰富的文化体验方式。声音的这种独特性，使得听觉文化传播能够在精神维度上与受众建立更深层次的连接，拓宽了文化与审美的空间①。播客在推动文化与审美空间拓展的过程中，还体现了对个体声音价值的重视。通过播客，不同文化背景、不同社会身份的个体均能够找到表达自我、分享经验的平台。这种平台赋予了个体更大的发声权利，也使得边缘化声音能够被社会所听见。由此，播客促进了文化的多元化和包容性，推动了社会文化的进步和审美观的拓展。

移动音频作为当代文化传播的重要渠道，其独特的听觉空间不仅拓宽了文化与审美的边界，也促进了多元文化表达的发展。在这一过程中，社会与人文类内容的持续领先，以及财经类、生活方式类、喜剧/脱口秀类等内容的上升趋势，共同揭示了听众对于广泛议题的关注与兴趣。这种内容偏好的多样化反映了听众对于丰富知识体系与多元文化视角的追求。在播客内容的选择上，既有对社会热点议题的关注，也有对边缘人群或底层人群议题的深入探讨。这种宏大叙事与个体化叙事的并存，展现了播客在文化传播中的独特能力——既能够反映和讨论社会共同关心的问题，也能够为小众化、个性化的声音提供发声平台。这种平台的存在，为不同文化背景下的个体提供了表达自我、探索世界的空间，促进了文化的多样性与包容性。脱口秀文化、电影文化、游戏文化、女性文化等小众文化在听觉空间的延展，丰富了文化传播的内容与形式，也通过声音社群的聚集，形成了独特的文化圈层。这些文化圈层在加强同好者之间的联系的同时，也促进了文化意识与审美观念的提升。小众文化的兴起与发展，为文化传播注入了新的活力，也反映了现

---

① 田园.听觉生态位的超越：从广播媒体到听觉媒体[J].当代传播，2018（3）：60-62，78.

代社会对于多元文化表达的需求与认可。

（四）声音场景中的想象和思考空间拓展

在声音场景的构建过程中，播客通过精心设计的背景音乐和内容，营造出契合主题的氛围，更重要的是为听众拓展了一片想象和思考的空间。这种空间的拓展，既体现在情感的共鸣上，也体现在对话题深度思考的激发上。

背景音乐作为声音场景中不可或缺的元素，其选择和应用直接影响到听觉空间的氛围营造。通过与内容主题、话题的情感调性相匹配的背景音乐，可以有效地引导听众进入相应的情感状态和想象空间。这种情感上的引导和共鸣，加深了听众对内容的感知和体验，也为听众提供了更为丰富的内心体验和情感共鸣的可能性。在内容方面，由于声音的信息密度相对较低，信息的间隙留给了听众更多的思考空间，使得听众在收听过程中能够有更多的机会去深入思考和反思话题内容。这种思考和反思促进了个人对知识的消化和吸收，也激发了个体对于更广泛社会文化现象的关注和思考，这种声音的特性成为移动音频文化传播中的一大优势。通过这种有意识的声音场景设计和信息密度调控，移动音频在传达文化内容的同时，更重要的是激发了听众的想象力和思考力，使得听众能够在听觉的引导下，跨越实际的物理空间，进入一个由声音构建的虚拟空间，进行情感体验和知识思考。这种听觉空间的延展性，丰富了文化的传播形式，也拓展了文化传播的深度和广度，为文化的多样性传播和个体的文化体验提供了更为广阔的空间。

声音的伴随性，即能够随时随地通过移动终端进入人们的私人空间，为听觉文化传播提供了独特的场景化需求满足路径。在这一过程中，声音作为一种相对低信息密度的媒介，却因其独有的渗透力和包容性，成为生活的一部分。从物理空间的实际声音到虚拟空间中制作加工的声音，再到赛博空间中通过技术手段创造的全新听觉体验，声音传播的空间得到了显著的延伸。特别是将播客与城市形象、博物馆、旅游景点等结合的旅游型播客节目，通过精心设计的声音内容和技术手段的辅助，构建了一种全新的文化传播形态。在这种形态下，听众不再是被动接收信息的对象，而是通过声音引发的想象和思考，主动构建自己的理解和感受。如"异步直播"形式的播客节目《来去泉州》，便是通过声音引导听众进行听觉游览，配合 PDF 文件，使听众在没有聚焦的听觉体验中，通过通感的方式，获得了关于泉州历史文化的深入了解和感知。这种通感的听觉体验，丰富了听众的文化生活，也拓宽了他们的想象与思考空间。通过声音场景的塑造，听众能够在心中构建起丰富多样的文化图景，从而加深对文化现象的理解和认识。这样的文化传播方式，体现了声音媒介在现代社会中的独特价值和重要作用，促进了文化的广泛传播，也为文化的深度理解和多元体验提供了新的可能。

三、空间延展下播客对听觉文化传播的内容建构

（一）差异化的内容信息，满足用户兴趣爱好

播客之所以能够在短时间内吸引广泛关注，并获得快速发展，主要在于其能够提供符合用户兴趣爱好的差异化内容。播客通过用户生成内容（UGC）和专业用户生成内容（PUGC）的模式，提供了丰富多样的文化内容，满足了不同听众群体的需求，促进了文化的多元化发展。

播客的内容生产模式以其多样性和开放性为特点，覆盖了从文学、喜剧、科幻到心理学、电影等多个文化领域，每个领域都有着丰富的节目供听众选择。例如，文学播客"跳岛 FM"深入挖掘文学领域，为文学爱好者提供了一个深度交流的平台；而《无聊斋》和《惊奇电台》分别以清谈和科幻为主题，满足了听众在特定文化领域的兴趣爱好。这种内容上的细分反映了播客平台对听众兴趣的精准把握，也体现了播客在促进文化多样性方面的作用。播客平台的个性化推荐功能强化了其在文

化传播中的影响力。通过"编辑精选""专题策划""根据最近听过推荐"等多种内容分类，播客平台能够根据听众的历史收听行为和偏好，推荐更符合其兴趣的内容。这种基于算法的推荐机制提高了内容的可访问性，也增加了听众与播客之间的互动性和黏性。此外，通过提供"推荐内容不喜欢"的反馈机制，播客平台还能够不断优化其推荐算法，更好地满足听众的个性化需求。在主流媒体和传统文化产品中，"小众"群体的兴趣往往被边缘化，而基于播客的文化传播能够满足这部分"小众"群体的文化需求。通过提供多元化的内容、表达和分享的空间，促进了文化的包容性和多样性。这种对小众文化的关注和支持，丰富了文化生态，也为不同文化观点和价值的传播提供了渠道。

（二）专业化的知识分享，拓宽听众信息需求

在多元化话题覆盖的背景下，专业化知识分享成为播客文化传播的重要维度，极大地拓宽了听众的信息需求。通过将专业性人才的深入解析和话题的广泛覆盖性相结合，播客可以满足听众获取知识的渴望，促进文化的多元发展和深度交流。

在内容丰富性方面，播客跨越了时政、文学、艺术等多个领域，为听众提供了一个宽广的知识平台。这种跨领域的覆盖体现了播客在话题选择上的多样性，也反映了现代社会对于知识和信息需求的多元化。通过提供丰富的话题，播客激发了听众的好奇心和学习欲望，促进了听众对于新知识的探索和学习。专业化的知识分享是播客内容建构的重要特点之一。通过邀请具有专业背景的人才及资深专家，播客确保了内容的权威性和深度，也使得复杂的知识点得以简化和普及。这种专业与普及的结合，拓宽了听众的视野，也提升了听众对于专业知识的理解和认识。专业化内容的传播，对于提高社会整体的知识水平和文化素养具有重要意义。PGC（专业生成内容）和PUGC（专业用户生成内容）模式的运用拓展了播客的内容范围。在PGC模式下，由专业团队制作的内

容确保了播客的专业性和深度；而 PUGC 模式强调了内容的多样性和个性化，允许更广泛的用户参与内容创造。这两种模式的结合，使得播客既能提供精英化的专业内容，又不缺少个性化的草根观点，满足了不同听众群体的需求。专业化的知识分享在播客中的应用，丰富了文化传播的内容，也促进了知识的交流和文化的互鉴。通过专业人士的深入解读，复杂的知识被转化为易于理解的信息，使得听众能够在轻松的氛围中获得知识和启发。这种方式既提高了文化传播的效率，也增强了文化传播的影响力。

（三）碎片化的文化内容，满足听众娱乐与伴随需求

碎片化的文化内容通过播客这一平台得以广泛传播，满足了听众的娱乐需求，也增强了其作为伴随性媒介的功能。播客的内容传播，在娱乐性和放松性方面展现出独到的优势，为听众提供了一种不依赖视觉参与、轻松获取文化信息的途径。

播客之所以能够成为听觉文化传播的重要渠道，与其能够提供碎片化的文化内容密不可分。这种碎片化内容既包括短小精悍的信息分享，也涵盖对复杂文化现象的浅显解读，使得听众在碎片化的时间内便能接触和吸收丰富的文化知识。此外，碎片化内容的呈现方式极大地适应了现代人快节奏的生活方式和碎片化的时间管理需求，使得文化传播更加贴近听众的日常生活。播客的伴随性特性使得其在听觉文化传播中占据了独特的地位。不同于视觉媒介要求观众集中注意力观看，播客允许听众在进行其他活动（如行走、驾驶）的同时收听，从而实现了媒介使用的时间和空间上的灵活性。这种解放双眼、不占用视觉注意力的特点，使得播客成为一种生活中的"随行媒介"，伴随听众在完成日常生活中的各项任务的同时，得到文化娱乐的滋养。在内容的娱乐性和放松性方面，播客通过声音的独特魅力，为听众带来了不同于视觉媒介的体验。声音作为一种感性的媒介，能够直接触动听众的情感，带来更为直观和

生动的体验感。通过各种声音效果和语言表述，播客内容不仅能够传达文化信息，也能够营造一种轻松愉悦的氛围，满足听众对于娱乐与放松的双重需求。这种声音的艺术性和感染力，进一步丰富了文化传播的表现形式，使得文化内容的传递更加生动和感人。

（四）泛文化内容的开放性，聚焦社会议题

泛文化内容的开放性，意味着播客不局限于特定的知识领域或文化主题，而是覆盖广泛的社会议题和文化现象。这种开放性使得播客成为一种多元化和具有包容性的文化传播平台。在这一过程中，播客节目的制作者往往采用个性化的表达方式，用小人物的视角讲述故事，与宏大叙事和专业化内容形成鲜明对比。这种个性化的表达不仅拉近了制作者与听众之间的距离，也为听众提供了更为真实和生动的听觉体验。通过展示小人物的生活经验和视角，播客弱化了传统精英叙事的权威性，使得文化传播更加民主化和平等化。此外，播客在聚焦社会议题方面也显示出其独特的价值。通过对当前社会中存在的各种问题和现象进行深入探讨，播客为公众提供了一个理解和反思社会的平台。这有助于提高公众对于社会问题的关注度，也促进了社会公正和文化多样性的发展。播客节目中的社会议题探讨，反映了制作者对于现实世界的关切和思考，也体现了播客作为文化传播媒介的社会责任感。通过泛文化内容的开放性和对社会议题的关注，播客在文化传播中构建了一种新的内容生态。这种内容生态促进了文化的多元化发展，也为公众提供了丰富的知识资源和思想观点。同时，播客的这些特点也反映了当代社会对于文化交流的新要求，即更加注重个体经验的分享、多元观点的交流以及对公共议题的深入讨论。

（五）声音记录的特殊性，形成社会性媒介记忆

声音记录的特殊性在此过程中起到了核心作用，它是信息传递的工

具，更是构建和传承社会性媒介记忆的重要载体。声音具有独特的情感属性，能够跨越时间和空间的界限，触动人心。在播客中，历史事件、文化现象、日常生活的声音被精心收集和传播，形成了一种独特的数字化记忆。这种记忆保存了声音本身，更承载了特定时期的社会文化背景、人们的生活方式和情感状态，为后世提供了宝贵的历史资料和文化遗产。通过播客，这些声音得以被系统地组织和分类，形成了具有时代特色的听觉符号体系。不同的声音符号，如日常对话、自然声响等，都在其中发挥着各自的作用，反映出社会变迁的脉络。这种通过声音建构的社会媒介记忆，既有历史的深度，也富含情感的厚度，使得听众在接触这些声音时，能够产生强烈的共鸣和进行深刻的思考。

播客作为一种社会性媒介，其传播的声音记录还具有促进社会交流和文化认同的功能。在全球化背景下，不同文化背景下的声音记录通过播客得以广泛传播，帮助人们跨越文化隔阂，增进对不同文化的理解和尊重。这种跨文化的声音交流，加深了全球文化的相互理解和融合，也促进了世界文化多样性的保护。同时，播客在传播声音记录的过程中，还体现了技术与文化的互动关系。随着数字技术的发展，声音记录的获取、编辑和传播变得更加便捷和高效，声音记录的质量和传播速度不断提升，影响范围更加扩展。技术的进步使得声音成为连接过去与现在、个体与社会的桥梁，加强了播客在文化传播中的作用。

四、空间延展下播客对听觉化传播的功能构建

（一）独特的声音符号侧重听觉主体的声音体验

在播客媒介中，独特的声音符号是信息传递的载体，更是一种文化符号和情感表达的工具。通过声音的细腻处理和艺术化呈现，播客能够传达更为丰富和深刻的文化内涵，使听众在纯听觉的沉浸式体验中感受到声音背后的文化意义和情感价值。这种侧重于声音特质的体验，使播

客成为一种独立的文化传播形式，能够在多元化的声音表现中展现独特的文化魅力和传播效力。随着技术的发展，高质量的音频硬件产品如蓝牙音箱和降噪耳机的普及，为播客的声音体验提供了更加优质的物理支持。这些高音频硬件产品的流行，提升了音质，更重要的是提高了听众对声音环境和收听模式的要求，从而促进了播客在声音质量和听觉体验上的不断创新和提升。通过优化声效和音响环境，播客能够为听众提供更为丰富和立体的听觉体验，进一步强化声音作为文化传播媒介的功能和效力。播客的声音体验不局限于解放视觉的束缚，更重要的是通过有限的听觉开拓了无限的感官空间。在这个过程中，播客利用声音的独特魅力，激发听众的想象力和创造力，使其在纯粹的听觉体验中构建出属于自己的空间感和场景感。这种听觉上的空间延展，为听众提供了一种全新的文化传播体验，也为文化的传播打开了新的维度，使文化在声音的流动中实现更广泛的传播和影响。

（二）听觉社群互动突出听觉的社交互动属性

听觉社群互动体现了播客媒介的社交互动属性，也为文化传播的深度和广度的拓展带来了新的可能性。在播客平台上，社交互动通过用户间的点赞、转发、评论等行为实现。这些互动并不局限于听众与内容的单向接收，更拓展了听众之间、听众与主播之间的多向交流。这种互动性质的增强，使得播客成为一个促进文化交流和共享的重要空间。用户可以在此空间内基于共同的兴趣爱好形成特定的听觉社群，通过社群成员间的互动交流，加深了对播客内容的理解和认同，增强了用户对平台的黏性。

声音媒体平台的出现为听觉社交互动提供了全新的空间，使得声音成为连接人与人之间的一种强有力的纽带。在这些平台上，主播可以通过建立听友群，实时更新播客资讯、讨论节目内容，实现与听众的有效联动。这种模式增加了播客内容的互动性和趣味性，也为听众提供了参与讨论、表达观点的机会，从而形成了一个活跃的听觉文化社群。以喜马拉雅 App 为例，其"评价""圈子"和"找相似"等功能选项，促进了听众间的互动和社群的形成。听众可以通过打分和留言表达对播客的看法，还可以加入不同的讨论圈子，与有共同兴趣的听友进行深入的交流和讨论。这种基于兴趣的社群连接，使得文化传播在听觉平台上呈现出更为丰富和立体的形态。听觉社群的形成和互动，还促进了文化多样性的展现和传播。在这些社群中，不同文化背景的听众可以分享和交流自己的文化经验和观点，使得播客平台成为一个跨文化交流的重要场所。

（三）共情属性赋予听众情感需求和文化认同

播客作为一种声音媒介，通过创造集体在场的效果，为听众提供了心理依赖的满足感。这种满足感超越了纯粹的认知需求，深入情感和精神层面。声音的传播具有独特的亲和力，这种亲和力首先源自主播与听众之间的情感联系。主播通过声音塑造了具有情感共鸣的人格化形象。这种人格化的声音通过移动终端，拉近了主播与听众之间的距离，为听众营造了一种情感陪伴和依赖关系。这种陪伴超越了物理空间的限制，为听众提供了一种精神上的归属感。

播客的传播也基于听众群体的构建，形成了具有群体性和开放性的文化圈层。这种文化圈层基于公共传播的感染力，还依赖于新的社交关系的构建，进而形成了广泛的情感共同体。在这样的情感共同体中，听众能够感受到强烈的归属感和认同感，这种感觉在当代社会中尤为珍贵。随着播客内容的双向扩散与传播，这种文化归属的认同感得到了进一步的加强，从而提升了用户的黏性。这种基于声音的互动，使得听觉成为一种具有开放性和包容性的感官体验，也对社会文化情感结构的建构起到了关键作用。通过播客，形成的情感共鸣和社群归属感加深了听众对文化的认同和接受，促进了文化价值观的传播和对文化多样性的尊重。

（四）多元场景化构建延展传播对象的听觉审美想象

在多元场景化的背景下，播客通过声音传播，延展了传播对象的听觉审美想象，为听众提供了一种全新的文化体验和审美享受。喻国明等转述说："声音符号不仅仅可以唤起受众综合感受的体验，还具有依赖想象发生的内视能力，声音对听众的刺激，激发了独一无二的内视能力，把受众导入深层的情感记忆回视、理性思索以及内省情境中。"[①]这一论断深刻揭示了声音作为传播媒介的独特魅力和功能。在播客传播中，声音是信息传递的工具，更是构建听觉空间、激发听众想象和情感共鸣的重要载体。

以小宇宙App中的"一起云逛博物馆"为例，该内容专栏推荐全球各地博物馆旅游播客节目合集，通过录制游览博物馆的全程声音讲解内容，为听众构建了一个独特的场景式线上云游听觉空间。在这个听觉空间中，受众不再受限于物理空间的约束，而是通过声音的引导，进入一个由想象力构建的虚拟空间，体验不同文化背景下博物馆的人文历史、展品意义等内容[②]。这种声音叙事的方式，有效地杂糅了时间和空间元素，使得声音成为一种能够跨越实际界限，构建起丰富多维的听觉想象空间的媒介。声音媒介作为叙事载体，在搭建听觉想象空间的过程中，还能够促使人们在想象空间中与他人进行对话，产生个人与社会的情感联系。这种基于声音的交流和互动，加深了听众对文化内容的理解和认同，也增强了社会的凝聚力和文化的传播力[③]。

---

① 喻国明，王文轩，冯菲，等.合成语音新闻的传播效果评测：关于语速影响的 EEG 证据 [J].国际新闻界，2021（2）：8.

② 陈雅琪.赛博空间中基于声音的情感连接 [J].科技传播，2021（6）：118-120.

③ 夏德元，周伟峰.播客：新型口语传播形态的发展与听觉文化的回归 [J].文化艺术研究，2022（1）：65-74，114.

第五章

新媒体环境下的短视频文化传播

新媒体环境提升了全球文化交流的广度与深度，短视频作为一种新兴的传播形式，在文化传播中发挥着越来越重要的角色。短视频以其形式多样、传播迅速、受众广泛的特点，成为文化交流的有效载体，加速了不同国家和民族之间的文化互动，也为构建和传递国家形象提供了新的平台。在全球化背景下，短视频传播的兴起，标志着文化交流方式的创新，展现了文化传播在新媒体环境下的新趋势和新机遇。

第一节　新媒体下的短视频文化传播概述

一、短视频文化传播的形成与发展

（一）短视频文化传播的形成

1.技术进步的推动

短视频传播的形成，紧密依托于技术进步的强大推动力。在这一进程中，移动互联网的普及、视频压缩技术的突破以及社交网络的融合，共同构筑了短视频传播的基础平台和发展环境，从而促进了其迅速崛起并在全球范围内广泛传播。

移动互联网技术的飞速发展，为短视频传播提供了前所未有的平台。随着智能手机的普及和 4G、5G 网络的覆盖，全球互联网用户得以随时随地通过手机等移动设备接入网络，享受到快速、便捷的在线视频服务。移动互联网的这一特性，极大地拓宽了短视频的受众基础，也为短视频内容的创作、分享和观看提供了便利条件，使得短视频成为最受欢迎的数字内容形式之一。视频压缩技术的进步，则是短视频能够在移动互联网上快速传播的技术保障。随着 H.264、H.265 等高效视频编码技术的应用，视频数据在保持较高清晰度的同时，所需的存储空间和传输带宽大大减少，使得短视频在上传、分享和流传过程中更为高效，降低了短视频内容制作和分发的成本，也极大提升了用户体验，从而促进了短视频内容的大规模生产和消费。社交网络的融合，加速了短视频的传播和普及。社交平台如微博、Instagram 等，通过其庞大的用户基础和强大的社交互动功能，为短视频内容的分发和传播提供了理想的渠道。用户既可以在这些平台上观看到来自全球各地的短视频内容，还可以通过点赞、评论、分享等互动方式参与短视频的传播，形成了短视频内容快速扩散的独特机制。此外，社交网络平台上的算法推荐机制，也大大增强了短视频内容的个性化推送和观看率，推动了短视频文化的形成和发展。

2.用户行为的变化

从长视频到短视频的消费习惯转变，反映了社会文化快速变迁和技术进步对媒介消费行为的深刻影响。短视频以其独特的优势，满足了现代用户对于快速、互动和多样化媒介内容的需求，成为文化传播中不可忽视的力量。

现代社会生活节奏不断加快，伴随着互联网技术的迅猛发展和移动终端的普及，人们获取信息的渠道日益增多，信息爆炸、时间碎片化等带来了人们消费习惯的变化。在这样的背景下，长视频内容的固定和线性特性逐渐无法满足用户快速消费信息的需求，短视频应运而生，以其时长短、传播快、易于消费等特性，迎合了现代人快速获取信息和娱乐服务的消费习惯。互动性需求的增长，是推动短视频快速发展的另一关键因素。在社会媒体时代，用户不再满足于被动接收信息，而是越来越倾向于参与和互动，寻求更加个性化和社交化的媒介体验。短视频平台通过提供评论、点赞、分享等功能，强化了用户之间的互动，使观众能够在观看的同时参与到内容的讨论和传播中，满足了用户对于互动性强的媒介内容的需求。内容多样化的追求，则是短视频得以快速发展的内在动力。现代社会的文化多样性要求媒介内容能够覆盖广泛的主题和形式，以适应不同用户的兴趣和需求。短视频平台凭借其低成本的内容生产和发布机制，吸引了大量的内容创作者参与，形成了涵盖生活、娱乐、教育、科技等多个领域的内容生态。这种生态为用户提供了丰富多样的选择，也促进了短视频的不断创新和发展。

（二）短视频文化传播的发展

1.平台的角色

短视频传播的迅猛发展，归功于平台的两大关键作用：算法推荐机制的优化及创作者生态的建设。这两方面相辅相成，共同推动了短视频内容的个性化推送和用户黏性的提升，促进了内容生产的多元化和质量的提高。

算法推荐机制是短视频平台最为核心的技术之一，通过精准分析用户的浏览历史、喜好、互动行为等数据，实现内容的个性化推送。这种机制能够有效满足用户的个性化需求，提高用户体验，还能增强用户黏性，促使用户在平台上停留时间更长。随着算法技术的不断进步，短视频平台能够更加精准地预测用户的偏好，向用户推荐更符合其兴趣的内容，从而形成了一个高效的内容消费循环。这种推荐机制的实现，依赖于算法技术的持续优化，同时还需要平台不断收集和分析大量用户数据，以确保推荐系统的有效性和准确性。在创作者生态的构建方面，短视频平台通过提供丰富的工具、平台支持和激励机制，鼓励内容创作者生产多样化和高质量的视频内容。这种生态建设不仅为创作者提供了展示才华和创意的舞台，还通过激励措施如流量扶持、收益分享等，激发了创作者的创作热情和持续投入。随着越来越多的优秀创作者加入，短视频内容呈现出多元化的趋势，覆盖了教育、生活、娱乐等多个领域，满足了不同用户群体的需求。这种丰富的内容生态增强了平台的吸引力，也进一步提升了用户黏性，形成了良性的内容生产和消费循环。

算法推荐机制与创作者生态的建设相互依存，共同构成了短视频平台成功的核心。一方面，算法推荐机制为用户提供了个性化的内容体验，增强了用户黏性；另一方面，健康活跃的创作者生态保证了内容的多样性和质量，为算法推荐提供了充足的高质量内容资源。这种相辅相成的关系，促进了短视频平台的快速发展，也推动了整个数字内容产业的创新和进步。因此，短视频平台通过优化算法推荐机制和建设健康的创作者生态，实现了内容的个性化推送和用户黏性的提升，同时促进了内容多元化生产和高质量输出。这种模式的成功，为平台带来了巨大的用户基础和市场份额，也为数字文化传播领域提供了新的发展方向和可能性。

2.内容创新与多元化

短视频传播的快速发展，特别是在内容创新与多元化方面，标志着数字媒体时代一个重要的转折点。用户生成内容（UGC）的兴起，彰显了创意短视频在吸引广大观众方面的独特魅力，也预示着传统媒介与网络媒体交流方式的根本性变革。

在UGC的浪潮中，普通用户成为内容的创造者，通过自身的经验、知识以及创意表达，生产出大量的短视频内容。这类内容因其贴近真实生活、充满创意和个性化特点，深受观众喜爱。创意短视频的形式多样，从生活日常到专业技能分享，从幽默搞笑到深刻反思，内容的广泛性和多样性有效地满足了不同观众群体的需求和偏好。此外，短视频平台提供的工具和功能，如编辑软件、特效、音乐库等，进一步降低了创作门槛，激发了用户创作热情，促进了 UGC 内容的激增。随着短视频内容创新的不断推进，垂直领域的深耕成为另一重要趋势。在教育、美食、旅行等领域，内容创作者不断探索和创新，以专业化、深入化的内容满足特定受众群体的需求。例如，在教育领域，短视频以其直观和易于消化的特点，成为传递知识和学习技能的有效工具。美食领域的创作者通过展示烹饪过程、分享美食文化，吸引了大量美食爱好者的关注。旅行短视频则通过展现各地风光、文化和旅行攻略，激发了观众的旅行兴趣和文化好奇心。垂直领域的深耕丰富了短视频内容的类型和拓展了其深度，也对相关行业产生了重要影响。教育短视频的普及，为学习者提供了灵活多样的学习方式，促进了教育资源的均衡分配和知识的普及。美食短视频的流行，推动了餐饮文化的交流和美食旅游的发展。旅行短视频的兴起，则促进了旅游目的地的宣传和旅游产业的繁荣。

3. 社会文化影响

短视频作为数字时代下的一种新兴传播形式，以其快速、直观、易于消费的特性，在社会文化领域产生了深远的影响。短视频传播的快速发展不仅改变了人们获取信息和娱乐的方式，也为文化的传播开辟了新的路径，同时也带来了公共议题关注度的提高和新媒介素养的挑战。

短视频作为文化元素传播的新渠道，极大地促进了地方文化和传统文化的传播与复兴。通过短视频平台，地方文化的独特魅力和传统文化的深厚底蕴得以在短时间内广泛传播，触达更多受众。这种形式的传播不仅增加了文化的可见度，还激发了公众对本土文化的认同感和兴趣，有力地推动了文化遗产的保护和复兴工作。短视频通过展现地方风土人情、传统艺术和手工技艺，成为连接过去与未来的桥梁，使这些文化元素在全球化的背景下重新焕发了生命力。在公共议题的放大方面，短视频平台展现出了巨大的潜力。通过短视频，社会问题和公共议题能够以更加直接和生动的方式呈现给公众，从而快速引发广泛关注和讨论。这种形式的传播提高了公众对重要社会问题的认识，也促进了社会责任感和参与意识的提升。短视频通过简短而精练的内容，能够有效地触达不同背景和年龄段的受众，使更多的人能够参与公共议题的讨论，共同寻求解决方案。然而，短视频传播在快速发展的同时也带来了新媒介素养的挑战。信息真实性的辨识成为用户面临的一大挑战。在短视频的海量信息中，不实信息和虚假内容的存在可能会误导受众，影响公众对事件的正确理解。因此，提升受众的信息辨识能力，培养批判性思维成为当务之急。此外，隐私保护意识的强化也是不可忽视的问题。短视频平台上的个人信息泄露和隐私侵犯事件时有发生，这要求用户在享受短视频带来的便利和乐趣的同时，也要提高自我保护意识，确保个人隐私安全。

二、新媒体环境下短视频文化传播的特点

（一）传播主体：创作门槛低，人人可参与

短视频的兴起，标志着视频制作领域发生了根本性的变革。在传统视频制作过程中，高昂的成本、复杂的技术要求和漫长的制作周期，往往使得视频内容的创作和分享成为专业制作团队的专利。然而，随着智能手机的普及和新媒体技术的发展，短视频作为一种新型的内容形态，极大地降低了视频制作的门槛和要求，每一个普通个体都有可能成为短视频内容的创造者。

短视频的制作特点在于其简便性和即时性。借助于智能手机，创作

者可以在任何时间、任何地点捕捉生活瞬间，通过简单的操作即可完成拍摄、编辑和分享。这种制作过程不仅省时省力，更重要的是，它赋予了个体更大的自由度和创造空间，使得视频内容更加多样化、个性化。此外，在这个平台上，每个人都有机会展示自己的才华和视角，无论是美食、旅行还是日常生活，都可以成为分享的对象。像滇西小哥这样的美食网红，便是利用简单的设备，在自然环境中创作出具有独特魅力的视频内容，吸引了大量的关注和追随。短视频的迅速崛起，改变了人们的娱乐消费习惯。更重要的是，它推动了文化的交流和传播。通过这一平台，不同地域、不同文化背景的人们可以轻松分享和接触到彼此的生活方式和思想观念，加深了对多元文化的认识和理解。

短视频的兴起，标志着从传统主流媒体向全民参与的传播模式的转变，每个人都有机会成为文化的创造者和传播者。短视频的普及让文化传播的门槛大幅降低。过去，文化传播主要依赖于专业的媒体机构，现在借助于智能手机和短视频平台，普通人也可以轻松创作和分享自己的文化内容。这种开放性不仅促进了文化表达的多样性，也使得边缘文化和少数群体有了更多展示自己声音的机会。个人创造者的视频内容，因其贴近日常生活，更加接地气，往往能够更直接地触动受众的心灵，引发共鸣。同时，短视频的火爆也为文化传播开辟了新的途径。在全球化的背景下，短视频成为一种有效的工具，帮助不同文化背景的人们相互认识和理解，促进全球文化的交流与融合。通过短视频，官方主流媒体和自媒体博主都能在国际社交平台上展示本国文化，分享本土故事。这种形式的文化传播具有前所未有的直接性和广泛性。中国互联网企业在短视频领域的积极布局，反映了对国际市场巨大吸引力的认识和对全民化文化传播趋势的响应。通过开辟短视频平台的发展途径，为中国文化"走出去"提供了新渠道，也为全球用户了解中国提供了便捷的途径。这种传播策略，强化了中国特色文化的全球传播，也促使文化交流的深入进行。此外，短视频平台的策略性内容安排和议程设置，显示了传播主体对于文化传播的主动性和策略性。通过精心设计的内容和有针对性的推广，可以有效地引导文化交流的方向，增强文化软实力的传播效果。

（二）传播形式：篇幅短小，以小见大

1.篇幅短小，内容精练

在数字化媒体的发展进程中，短视频凭借其篇幅短小、内容精练的特性，成为信息传播和文化交流的重要载体。与传统媒体相比，短视频在传递信息的效率和形式上呈现出独特的优势，这些优势适应了现代人快节奏的生活方式，也符合移动互联网时代用户碎片化时间的消费习惯。

短视频的篇幅通常较短，常见的在一分钟以内，在保证信息传达速度和效率的同时，能够快速吸引受众的注意力。这种短小精悍的传播方式，对于受众而言，既节省了寻找和接收信息的时间，又能够在短时间内获取到丰富多样的内容。因此，短视频成为现代人获取信息和娱乐服务的首选媒介之一。短视频的创作和发布过程极具灵活性和即时性。借助移动端设备，创作者可以随时拍摄并编辑视频，然后快速上传至各大社交平台，如抖音、快手和秒拍等。这种随时拍摄、随时分享的特性，大大降低了内容创作的门槛，使得更多普通用户也能成为内容的创造者。由此，短视频平台汇聚了来自不同背景、具有不同兴趣和专长的创作者，形成了一个多元化、活跃的文化传播生态。

2.以小见大，从点到面

短视频作为一种新兴的传播形式，在全球范围内迅速获得了广泛的关注和应用。特别是在文化传播领域，其以独特的优势成为重要的传播媒介。短视频之所以能在文化传播中发挥重要作用，首要得益于其即时性和高度的信息浓缩能力。这种形式能够迅速吸引观众的注意力，并在

极短的时间内传达丰富的文化信息。例如，中国国际电视台（CGTN）和人民日报等官方媒体在社交媒体平台上发布的短视频，通过精心制作和策划，使得报道信息量大，而且形式新颖，更易于被国际受众接受和理解。短视频在传播中国文化方面展现出了独特的优势。通过以小见大的手法，聚焦某一文化元素，如《中国茶时间》视频所展示的中国茶文化，从细节入手逐渐展开，有效地将中国的传统文化与全球观众连接起来。

《中国茶时间》视频节目通过精心挑选的小切口选题，巧妙地展现了中德两国文化的差异与交流，实现了从具体细节到整体文化的深入解读，体现了以小见大、从点到面的传播策略在文化交流中的独特效果。例如，节目通过对比分析中德女性妆容的变迁，揭示了背后深刻的文化意义和社会变迁，反映了不同时期不同文化背景下的女性地位和审美观念的演变。这种方法让观众在视觉上感受到中德文化的差异，而且引发了对两国文化背后的价值观和历史演变的深入思考。通过食物这一切入点，节目展示了中德在饮食习惯、食物制作工艺方面的差异，同时也体现了食物作为一种文化载体，承载着丰富的文化意义和民族特色。节目的成功在于它不仅仅停留在文化元素的表面展示，而是深入挖掘每一个细节背后的文化内涵和历史脉络，通过具体生活场景中的文化表达，让观众能够感受到文化的生活化和日常化，从而更加容易接受和理解不同的文化观念。这种以小见大的传播特性，有效地突破了文化交流中的障碍，增强了信息的可接受性和传播的有效性。更重要的是，《中国茶时间》的传播策略加强了中德两国人民之间的文化互鉴和情感联系。通过节目，德国民众能够从新的角度认识中国，了解当代中国的多样性和动态变化，改变了他们对中国的传统印象。同时，节目也为中国观众提供了一个了解德国文化和社会的窗口，促进了两国民众对彼此文化的尊重和欣赏。

（三）传播效果：用户黏性高，易有共鸣

1.用户黏度高，社交属性强

短视频的及时性和互动性超越了传统的图片和文字媒介，成为融入人们日常生活和娱乐的重要组成部分。短视频平台通过算法推荐系统，能够将内容精准地推送给目标受众。这种基于用户行为和偏好的个性化推荐，提高了短视频的观看率，也加深了用户对平台的依赖，形成了高用户黏度。通过标签分类和推荐算法，短视频平台能够有效地将文化内容分发给感兴趣的受众，从而促进文化信息的快速传播。

在短视频的文化传播过程中，观众不再是被动的接收者，而是积极的参与者和互动者。短视频平台上的点赞、评论和转发功能，是用户对内容喜好的直接表达，也是观众与创作者之间互动交流的桥梁。这种互动性增强了短视频在文化传播中的活跃度，使得观众能够直接参与文化交流的过程，形成了一种双向的文化传播模式。点赞功能代表了观众对短视频内容的认可和支持，这种直接的反馈机制对创作者而言是一种鼓励，也是对创作方向的指引。评论功能则促进了观众与创作者之间的深入交流。通过评论，观众可以分享自己的看法和感受，创作者也可以从中获取反馈，调整后续创作的方向。转发功能的设置，让短视频的传播不再局限于单一平台，而是可以跨平台传播，扩大了文化内容的影响范围。短视频的社交属性在文化传播中发挥了重要作用。通过有效的互动机制，短视频促进了文化内容的传播，也增强了文化交流的互动性和参与性。在这种模式下，文化内容的创作者和接收者之间形成了更加紧密的联系，共同参与文化创造和传播的过程。这种参与性和互动性的提高，使得文化传播更加生动和有效，有助于文化的多样性发展和文化价值的共享。

2.情感唤醒，引起共鸣

短视频作为新兴的传播形式，以其综合运用文字、画面和音乐等多种表达手段，显著增强了视听效果，为观众提供了沉浸式的体验。此种媒介形态通过营造身临其境的场景，有效地引起观众的情感共鸣，成为文化传播中的重要工具。在文化传播的过程中，短视频能够迅速引发观众的情感反应，促进文化信息的传递与接受。通过情感的触动，短视频跨越了语言和文化的界限，使得不同文化背景的观众能够在情感层面建立连接。这种情感唤醒和共鸣的力量，使得短视频成为一种有效的文化传播手段，能够在短时间内广泛传播，触及更多人的心灵。相比之下，传统的文化传播方式往往采取较为正式且生硬的表达形式，这种方式可能难以激发受众的情感共鸣，甚至可能引起观众的排斥。短视频通过情感的桥梁，打破了这一局限，让文化传播更加生动和接地气，更易于被广泛的受众接受和理解。短视频在传播过程中的情感唤醒不局限于娱乐和感动，它还能够携带深层的文化意义和价值观，促使观众在产生共鸣的同时，对不同的文化背景进行思考和认知。这种方式为文化理解和文化多样性的传播提供了新的视角和途径。

以《十三五之歌》短视频为例，其成功不仅在于创意内容的设计，更在于其能够通过娱乐和创意性的手段，让政府工作规划以轻松愉快的方式传达给公众，实现了情感唤醒的目的。短视频巧妙地将政府规划和娱乐元素结合起来，打破了传统政策宣传的沉闷与单一，引入了国际视角和多元文化的表达方式，使得信息传播跨越文化和地域界限。让外国人作为视频的主角，从一个非本土的视角审视并解读"十三五"规划，拓宽了信息的受众范围，也增加了内容的可观性和互动性。通过多次重复"十三五"几个字，视频有效地在受众心中留下深刻印象，实现了高效的记忆效果。在新媒体背景下，信息传播的速度和效率得到了显著提升，短视频作为一种新兴的传播媒介，以其独特的传播效果和广泛的覆盖面，成为文化传播中不可忽视的力量。通过情感的唤醒和共鸣的引发，短视频能够有效地促进政策理解和文化交流，增强信息的吸引力和影响力。

（四）传播内容：内容多元，娱乐性强

移动短视频平台的低门槛使得广泛的用户群体能够轻松成为内容创造者，从而推动了丰富多样的文化内容的生成。在短视频平台上，从美食到美景，从科普到美妆，再到搞笑视频和宠物分享，形成了一个全方位覆盖各种兴趣爱好的文化生态系统。这种多元化内容满足了不同受众的需求，也为文化的传播提供了广阔的平台。在这样的平台上，内容的多样性保证了各种文化形态和表达方式能够得到展示，促进了文化的交流与融合。每个人都有机会发现和探索自己未曾接触过的文化领域，加深了人们对不同文化的理解和认识，也促进了文化多样性的保护和发展。同时，娱乐性强的内容更易于吸引受众的注意力和兴趣，这种趣味性是短视频平台成功的关键因素之一，以短视频节目《陈翔六点半》为例，该节目通过灵活多变的场景设置和控制在一到七分钟的固定时长，精心打造家庭幽默风格的小情节短剧。其内容不拘泥于固定演员和角色，展现了浓厚的网络文化特色，通过一到两个紧凑的情节让观众在最短的时间内通过方便的移动互联网平台达到解压和放松的目的，并给其带来快乐的体验。创意且有趣的视频能够迅速在受众中传播，形成文化现象，进而影响和改变人们的文化态度和价值观。通过轻松愉悦的形式，文化信息得以更广泛的传播，同时也增强了文化的吸引力，使更多的人愿意主动参与文化交流和传播。短视频平台上内容的多元化和娱乐性的结合，也反映了当代社会文化传播的趋势和特点。在数字化和全球化的背景下，文化传播的方式和路径正在发生深刻变化。短视频平台作为一个重要的文化传播媒介，也成为促进文化创新和文化多样性发展的重要力量。

三、新媒体环境下短视频文化传播的意义

(一)促进文化交流和融合

通过内容的多样化展示,短视频跨越地理界限,促进了全球文化的相互理解与欣赏,还为传统文化的传承与创新提供了新的可能。短视频平台的兴起,使得文化传播的形式更为生动、直观,极大地提高了信息的接受度和传播效率。这种文化的展示让世界见识到中国传统文化的独特魅力,也激发了外国观众对中国文化深入了解和学习的兴趣,促进了文化的交流和融合。此外,通过短视频传播的文化内容不限于传统艺术形式,还包括了现代文化元素和创新技艺的展示。手工艺人魏生国利用糖画技艺,将《复仇者联盟》中的漫威英雄形象生动地展现出来。这种将中国传统工艺与世界流行文化相结合的创新方式,在海外受众中引发了极大的兴趣,也成为文化融合的典范。通过这种方式,人们既了解到了中国的糖画艺术,还通过这一共同的兴趣点,加深了对中国传统文化的理解和认同。在全球化的背景下,短视频作为文化交流和融合的桥梁,突破了地域和语言的限制,让不同文化背景下的人们能够相互了解和欣赏彼此的文化,还促进了全球文化的多样性发展。通过短视频这一平台,可以有效避免文化的闭塞和单一化,促进文化的开放性和多元性,进而推动社会的进步和发展。

(二)构建良好国家形象

2022 年,《人民日报》发布的抖音短视频——"中国跨度!'我们这十年'主题宣传片",该短视频通过展现中国在科技、经济、基础建设等方面取得的重大成就,如"风云"气象卫星、"北斗"导航工程的成功发射、"蛟龙号"载人潜水器的深海探索、港珠澳大桥的建成通车以及"复兴号"高速列车的广泛运营,生动地描绘了中国发展的壮丽

画卷，展示了中国的综合国力和自主创新能力，更向世界传递了中华民族勇于创造一流成就的坚定志气。这个案例体现了短视频传播的直接性和生动性，还凸显了短视频在文化交流中的独特优势。短视频能够迅速捕捉并传达信息，使得观众能够直观地感受到中国技术的进步和国家实力的提升。短视频的生动形式和快速传播特性，为传递中国文化和形象提供了新的路径。它展示了中国的技术成就，还能够传播中国的历史文化、自然风光和社会发展等多方面的内容。这种多维度的展示有助于世界更全面、更真实地了解中国，从而有效提升中国在国际社会中的地位和形象。短视频的传播具有极强的覆盖广度和渗透力，能够触及全球各地的受众。这意味着，通过短视频，中国的声音能够更广泛地传播到世界各个角落。特别是随着中国互联网企业的积极"出海"，为短视频内容在海外的传播提供了更多平台和机会，这无疑加强了中国在全球文化传播中的影响力。短视频在构建国家形象中的作用，还体现在其能够促进国际对中国文化的认知和理解。通过短视频分享中国的故事和成就，可以有效减少文化偏见，增进国际的文化尊重和理解。这种正面的国家形象构建，提升了中国的国际形象，也为中国在全球舞台上的文化交流和国际合作铺平了道路。

（三）娱乐大众

短视频以其快速、直观和易于消费的特点，迅速融入人们的日常生活之中，成为新时代信息传播的重要媒介。这种格式的内容丰富了大众的娱乐生活，也促进了文化的多样性和创新。

短视频通过轻松幽默或深刻感人的内容，满足了人们在快节奏生活中对快速消遣的需求。它让用户在碎片化的时间里就能够获得放松和愉悦，有效减轻生活和工作的压力。这种形式的媒体通过短小精悍的内容传递，让信息的获取变得更为便捷，同时也更容易被大众所接受和传播。随着技术的进步和创新，短视频平台为创作者提供了展示才华的舞台，激发了他们的创作热情，促进了文化内容的多元化。这些内容包括传统文化的现代演绎，还有融合了当代流行元素的创新作品，丰富了文化传播的形式和内涵，增强了文化的活力和吸引力。以抖音博主"张同学"为例，其作品虽然缺乏传统意义上的美景和特效，甚至没有使用当下流行的背景音乐，但他以东北农村的独特场景为背景，展现了乡村文化的魅力，成功吸引了大量网友的关注并获得好评。张同学的视频，通过简单却充满生活气息的方式，让观众感受到乡村文化的独特美，实现了文化传播的新途径，同时也让更多人开始关注和了解到乡村文化的价值。更重要的是，短视频作为一种新兴的文化传播方式，打破了地域、语言和文化的界限，促进了全球文化的交流和融合。通过短视频，不同文化背景下的人们可以相互了解和欣赏彼此的文化特色，加深了不同文化之间的理解和尊重，推动了全球文化多样性的发展。

第二节　新媒体环境下短视频文化传播优秀案例

一、新媒体环境下短视频文化传播近况

（一）UGC 与 PGC 同发力

新媒体环境下，短视频作为一种重要的文化传播形式迅速崛起，其便捷、直观的特性使之成为跨文化交流的有力工具。在这一背景下，用户生成内容（UGC）与专业生成内容（PGC）并驾齐驱，共同推动了短视频文化传播的发展。国内外社交平台上的中国主题短视频成为连接全球受众与中国文化的桥梁，其中不乏官方主流媒体与自媒体人的积极参与。

官方主流媒体，作为国家文化传播的重要力量，利用其专业化团

队和丰富的媒体资源，致力于在海外社交平台上发布高质量的中国主题短视频。这些视频旨在宣传政府工作、传播中国的优秀文化，以及展现中国的多样性和发展成就。例如，中国国际电视台（CGTN）的成立，标志着我国在构建具有国际影响力的外宣媒体方面迈出了坚实的步伐。CGTN通过在社交平台上每日发布多个短视频，有效拓宽了中国文化传播的渠道，增强了国际社会对中国的认知和理解。同样，新华社组建的超过百人的团队，专门负责海外社交媒体账号的运营，进一步证明了官媒在新媒体环境下文化传播的专业性和系统性。地方媒体在这一领域同样展现出了不凡的实力和创意。在 UGC 方面，自媒体人利用个人视角和创意，制作并分享反映中国元素的短视频内容。这些内容更加贴近日常生活，展现了中国文化的多样性和生活的真实面貌。自媒体人的参与，增加了内容的亲和力，使得短视频文化传播更加丰富多元和接地气，利于削弱文化差异，促进国际的文化理解和认同。官媒和自媒体的共同努力，推动了中国主题短视频在全球范围内的传播，有助于国际社会全面、立体地了解中国，也为文化交流搭建了新的桥梁。新媒体环境下短视频的文化传播，展现了文化自信和开放的姿态，加深了全球受众对中国文化的认识和好感，促进了文化的交流与融合。

国内外众多个人自媒体，如乡村"守艺人"彭南科、江寻千（九月）、董宇辉等，通过高质量的视频内容获得了巨大的播放量和关注度，展示了个人自媒体在国际短视频平台上的影响力。这些个人自媒体团队通过精致的内容制作，满足了全球受众对中国传统文化、美食美景的好奇和向往，有效地推动了中国文化的传播。与此同时，传统的主流媒体如 BBC、CNN 等也通过短视频平台参与文化传播，但其传播效果与个人自媒体相比存在差异。主流媒体在文化传播中往往带有一定的政治倾向，而具备政治色彩的内容在国际平台上难以激发广泛的关注和讨论。相比之下，个人自媒体以其轻松、生动的形式，尤其是在美食和自然美景方面的内容，更容易引起受众的兴趣和好感，从而实现了更广泛的文化传播效果。个人自媒体的崛起还体现了新媒体环境下文化传播的民主化趋势。这些自媒体团队通过自主创作和分享，推动了中国传统文化的国际传播，也为全球文化交流提供了新的平台和途径。他们的成功案例证明，通过新媒体平台，即便是个体也能够成为文化传播的重要力量，为全球受众带来深刻的文化体验和认知。

（二）平台竞相"出海"

在新媒体环境下，短视频已成为文化传播的重要途径，其快速、直观、易消费的特性受到全球用户的广泛欢迎。中国互联网企业凭借着短视频平台的成功，实施了全球化战略，旨在通过"出海"行动，在国际短视频市场占据一席之地，进而促进文化的交流与传播。

西方主流媒体长期以来对新闻传播渠道的控制，促使非西方国家寻求新的传播路径。社交媒体的兴起提供了相关路径，中国的短视频平台便是在这一背景下，开始探索国际市场，以突破西方媒体的垄断局面。例如，快手的海外版 Kwai、字节跳动的 Hypstar、欢聚时代的 Likee 以及阿里集团投资的 VMate 等，都显示了中国企业在国际短视频市场的积极布局。这些平台传播了具有中国特色的内容，也为全球用户提供了展示和分享本地文化的平台，促进了多元文化的交流与理解。中国短视频平台的国际化是技术和市场战略的扩展，更是文化传播的新形态。通过这些平台，不同国家和地区的用户可以轻松分享和接触到各种文化内容，实现了文化的相互认知和价值的互相尊重。短视频作为一种新兴的传播形式，其在全球范围内的流行与接受，展现了新媒体环境下文化传播的新趋势和新机遇。

（三）政府重视程度加深

短视频平台不但为普通用户提供传播文化的新途径，同时也成为政府展示文化软实力和提升国家形象的新平台。以 2018 年抖音与西安市政府合作为例，这一跨界合作模式标志着政府对短视频文化传播潜力的认可与利用，开创了短视频在国家文化战略中的应用新篇章。此次合作，通过抖音的产品矩阵在全球范围内宣传西安的旅游文化资源，除了在国内抖音平台上推广，更通过其海外平台展开了系列活动，推广西安的美食与美景。这些活动提升了西安在全球的知名度，也促进了国内外民众对中国文化的了解与兴趣。这种政府与新媒体平台的合作模式，展现了短视频文化传播的独特优势，即快速、广泛、互动性强，能够有效地触及国际受众，推广中国文化。政府部门与短视频平台的深度合作，反映了国家在全球文化传播战略中的新思路。短视频作为新兴的传播工具，以其独特的形式和广泛的用户基础，成为文化传播的新阵地。政府通过这种方式，能够更有效地传播中国文化，增强国家文化软实力，提升国家形象。

二、新媒体环境下短视频文化传播实证分析

（一）传播文化的本土个人自媒体

1.借助短视频讲好中国故事的"滇西小哥"

董梅华，即网络上广为人知的"滇西小哥"，以其独树一帜的视频创作，成为当代文化传播的一个鲜活例证。她的作品记录了云南的自然景观和地域文化，还展示了当地丰富的风土人情，成为文化传播中的一个重要节点。通过她的镜头，观众能够跨越地理界限，感受到云南乡村的真实美景与生活方式。董梅华于2016年涉足短视频领域，仅一年后便与MCN机构papitube签约，正式踏上了职业视频博主的道路。她的视频作品因内容丰富、风格独特而获得广泛关注，尤其是在海外平台上，她的作品受到众多国际观众的喜爱和赞誉。这种跨文化的传播效应，提升了"滇西小哥"个人品牌的国际影响力，也促进了云南乃至中

国文化在全球范围内的传播。她的成功不仅体现在获得"微博 2019 年度视频红人"和"十大影响力美食大 V"、第四届"中国青年好网民"优秀故事等荣誉上，更重要的是，董梅华通过其视频作品，有效地促进了文化的交流与理解。她在视频中淳朴的形象和开朗的性格，使作品成为一种视觉上的享受和文化沟通上的桥梁。通过展示云南的自然美景和地方特色，她的视频搭建了一个文化交流的平台，让世界各地的观众都能感受到云南文化的独特魅力。此外，作为保山市旅游和宣传大使，董梅华的作品还承担了推广本地旅游的职责。她的视频吸引了海内外游客对云南的兴趣和好奇，也为当地旅游业景区的发展注入了新的活力。这种以个人影响力促进地区文化和旅游发展的案例，展现了新媒体时代下个体在文化传播中的强大力量。

"滇西小哥"的短视频由于其独特的跨文化传播特性而广受欢迎。其火爆的原因可以从以下几个方面进行分析①：

（1）场景选取与多镜头运用的巧妙结合。滇西小哥短视频之所以能在全球范围内火爆，根本在于其深刻理解了当代社会人群心理需求与文化传播的新趋势，巧妙地结合了场景选取与多镜头运用，创造出一种独特的文化传播现象。在现代社会，人们的生活节奏日益加快，许多人开始对自身所处的快速社会生活感到厌倦，他们渴望寻找一片能够带来心灵慰藉的净土，开启或体验慢生活。"滇西小哥"正是捕捉到这一心理需求，通过其视频传递了一种远离喧嚣、回归自然的生活理念。

"滇西小哥"的视频通过精心的场景选取与多镜头运用，展现了云南的自然风光和乡野美食，视觉上给人以美的享受，更在情感层面与观众产生了共鸣。视频中的远景展示了壮阔的自然风光，中景和特写则更多地聚焦于日常生活的细节，如家庭团聚、美食的制作过程等，这种

---

① 姚皓东 . 跨文化传播中短视频讲好中国故事的策略与启示：以"滇西小哥"为例 [J]. 传媒论坛，2024（3）：84-88.

从宏观到微观的拍摄手法，使得视频内容既有广阔的背景，又不失温馨的氛围，有效地传达了一种质朴且富有情感的生活方式。此外，视频中的乡音、炊烟，以及和家人围坐一起的场景，展示了中国乡村的独特风情，也激发了观众对于家的记忆和向往，进而引发了对于传统文化和生活方式的思考。这种通过具体生活场景和日常习惯来传递文化价值的方式，是"滇西小哥"视频吸引全球观众的重要原因。

（2）视听符号对深层次文化的创造性转化。在新媒体时代，短视频作为一种新兴的传播形式，以其生动的视听语言和广泛的传播渠道，打破了文化传播的传统壁垒，使不同文化背景的观众能够直观地理解和欣赏不同的文化内容。根据许嘉璐的文化层次理论，文化分为表层文化、中层文化和底层文化[1]。在"滇西小哥"的短视频中，通过将中国传统文化、习俗和思想等中、底层文化内涵，创造性地转化为易于理解的表层文化符号，有效地将中国的传统文化以及其背后的哲理智慧和民族美德传达给了全球观众。这种转化让海外观众能够跨越语言和文化的障碍，感受到中国传统文化的魅力，促进了对中国中层乃至底层文化的深入了解，提高了对中国文化的兴趣。短视频中的视听符号，如云南乡村的自然风光、传统的生活方式、特色的美食制作过程等，展现了表层文化的丰富多样，更是中华民族传统美德和哲理智慧的生动体现。例如，视频中展现的孝老敬亲、勤俭节约等价值观，是中层文化的体现，也深深植根于底层文化的伦理观念和审美意识之中。通过"滇西小哥"的短视频，观众能够感受到视觉和听觉上的享受，更能够深入理解中国文化的多层次内涵。这种创造性的文化转化和传播，加深了国际社会对中国传统文化的认识和理解，也促进了文化的国际交流和对话。

（3）东方艺术美学叙事技巧的运用。视频通过展现云南地区特有的文化风貌，利用自然真实的画面和东方文化独有的"山水田园"艺术意

---

① 许嘉璐.中华文化的前途和使命[M].北京：中华书局，2017：209-210.

境，成功地吸引了大量观众的目光。在视频中，"滇西小哥"身着少数民族传统服饰，展示了地域文化的独特性，也彰显了东方艺术美学中对和谐与自然美的追求。通过将传统文化与现代传播手段结合，视频有效地向世界传达了中国传统文化的魅力和价值。背景音乐的选取与现场环境声音的自然融合，如田间的犬吠声、农人的吆喝和嬉笑声、水流声和烧柴声等，共同构建了一个充满东方美学特色的自然和谐空间。这样的声音配置，增强了视频的真实感，也使观众能够在视觉享受的同时，通过听觉感受到东方文化的独特韵味，从而达到身心放松的效果。在视觉表现上，视频剪辑的技巧也体现了对东方艺术美学的深入理解。通过选择偏暖色调的画面，让视频显得温馨自然，同时还营造出了一种淡雅和谐而又富有人间烟火气的意境。这种意境的营造，使得视频不仅仅是一种视觉上的享受，更是一种情感上的共鸣，能够触动人心。视频中新意十足的原创内容，结合巧妙的画面构图与色彩搭配，进一步强化了东方艺术美学的表现力。这种独到的叙事技巧和艺术表现形式，让观众在欣赏传统文化的同时，能够更容易地接受并沉醉于其中。

（4）从宏大叙事到以人为本的视角转换。在当前的文化传播领域，观众对于内容的偏好趋向于微观化、日常化和个人化。"滇西小哥"等"三农"博主的爆火正是这一趋势的生动体现。通过将镜头聚焦于平凡的个体和日常生活，这些博主成功地了解了观众的兴趣，展现了与众不同的文化传播路径。传统的文化传播往往侧重于宏观叙事，以国家、民族和文化的整体形象为核心，强调壮丽的历史、辉煌的成就或者是特有的文化符号。然而，这种宏观的叙事方式虽然能够展现一国的文化魅力，却往往忽略了个体的生活经验和日常实践，这与现代观众逐渐倾向于寻求更为真实、接地气的文化体验的需求存在偏差。"滇西小哥"的视频内容以田园生活为背景，通过记录日常的农耕、烹饪和家庭互动等细节，呈现了一种质朴而真实的生活方式。这种以人为本的叙事视角，拉近了观众与内容的距离，使观众能够在轻松愉悦的观看过程中感受到生活的美好，同时也构建了一个超越文化界限的共鸣空间，让不同文化背景的观众能够在共享的情感体验中找到共通之处。此外，"滇西小哥"的国际影响力还体现了个体和日常生活叙事在全球化背景下的重要价值。通过展示中国普通民众的生活场景，增加了国际观众对中国日常文化的了解，也促进了文化的交流和理解，为国际观众提供了一个全新的视角来认识和品味中国。

（5）MCN机构的专业化运营与技术支持。通过与MCN机构的合作，"滇西小哥"的短视频制作团队能力得到了显著加强，从创意构思到脚本撰写，再到视频拍摄、剪辑和发布，每一个环节都有专业人士参与把关。这种全方位的专业支持，确保了视频内容质量上乘，更符合短视频传播的内在规律，有效提升了作品的观看率和用户黏性。除了内容制作的专业化之外，MCN机构还承担了"滇西小哥"账号的商业运营责任。通过对市场的精准分析和运营策略的科学制定，MCN机构帮助"滇西小哥"实现了流量的有效变现，确保了创作活动的可持续性。此外，利用机构在海外市场的运营经验和大数据分析能力，MCN机构还为"滇西小哥"量身定制了海外推广计划。通过深入研究海外平台的推荐算法和用户偏好，精准定位目标受众，有效拓宽了"滇西小哥"内容的国际传播渠道，促进了中国文化故事的全球传播。

2.短剧《逃出大英博物馆》

短剧《逃出大英博物馆》由煎饼果仔与夏天妹妹联合制作，展现了中华缠枝纹薄胎玉壶化身人形后的逃亡历程。该作品深刻地揭示了文化自信与民族情怀的主题，通过拟人化手法和穿越时空的叙事结构，展现了中华文物的生命力与情感深度，同时也反映了对中华文化遗产保护与传承的深切关注。作品中，玉壶的化人形设定赋予了文物以生命，更加强了观众与文物之间情感的联结。这种创新的表现手法，使传统文化与现代受众之间建立起了新的沟通桥梁，有效地增强了文化的传播力和影响力。《逃出大英博物馆》利用穿越时空的叙事方式，巧妙地结合了《国家宝藏》和《如果国宝会说话》等节目的经典元素，使得短剧在讲述故事的同时，也传递了对历史与文化的尊重与珍视。短剧的取景地跨越英国与中国。通过这种跨文化的视角，展示了中华文化的独特魅力和广泛影响，强调了文化间的交流与融合。中英文的双语对白设计，展现了文化的多元性，也体现了对文化差异的尊重和理解，进一步强调了文明间交流互鉴的重要性。

（1）根植传统文化的宏观语境。2017年1月25日，中共中央办公厅、国务院办公厅印发的《关于实施中华优秀传统文化传承发展工程的意见》，标志着中华优秀传统文化的传承发展进入了一个新的阶段。在这一宏大背景下，我国媒体发挥了不可或缺的作用，通过一系列文物类历史文化节目如《国家宝藏》《国宝档案》《我在故宫修文物》《如果国宝会说话》等，为广大民众提供了了解和学习中华优秀传统文化的窗口，使得文化传播更为广泛和深入。这些节目通过挖掘和讲述文物背后的历史故事，为观众展现了文物的艺术价值和历史意义，更重要的是通过文物讲述了中华文明的起源和发展，让中华优秀传统文化的精神内涵得以传承和发扬。通过媒体的传播，使得每一件国宝文物都成为有生命的历史见证者，同时让人们能够在视觉上欣赏到文物的美，可以更深入地理解到每一件文物背后蕴含的深厚文化和历史。诗人余光中的诗歌《白玉苦瓜》以其独特的艺术手法，将我国台湾省博物院的白玉苦瓜作为诗歌的意象，借物抒情，通过拟人化手法，将一件普通的文物提升为承载民族历史和文化记忆的象征，深刻表达了对中华民族历史的尊重和对民族文化的热爱。这种以文物为载体的文化创作，丰富了中华优秀传统文化的表现形式，也为传统文化的传播和发展提供了新的思路和方法。

《逃出大英博物馆》这部作品深刻地触及了中华文物回归的主题，

通过"一个12岁女孩"渴望归家的叙事架构，巧妙地将文物归还问题引入公众视野。在这一叙事中，宏观语境为观众提供了一个理解和感知文物意义的认知框架，其中文物是历史的见证，也是文化认同和民族情感的承载。该作品之所以能够在海内外华人中引起共鸣，根源于对中国文物广泛认知的背景。文物作为积极话语元素的运用，加强了叙事的劝服力，使其不仅是一次艺术的表达，更是对文化遗产重视和保护的倡议。通过故事中女孩对归家渴望的描绘，观众能够感受到文物作为民族记忆和文化根脉的重要性，从而对文物归还问题产生共鸣。宏观语境的构建，有效地桥接了个体经验与集体记忆之间的关系，使得叙事主题和象征意义得以跨越文化和地域的界限，触及更深层的文化情感和价值认同。《逃出大英博物馆》通过其独特的叙事结构和语义关系，展现了文物在文化传播和民族认同中的重要角色，同时也反映了公众对于文化遗产保护的普遍关切。

（2）创新文化传播符号。《逃出大英博物馆》通过精心设计的视觉符号元素，在文化传播领域开展了一次成功的创新实践。影片中的人物角色、取景、画面构图及影调、景别等方面的巧妙运用，共同构成了丰富的文化传播符号系统，为观众提供了深层次的文化体验与思考。

其一，在人物角色的构造上，永安和玉壶的命名并不是简单的名字，而是承载着深厚的文化寓意和历史情感。永安寓意着对国泰民安的美好祝愿，玉壶则意为"一片冰心在玉壶"①。这种命名策略，利用隐喻和谐音的修辞技巧，有效地增强了角色与影片主题之间的内在联系，使观众在欣赏故事的同时，也能感受到深厚的文化底蕴和历史情怀。在选取演员方面，通过精心的角色匹配，进一步强化了这种文化传达。永安的扮演者以其高大俊朗的外形和文质彬彬的气质，完美诠释了中国青年

---

① 王雪莲，姜欣. 转文化传播视域下我国文化类短视频的创新策略：以《逃出大英博物馆》为例 [J]. 中国广播电视学刊，2024（1）：95.

的国际形象，象征着中国精神的吃苦耐劳和朝气蓬勃。玉壶的扮演者则以娇小可爱的形象和古装青衣的造型，生动地展现了中国传统文化的精髓和国宝的形象，进一步加深了观众对中国文化的认识和理解。

其二，巧妙运用取景技巧，展现了中英两国文化的独特魅力与深刻差异，体现了创新文化传播符号的重要策略。在英国场景的展示中，通过开阔的远景和全景，展现了英伦风光的壮丽与英国历史建筑的厚重感。这种景别的选择，显示了自然与人文环境的和谐共存，有效传达了英国文化中对历史和自然的尊重与保护意识。当画面转移到中国，影片通过更多的中、近景和特写镜头，细致展现了中华文化的精致与细腻。如打太极拳、喝盖碗茶、京剧表演、吹糖人以及大熊猫等元素的呈现，展示了中国文化的多样性，传达了中华文化注重细节处理和内涵深度的特点。特写镜头的使用，更是使观众能够近距离感受到文化符号背后的文化精神和情感寄托，增强了文化传播的感染力。在影片高潮段落，玉壶送信的场景通过全景与特写的穿插使用，展现了文物的整体与细节，既呈现了文物作为文化传承载体的宏观形态，又通过细节特写，展现了文物的艺术价值和历史意义。同时，通过对女主人公的面部表情特写，有效传达了人物与文化之间的情感联结，加深了文化传播的情感维度。此种影像叙事策略，丰富了文化传播的形式，提高了文化符号的传播效果，也加深了观众对中英两国文化差异的理解和认识。通过视觉语言的巧妙运用，影片实现了文化传播的创新，使文化的交流更为生动和深刻，促进了跨文化的理解和尊重。这种创新的文化传播方式，为增进不同文化间的沟通与交流提供了有益借鉴，体现了文化传播在当代社会的重要作用和价值。

（3）诉诸共同情感。在文化传播的过程中，诉诸共同情感成为连接不同文化背景受众的重要桥梁。《逃出大英博物馆》的故事情节通过视听符号、声画组合与蒙太奇手法的综合运用，深刻表达了"思念家人，渴望归家"的情感诉求，触及了人类共同的心灵归宿——"家"。这种情感诉求跨越了国界和民族，引发了每个人内心深处的共鸣，体现了共情传播在文化传播中的重要作用。共情传播强调在传播过程中，传播者需主动代入受众的情感状态，实现情感的同步和类别的同向，从而设计和实施有效的传播策略。这种方法要求传播者具有高度的情感智慧和文化敏感性，也需要传播内容能够触及受众普遍的情感体验和心理需求。通过强调与受众情感状态的同步，共情传播能够建立起传播者与受众之间更为紧密的情感连接，促进信息的有效传递和文化价值的共享。文化传播中的共情实践，意味着将自身代入他者的立场，通过展现普遍存在的人类情感——如爱情、亲情、友情等，来产生情感的共鸣。这种情感实践有助于消除文化差异带来的隔阂，还能够减少对异质文化和他者叙事的成见或偏见。当观众发现自身与他者之间存在相似之处时，情感共鸣自然发生，促进了文化的相互理解和尊重。

（二）传播文化的主流媒体——以河南卫视"中国节日"系列短视频为例

河南卫视"中国节日"系列以传统节日为载体，采用短视频形式，充分展现了中国传统文化的独特魅力和深厚底蕴，成为新媒体环境下传播文化的成功案例之一。"中国节日"系列短视频通过创新的内容形式和高质量的制作，有效吸引了公众的关注和兴趣。例如，《唐宫夜宴》《元宵奇妙夜》《清明时节奇妙游》《端午奇妙游》《七夕奇妙游》等节目，在内容上深入挖掘了每个传统节日背后的文化意义和历史故事，还通过视觉和听觉的双重体验，增强了观众的沉浸感和体验感。《端午奇妙游》在 B 站上的播放量达到 750 万 +，而《唐宫夜宴》在 B 站的播放量更是超过 935 万，微博话题阅读量超过 3 亿。这些数据足以证明"中国节日"系列短视频在新媒体环境下具有极高的传播效益和经济流量效益。河南卫视利用新媒体平台的传播特性，实现了节目内容的广泛传播和深入人心。通过与社交媒体平台的深度合作，如大象新闻、B 站和微博等，河南卫视扩大了"中国节日"系列短视频的观众群体，促进了节目话题的广泛讨论和分享。据微热点大数据研究院统计，2021 年 6 月 12 日至 18 日，《端午奇妙游》的全网信息量达到 90.8 万条，全网相关话题总数超过 150 个，显示了其在新媒体环境下的强大传播力①。

1. 二度创作助力出圈

二度创作，即用户基于原有作品进行的再创作和分享，成为新媒体时代文化传播的重要方式。河南卫视短视频的二度创作现象，依托于智能剪辑 App 的普及和剪辑技术的进步。这些技术的发展，极大降低了视频制作的门槛，使得普通用户也能轻松参与视频的剪辑和创作。用户可以根据自己的喜好，对原有视频进行重新剪辑和创作，生成具有个性化特色的新视频。这种创作不仅增加了原视频的表现形式，也使得视频内容更加多元化，更能吸引不同群体的注意。以 B 站 UP 主"i 鱿鱼 Y"发布的《河南卫视：猎杀时刻！！！》二度创作视频为例，二度创作视频指的是在原有作品基础上，通过个人的再加工和创意，产生的新的视频作品。此二度创作视频的成功，展现了二度创作在文化传播中的巨大潜力。截至 2024 年 2 月，其播放量已超过 872 万，点赞量达到 66.2 万，这些数据充分证明了二度创作能够有效提高原视频的关注度和影响力。更重要的是，这种创作方式能够激发受众的参与热情，使他们在享受创作乐趣的同时，也成为文化传播的主动参与者。

2. 短视频平台助力出圈

"平台化的新闻生产环节要求专业新闻机构主动适应互联网平台的内容展示与分发规则，将平台化的认知逻辑与表达倾向有机地融入新

---

① 刘艳凤，张婉仪，邱香辉，等. 主流媒体如何利用短视频进行文化传播：以河南卫视"中国节日"系列短视频出圈为例 [J]. 北方传媒研究，2023（6）：43-47.

闻内容之中。"①这一观点指出了主流媒体在新媒体环境下顺应平台化趋势的必要性。河南卫视的做法恰好印证了这一点，通过精心制作并在抖音、哔哩哔哩等短视频平台上发布"中国节日"系列短视频，成功吸引了大量年轻观众的关注。河南卫视在抖音发布的《舞千年》《清明时节奇妙游》等短视频获得了较好的播放量，展现了抖音平台年轻用户群体庞大的特点，以及这一群体对传统文化内容的接受度。同时，河南卫视在哔哩哔哩的粉丝数量已经超过 63 万，进一步证明了主流媒体通过短视频平台进行文化传播的广泛影响力。主流媒体入驻短视频平台，可以利用平台庞大的用户基数拓宽传播面，加速与年轻群体的内容传播和互动交流；还能依托于短视频平台算法规则中对主流媒体更高的权重，使得优质内容更易被推荐给感兴趣的用户。通过算法的持续推送，主流媒体可以实现内容的快速传播，还能够通过相似内容的推荐，最大化投放效果，形成有效的文化传播闭环。

3.IP 效益助力出圈

通过精心打造的 IP "唐宫小妹"，河南卫视增强了节目的吸引力和观众黏性，也为传统文化的现代传播开辟了新途径。IP 效益在当代互联网时代的重要性不言而喻。通过对 IP 的有效运用，河南卫视将分散的短视频内容紧密连接起来，形成了具有连续性的文化传播体系。这种策略提升了品牌的识别度，也增强了观众对内容的期待感，从而有效提升了观众的参与度和忠诚度。

"唐宫小妹"作为一个虚拟人设，其设定深植于中国传统文化的底蕴之中，通过她的冒险旅程，观众能够跨越时间与空间的限制，体验到丰富多样的传统节日文化。这种叙事方式加深了观众对中国传统文化的理解和认知，也使得节目内容更加丰富和生动。河南卫视通过"唐宫小

①　张志安，田浩，谭晓倩.专业媒体与互联网平台的"常态接合"：2022 年中国新闻业年度观察报告 [J].新闻界，2023（1）：40.

妹"这一 IP，巧妙地将《博物馆奇妙夜》《清明时节奇妙游》以及《端午奇妙游》等系列短视频紧密相连，构建了一个跨越节日的文化叙事网络。这种网络促进了观众对各个节日背后文化内涵的深入理解，也提升了节目的连贯性和观赏性。此外，"唐宫小妹"的形象和故事借鉴了《唐宫夜宴》的热度，将传统文化美学与现代传播手段相结合，展现了传统文化在新媒体环境下的创新发展。这种结合增强了文化传播的吸引力，也为传统文化的传承与发展提供了新思路。

4. 内容蕴含独特美学精神

河南卫视"中国节日"系列短视频，其内容蕴含了独特的美学精神，成功地将中华传统文化以现代人可亲可感的形式呈现出来。这些视频在传统文化的表达和现代审美之间找到了一条精妙的平衡线，既展示了传统文化的深厚底蕴，又避免了高深莫测或泛娱乐化的极端，实现了雅俗共赏。

"中国节日"系列短视频的制作，体现了对传统文化的深入挖掘和艺术性的再现。例如，在《唐宫夜宴》中，舞蹈演员的装扮和动作恰如其分地复现了唐代画作中的形象，让观众仿佛穿越回了那个文化繁荣的盛唐时期。这样的呈现方式让传统文化在现代社会中焕发出新的生命力，也让现代观众能够更加直观地感受到那个时代的美学风格。《兰陵王入阵曲》通过小故事的叙述，引入琵琶合奏来展示这首曲子波折的历史，既传达了中华文化的深邃，也让观众在欣赏的同时，能够对相关的历史背景有所了解。这种故事化的表达方式，增强了视频的趣味性，也提高了文化传播的效果。视频《祈》中，通过舞者在水中的起舞来再现敦煌壁画中飞天的神女，这种创新的表现手法展示了中华文化的神秘美，也向观众传达了一种超越时空的美学追求。这样的艺术再现，让传统文化在新媒体时代得以传承，也使这种文化的传播更加符合现代人的审美习惯和接受方式。

5.本土文化支撑起主打内容

河南卫视在文化创作与文化输出领域的实践，凸显了本土文化资源在当代媒体传播中的重要作用。通过对河南地区丰富文化内涵的挖掘与创新性表达，河南卫视成功构建了独具特色的"本土美学"，展示了中国传统文化的魅力与时代价值。

在《白衣执甲》中，河南卫视巧妙地将豫剧元素融入现代传播媒介，通过《穆桂英挂帅》《天仙配·夫妻双双把家还》及《花木兰·谁说女子不如男》等经典唱段的选取，展现了豫剧艺术的独特魅力。这种创作手法使得传统戏曲艺术以更加生动的形式呈现在公众视野中，也体现了文化自信的实践，符合了当代讲好中国故事、传播中国声音的文化策略。《纵横一面》的创作，通过将河南烩面和开封小吃等地方美食文化与传统音乐相结合，展示了河南地区深厚的文化底蕴和生活中的生命力。这种创作策略成功地将地方特色美食与文化传统相融合，让观众能够通过节目感受到河南文化的鲜活与生动。而在《纸扇书生》中，以"折扇"为核心道具的中国古典男子群舞，展现了中国古典舞蹈的美学特质，也通过在嵩阳书院、少林寺等地的演绎，进一步突显了河南作为中华文明重要发源地的文化地位。这些对本土文化的深度挖掘，也是对传统文化进行创新性表达的成功尝试。河南卫视通过这些节目的制作与传播，展示了河南丰富的文化资源和深厚的历史底蕴。这种基于本土文化的创作与传播策略，促进了文化自信和文化自强的实现，也为传统文化的传承与发展开辟了新的路径。在新媒体时代，将本土文化通过短视频形式进行创新性表达与传播，无疑成为了有效的文化输出方式。

6.用"穿越"实现交相辉映

河南卫视通过短视频的形式，巧妙地将互联网思维与国潮元素结合，运用科技创新手段对优秀文化进行时尚的表达与记录传承，展现了中华文化的深厚底蕴和时代活力。这种创新体现在艺术表现形式的更新换代上，还体现在对传统文化内涵的深度挖掘和全新解读上，通过"穿越"式的创意呈现，实现了古今文化的交相辉映。在《五世请缨》的短视频中，河南卫视通过致敬牺牲的边疆战士，展示了中华民族护国卫疆的英雄气概。此类内容的创作不仅是对历史的回顾，更是对当代观众的精神激励，将民族英雄主义情感与现代视觉艺术相结合，提升了文化传承的感染力。《天地之中》的太极拳表演展现了河南卫视创新表达的独到之处。表演者身着航天服的形象，既有强烈的视觉冲击力，又富含深意，象征着中国传统文化与现代科技的融合，向世界展示了中国航天精神的时代风采，体现了中国式"赛博朋克"的独特魅力。在《精忠报国》中，民乐、电子音乐与豫剧的创意融合，为传统音乐注入了新的生命力，打造出独特的"电子国风"。这种跨界融合拓宽了传统文化的表现形式，也让传统艺术以更加贴近现代审美的方式，与广大年轻观众产生共鸣。《华夏》视频中的说唱表演，以年轻人喜爱的说唱形式讲述华夏五千年的历史，将传统文化与流行文化相结合，成功吸引了年轻一代的注意力，为传统文化的传播找到了新的路径。《清明时节奇妙游》则是通过漫画形式展现"唐宫小妹"的游玩经历，将传统文化赋予新的生命力，以轻松愉悦的方式向年轻观众介绍传统节日的文化内涵，既保留了传统文化的原汁原味，又符合现代人的审美习惯和接受方式。

第三节　新媒体环境下短视频文化传播策略

一、传播理念：提升文化自信，贴近用户喜好

（一）提升文化自信

提升文化自信是实现有效文化传播的基石，这涉及对中国文化深厚底蕴的自信，也关系到对传播成效的信心。通过短视频传播中国文化，需要深刻把握"中国特色"的核心内容，将其巧妙融入视频创作，以此展示中国文化的独特魅力和深远影响。在文化传播的过程中，尊重多元文化是基本原则。面对全球化的背景，文化交流成为日常，因此，在利用短视频进行文化传播时，必须在坚持中国文化自信的同时，展现对其他文化的尊重和理解。这种尊重体现在避免对其他文化的误读和刻板印象，更在于通过短视频展现中国文化的多样性和包容性，以及中国人民对世界各国文化的尊重和欣赏。

为了更好地向受众传播中国文化，必须深入理解文化差异，寻求共通之处，同时保留差异。各国因历史、地理、社会结构的不同，对于相同文化元素的解读可能截然不同。短视频作为一种视觉化、情感化的传播方式，更易于跨越语言和文化的障碍，传递中国文化的真谛。创作者在制作短视频时，应深入考量内容的普遍接受度，确保其既具有普遍性，又不失民族特色，同时避免传递的信息触及敏感文化因素，造成不必要的误解或冲突。短视频在传播中国文化时，还需坚守社会主义核心价值观，确保内容的正向导向。这意味着在追求创新和吸引力的同时，不应迷失于表面的"迎合"，而是应深挖中国文化的内在精神，传递积极向上的价值观念。通过精心设计的内容和形式，短视频可以成为展示

中国文化自信、促进文化交流的有力工具，激发受众对中国文化的兴趣和理解。

（二）贴近用户喜好

以受众为中心的传播观念要求传播者在内容创作之初就深入分析受众的兴趣点和文化需求。通过对大数据的挖掘和用户行为的分析，描绘精准的用户画像，是实现这一目标的有效手段。用户画像的建立能够帮助传播者识别出受众的偏好，从而在短视频内容的选择和创作上作出更为精准的调整。为了贴近用户喜好，短视频的内容创作应注重文化的多样性和包容性。在全球化的背景下，文化传播成为避不开的主题。因此，增加关于传统文化的视频内容，除了能够激发部分受众对本土文化的认同感之外，也能够促进不同文化背景下受众的相互理解和尊重。这种内容上的调整，是对用户喜好的迎合，更是对文化多样性的尊重和传播。在形式上，迎合受众的阅览习惯也是贴近用户喜好的重要方面。使用双语字幕、在内容中加入特殊标注和解说，能够帮助使用不同语言和不同文化背景下的受众更好地理解视频内容，有助于文化的传播。这种形式上的调整，有助于提高短视频的可接受度和易懂度，也可以增强其教育和信息传递的功能。

二、传播技术：科技助力，优化质量

（一）技术助力传播

技术进步，尤其是虚拟现实（VR）技术的应用，为短视频文化传播带来了革命性的变化。通过 VR 技术的运用，观众能够获得沉浸式的体验，这种体验方式能够极大地提升观众的共情能力，使其在视觉和情感上更加深刻地理解和感受文化内容。《纽约时报》发布的难民儿童纪录片《无家可归者》便是一个典型例证，该纪录片通过 VR 技术让观众仿佛置身于难民儿童的生活环境中，深刻体验他们的不幸和痛苦。在短视频跨文化传播中，利用新技术可以增强观众的沉浸感，还能够打破传统视频内容的局限，创造出更加立体和多维的视觉体验。中国国际电视台（CGTN）上线的《VR 中国》和《VR 中国制造》系列短视频，通过虚拟现实技术展现了中国的自然美景和制造业的成就，将观众带入一个立体的观看空间，颠覆了传统的平面观看方式。这种立体式的感受让国内外观众对中国文化有了更加直观和深刻的认识，也在国际上产生了积极的反响，有效推动了中国文化的国际传播。新媒体平台的广泛应用，为短视频文化传播提供了更多的传播途径和平台。短视频通过社交媒体等新媒体平台的传播，能够迅速触达全球观众，实现文化信息的快速传播和广泛分享。这种文化传播的便捷性和高效性，极大地促进了不同文化之间的交流和融合。

（二）优化视频质量

视频质量的优化，是确保短视频能够在国际社交媒体平台上取得成功的关键。优质的短视频内容能够吸引观众的注意力，还能够提升观众的观看体验，从而在全球范围内传播和推广文化。

在制作优质短视频的过程中，主流媒体和自媒体各有其独特的优势和作用。主流媒体借助其强大的平台和资源优势，通常拥有专业的生产团队，能够保证视频内容的专业性和高质量。为了提升短视频的传播效果，主流媒体应当注重生产原创内容。同时，对于市场上的优质短视频，也可以进行筛选和转发。自媒体虽然在专业技术方面可能不及主流媒体，但通过学习和掌握相关技术，自媒体博主同样能够逐步提升其视频制作的质量。政府和相关机构可以为有潜力的自媒体博主提供培训和支持，帮助他们提高媒介素养，从而生产出更多优质的短视频内容。这种支持有助于提升自媒体的整体质量，也有助于促进多样性的文化传播。无论是主流媒体还是自媒体，都应该充分发挥自身的文化优势，积极生产和发布具有中国特色的视频内容。这些内容可以涵盖中国传统文化、中国故事，以及中国各行各业的成就等，通过短视频这一形式向海外受众展示中国文化的多样性和丰富性。这样的短视频能够帮助更多受众从多角度了解中国，也有助于传播中国声音，增强国际社会对中国的认识和理解。通过对优质博主进行奖励、举办活动等方式，可以激励更多创作者生产出高质量的视频内容。这种鼓励和支持能够提高平台上视频的整体质量，也能够促进文化的交流和传播，使更多的中国文化元素在全球范围内被认知和欣赏。

三、传播渠道：深化平台运营，扩大传播矩阵

（一）深化平台运营

深化平台运营，特别是针对具有专业资质的主流媒体，是提升短视频文化传播效果的关键策略。此策略的实施涉及多个方面，包括内容创新、用户互动、数据分析以及平台生态的构建等。

内容创新是深化平台运营的核心。主流媒体应充分发挥其内容生产的专业优势，制作具有高质量和深度的短视频，以满足用户日益增长的文化需求。同时，通过多样化的内容形式和丰富的视角，增强短视频的吸引力和传播力。此外，结合时事热点和用户兴趣，及时调整内容，使短视频能够更好地引起公众共鸣。用户互动是提升短视频文化传播效果的另一关键因素。通过构建互动性强的平台环境，鼓励用户参与评论、分享和创作，可以提高用户的参与度和忠诚度，还能促进文化观点的交流和多元文化的理解。此外，有效的用户互动还能为媒体提供反馈，指导后续的内容创作和传播策略调整。数据分析是深化平台运营的重要工具。通过对用户行为、内容传播效果和互动数据的分析，主流媒体可以深入了解用户需求和偏好，优化内容推荐算法，提升个性化服务水平。此外，数据分析还有助于评估短视频文化传播的效果，为策略调整提供

科学依据。平台生态的构建是实现短视频文化传播长期发展的基础。主流媒体应积极探索与其他文化机构、创意团队和技术平台的合作模式，共同创新、丰富短视频内容生态，提高文化传播的多样性和深度。同时，通过建立健康的平台规则和良好的创作环境，保障创作者的权益，激发其创作活力，为用户提供更加丰富和高质量的文化产品。

（二）扩大传播矩阵

在全球化的大背景下，传统媒体与新兴媒体的融合发展，特别是在海外社交媒体平台上的深度参与，成为文化传播新的增长点。人民日报与新华社等中国主流媒体在海外社交网络平台上的成功布局，以及字节跳动等互联网企业在国际短视频市场的活跃表现，共同构筑了文化传播的传播矩阵。

人民日报在海外社交网络平台上共设有四个账号，分别以英文和中文繁体发布内容，累计吸引了近 8000 万的全球粉丝，展示了其强大的国际传播力，也反映了全球用户对中国视角新闻与文化内容的高度关注。这种双语传播策略有效突破了语言障碍，增强了信息的国际可及性与互动性。新华社在海外社交网络平台上的多账号运营策略，如 China Xinhua News、China Daily 等，扩大了中国媒体在国际上的影响力。通过差异化的内容设置，满足了不同受众群体的需求，增强了内容的针对性和吸引力。此外，主流媒体在同一社交平台上开设多个账号的做法，有效扩大了传播矩阵，实现了内容的多元化和层次化传播。[①] 民间媒体作为文化传播的重要力量，特别是在短视频市场的快速发展，为文化传播提供了新的平台和方式。字节跳动等中国互联网企业通过推出国际性短视频平台，加速了中国企业走向国际的步伐，也为全球用户提供

[①] 蔡洁.新媒体环境下短视频跨文化传播研究[D].南昌：南昌大学，2021：31.

了丰富多样的文化内容。这种新型的传播方式，以其高度的互动性和娱乐性，成功吸引了大量年轻用户，成为文化传播中不可忽视的力量。国际短视频平台在文化传播中的作用，弥补了传统流媒体内容的不足，形成了与主流媒体互相支撑的传播矩阵。通过巨大的用户基数和高频的互动，这些平台有效地进行了文化的广泛传播，促进了文化的多样性和包容性。这种新型的文化传播方式，增强了中国文化在全球的可见度和影响力，也为世界各国文化的交流和理解提供了新的渠道。

第六章

新媒体环境下的纪录片文化传播

新媒体环境为纪录片文化传播提供了前所未有的平台和机遇。在这一环境下，纪录片得以借助网络的广泛覆盖和社交媒体的互动特性，实现更快速、更广泛的传播。数字技术的发展使得纪录片制作门槛降低，多样化的表现手法得以应用，丰富了纪录片的表现力，加深了观众的沉浸感。同时，互联网平台的个性化推荐机制也为纪录片找到目标受众提供了便利。此外，观众参与度有了提升。观众通过评论、分享等形式参与纪录片的传播过程，形成了多方互动，拓展了纪录片文化传播的深度和广度。本章以陶瓷文化为例，通过纪录片的形式对新媒体环境下的纪录片文化传播进行具体的分析与探索。

第一节　纪录片跨文化传播相关概述

一、陶瓷文化纪录片与跨文化传播

（一）陶瓷文化纪录片

1.陶瓷文化纪录片认识

陶瓷文化纪录片作为历史文化纪录片的一个重要分支，专注于陶瓷这一具有深厚文化底蕴和艺术价值的领域。通过对陶瓷的发展历史、艺术特征及其在不同文化和社会背景下的意义进行记录和解读，向观众展现了中国乃至世界陶瓷文化的丰富内涵和独特魅力。这类纪录片追溯了陶瓷艺术的发展脉络，还深入探讨了陶瓷作为文化符号在历史长河中的重要角色，反映了人类文明的进步和社会文化的变迁。

陶瓷文化纪录片的出现，无疑丰富了历史文化纪录片的类型，为广大观众提供了从一个全新角度认识和理解中华文化的窗口。通过精心的拍摄和深入的研究，这些纪录片展示了陶瓷艺术的美感，更重要的是揭示了陶瓷在中国乃至世界历史中的文化价值和社会意义。陶瓷艺术作为中国古代文化的重要组成部分，承载着丰富的历史信息和深刻的文化内涵，其生产工艺的发展和艺术风格的变迁，反映了中国古代社会的经济条件、科技水平和审美趣味的变化。随着社会的发展和科技的进步，陶瓷文化纪录片的制作技术和表现手法也在不断创新。高清摄影技术的应用使得陶瓷的细节之美得以精准展示，多媒体交互技术的融入则为观众提供了更加丰富多样的观赏体验。此外，叙事方式的多样化也为陶瓷文化的展示增添了新的视角，从而更加生动地传达了陶瓷艺术与中国文化之间的紧密联系。随着《瓷路》《China·瓷》等纪录片的相继推出，我国陶瓷文化纪录片取得了显著的成就。这些作品在国内受到高度评价，在国际上也赢得了广泛的关注和好评。这些纪录片的成功，标志着中国陶瓷文化纪录片进入了一个新的发展阶段。它们不仅展示了中国陶瓷艺术的独特魅力，更重要的是促进了中华文化的国际传播，为全球观众提供了深入了解中国文化的重要途径。

笔者认为，陶瓷文化纪录片是一种专注于展现陶瓷文化精髓与内涵的影视作品。其核心在于深入探讨中华优秀传统文化的价值，并以此为主线，辅以展示传统陶瓷工艺的精神和技艺。通过纪录片这一形式，向观众呈现陶瓷艺术的深层美学和文化意义。创作者通过对陶瓷文化的深度解读和独特视角下的展现，精心筛选和整合相关内容，旨在制作出既有教育意义又具有观赏价值的纪录片。这类纪录片加深了公众对陶瓷文化的认知，促进了文化的传承与发展，而且成功地将中国的陶瓷故事传播给了全世界，展示了中国传统文化的独特魅力和深远影响。通过这样的传播方式，陶瓷文化纪录片成为连接过去与现在，本土与世界的文化桥梁，有效促进了文化交流和相互理解。

2. 陶瓷文化纪录片的发展历程

（1）初步的探索阶段。陶瓷文化纪录片自 20 世纪 50 年代至 80 年代经历了初步的探索阶段。在这一时期，纪录片的制作和展现方式受到了多方面因素的影响和限制。中华人民共和国成立之初，各行各业都面临着重建和发展的挑战，电影业作为文化传播的重要手段之一，其发展势必带动了影视行业的初步起步。在这样的大背景下，陶瓷文化纪录片作为一种特定领域的影视作品，其发展不可避免地受到当时社会经济和技术条件的限制。纪录片的本质是记录和呈现真实，而在此阶段的陶瓷文化纪录片中，这一特点得到了体现，但方式和深度上有所欠缺。由于受限于当时的技术手段和经济条件，这些纪录片大多数采用了较为简单和直接的表现手法，即通过解说、画面和音乐的组合，以一种较为宏观和简化的视角介绍陶瓷。这种方式虽然在一定程度上满足了观众对于陶瓷文化的初步了解，但在深度和广度上难以做到充分探索。陶瓷的制作工艺、发展历程虽有所提及，但对于陶瓷文化的本质、渊源以及其背后所承载的文化价值和当代意义的探讨却相对缺乏。在这一时期，陶瓷文化纪录片的制作更多地体现了一种客观记录的态度，而非深入挖掘和传播陶瓷文化的深层意义。这既是受限于当时社会环境和技术条件的结果，也反映了当时对于文化传播价值认识的局限性。纪录片作为一种重要的文化传播媒介，其在传承和推广陶瓷文化方面的潜力并未得到充分发挥。

早期作品，如《景德镇瓷器》《瓷都异彩》及《瓷都景德镇》，主要聚焦于景德镇的陶瓷历史，通过展示该地区的陶瓷艺术，讲述了陶瓷业的发展历程。这一时期的纪录片以艺术品的形式直接呈现陶瓷，重点描述了"瓷都"景德镇的文化遗产及其在陶瓷制作上的重要地位。进入80年代，陶瓷文化纪录片迎来了发展期，标志性作品如《南国瓷乡》《古华新光》《瓷国明珠》《瓷苑新秀》和《中国陶瓷》等，丰富了陶瓷文化的内涵，也拓宽了纪录片的视角。这些作品基于江西景德镇、广东潮州、福建德化等地的丰富陶瓷文化，深入探讨了制瓷历史、技艺及代表性瓷器等多个维度，体现了对陶瓷文化传承和普及的责任感。特别是《南国瓷乡》，通过现代拍摄技巧和主持人访谈，引领观众深入了解中国的制瓷工艺，展示了潮州枫溪镇的陶瓷制作和优雅大气的工艺品，增强了公众对陶瓷文化的认识和欣赏。然而，这一时期的纪录片虽然在技术和表现形式上取得了进步，但在内容上多以介绍技艺和发展历程为主，缺乏对陶瓷文化深层次的挖掘和思考。这些作品虽然为观众提供了关于陶瓷制作的基本知识，但在探究陶瓷文化本源和深入分析方面仍有所欠缺。

（2）陶瓷文化纪录片的转型期。20世纪90年代之后，陶瓷文化纪录片进入了其发展的转型期，这一阶段的变革与社会大环境的变化密切相关。改革开放加速了中国社会的发展进程，人民物质生活水平的显著提升使得精神文化需求日益增长，现代化科技的飞速发展及电子设备的迭代更新，为大众提供了更多样的文化消费选择，从而催生了更加多元的审美需求。在此背景下，影视行业得到了快速发展，陶瓷文化纪录片也迎来了重要的转型。受到国际纪录片制作技艺和观念的影响，制作团队开始更加注重纪录片中现实意义与文化内涵的传达，摒弃了以往单一的叙述方式，转而采用更为复杂多变的叙事手段，如悬念叙事，以增强作品的吸引力和观赏性。这一时期的陶瓷文化纪录片的制作重点也发生了转变，更多地倾向于挖掘陶瓷文化的深层内涵。通过对陶瓷的历史、制作工艺、文化意义等方面的深入探讨，纪录片传递了丰富的文化信息，也反映了陶瓷作为中国传统文化重要组成部分的历史地位和文化价值。此外，采用先进的影视制作技术和手段，如高清摄影、动态捕捉等，使得陶瓷文化的美学特征和精细工艺得以在屏幕上生动展现，进一步增强了纪录片的视觉效果和艺术感染力。

在这一时期，中央电视台推出了如《国宝档案》《探索发现》等系列栏目。这些作品紧密跟随时代脉搏，响应了国家国际化发展的需求。纪录片如《越窑秘闻》《邛窑珍品》《哥窑谜案》《秘色瓷的真相》等，通过引入"神秘""真相"等元素，展现了创作上的巨大进步。制作者们通过构建悬念、情景设置和故事化叙述，使得纪录片增加了故事性和趣味性，也提高了生动性，有效避免了内容的平淡无味，吸引了广大观众的兴趣。此阶段的纪录片在创作方法上呈现出新的面貌，比如细节捕捉、矛盾设置等手法的使用，使得陶瓷文化的展示更加丰富多样，具有深度和吸引力。此外，作品如《瓷都景德镇》《瓷都名流》和《中国民俗大观》等，拓宽了陶瓷文化纪录片的主题和内容，展现了陶瓷文化的多样性和深厚底蕴。然而，这一时期的纪录片虽然在质量和创作方法上取得了飞跃发展，但在国际化方面仍存在局限。作品主要面向国内观众，较少触及国际舞台，这在一定程度上限制了其全球传播潜力，与国际化、全球化的时代背景尚有差距。

（3）向国际传播扩散、承担国家外宣使命的新时期。自2012年以来，陶瓷文化纪录片迎来了其发展的第三阶段，标志着这一领域进入了向国际传播扩散、承担国家外宣使命的新时期。在这一阶段，中央电视台及地方媒体制作推出了多部具有深远影响的陶瓷文化纪录片，其中《China·瓷》和《瓷路》尤为突出，成为优质陶瓷文化纪录片的代表作。《China·瓷》的制作团队通过与博物馆的合作，创新性地进行纪录片的制作与宣传。该片以一次瓷器展览为契机，深入讲述了中国瓷器走出国门，在明清时期通过文化交流与世界各国建立联系并相互影响的历史。纪录片展示了瓷器在工业革命推动下的全球交流融合过程，还深刻揭示了中国陶瓷跨越文化差异，与世界各民族在生活、经济、艺术、宗教乃至政治领域的深度融合。《瓷路》则通过六集的系列片段，每集用时约50分钟的篇幅详细叙述了中国陶瓷的全球化故事。该系列从大唐帝国到鸦片战争，覆盖了广泛的地理和历史跨度，反映了中国陶瓷文化对世界的深刻影响。通过站在世界大团结和大融合的角度讲述，该作品映射了中华优秀传统文化与世界文明间的交流互鉴，展现了中国陶瓷在全球文化交流中的重要作用和地位。

《China·瓷》与《瓷路》的推出标志着陶瓷文化纪录片进入新的发展阶段。此阶段的特点是通过纪录片这一形式承担起文化传播的使命，同时也成为陶瓷文化纪录片发展的一个重要转折点。在此基础上，陶瓷文化纪录片不断探索和创新表现手法与形式，以适应时代的发展和观众的需求变化。随后，《手造中国》与《匠心冶陶：景德镇传统手工制瓷技艺》两部作品的推出，聚焦于工匠精神和普通人的生活故事，通过记录细致入微的生活场景和工艺流程，传递了陶瓷文化深厚的历史底蕴和精神价值。这种聚焦于人文关怀和工匠精神的纪录片丰富了陶瓷文化的表现维度，也使陶瓷文化的传播更加深入人心。微纪录片《大国御窑·变化中的景德镇》的推出，体现了陶瓷文化纪录片在形式上的创新，迎合了当下受众碎片化的审美趋势。这种创新提高了纪录片的观看便利性和接受度，也使得陶瓷文化的传播更加灵活多样。随着视频网站的参与，如哔哩哔哩推出的《我是你的瓷儿》和芒果TV的《雕琢岁月》，陶瓷文化纪录片开始吸引更多年轻人的关注。这标志着陶瓷文化纪录片在内容和传播渠道上的双重创新，有效拓宽了陶瓷文化传播的受众基础，增强了文化的传播力和影响力。

（二）跨文化传播

跨文化传播由爱德华·霍尔（Edward Hall）在《无声的语言》一书中的提出，标志着跨文化传播学科的诞生。霍尔的工作和研究，随着全球格局的重大变化，为跨文化传播的发展提供了重要的理论基础和实践指导。美国在 19 世纪末期开始对跨文化传播进行系统研究，并在 1946 年成立外交学院，旨在深化对不同文化的理解和交流，霍尔的加入和他的研究工作极大地推动了该领域的发展。霍尔的研究强调了非语言传播的重要性，认为在跨文化交往中，非语言元素如肢体语言、面部表情和使用空间的方式等，都是传递和理解信息的关键。这一观点突破了传统对话言语交流的研究范畴，拓展了跨文化传播的研究视角。此外，霍尔还提出了文化无意识的概念，指出许多文化行为和习惯深植于人的无意识中。这些无意识的文化表现形式在跨文化交流中尤为关键，它们往往是造成误解和沟通障碍的主要原因。霍尔的工作还包括了参与和体验式的跨文化传播训练，强调从实践中学习和理解不同文化的重要性。他提倡通过直接参与不同文化环境，体验并学习其他文化的社会习俗和交际方式，以促进有效的跨文化沟通。① 这种方法论为跨文化交流的实践提供了指导，也为理解跨文化传播的复杂性提供了深刻的洞见。

跨文化传播学作为一门综合性学科，汲取了人类学、语言学、社会学等领域的理论和方法，致力于解析和优化不同文化背景下的人类交流和互动。孙英春对跨文化传播的界定，进一步明晰了该领域的研究对象和目标，即通过对不同文化之间交往的探讨，促进文化间的理解和尊重，进而实现文化的融合与发展。②

跨文化传播首先关注的是不同文化背景人群之间的交往和互动行为。在全球化的大背景下，不同文化背景的人们在经济、政治、教育等多个领域中相遇和互动。这种跨文化的交流活动不仅仅是语言的交换，更包括价值观、生活方式、思维模式等深层文化元素的交流。通过这种交往和互动，不同文化之间的隔阂得以缩小，促进了相互理解和融合。

---

① 霍尔 . 无声的语言 [M]. 刘建荣，译 . 上海：上海人民出版社，1991：206.

② 孙英春 . 跨文化传播学 [M]. 北京：北京大学出版社，2015：63.

其次，跨文化传播涉及不同语境下的信息编码与解码过程。每种文化都有其独特的语言和符号系统，信息的传递和接收需要在这些系统内完成。在跨文化传播的过程中，由于参与者之间存在的文化差异，信息的有效传达往往面临着更大的挑战。因此，如何在不同的文化语境中准确编码与解码信息，成为跨文化传播研究的关键问题之一。最后，跨文化传播是一个符号交换的过程。这一过程不仅涉及语言文字的直接交流，还包括非语言符号、社会习俗、行为模式等多种文化符号的交换。由于不同文化系统中符号的含义存在差异，这种交换过程往往伴随着误解和冲突。因此，跨文化传播的目标之一就是揭示这些差异，通过有效的沟通策略和理解，减少误解，促进不同文化之间的和谐共处。

从宏观角度来看，跨文化传播涉及的是不同社会文化背景中的成员在日常生活中的互动和交往。这种互动既是文化传播的基础，也是推动文化变迁与融合的动力。从微观角度来看，文化交往的过程中不同文化系统的相遇和融合，既包括了文化差异带来的挑战，也蕴含着文化创新和发展的可能性。通过跨文化传播的研究和实践，可以促进不同文化背景下的人们形成更加开放、包容的交流态度，为全球文化多样性的保护和发展做出贡献。

二、纪录片跨文化传播的理论基础

（一）文化差异维度理论

文化差异维度理论是在多元文化背景下，对不同文化体系进行分析和比较的重要工具。该理论通过定义文化维度，揭示了不同社会和国家之间在价值观、思维模式、行为习惯等方面的根本差异。吉尔特·霍夫斯泰德（Geert Hofstede）的开创性工作标志着对文化差异进行系统性研究的开始①，其后的学者，如加拿大学者迈克尔·邦德（Michael Bond）、保加利亚学者迈克尔·明科夫（Michael Minkov）等通过进一步的研究，拓展和深化了这一理论体系。

权力距离维度反映了社会成员对于权力分布不平等的接受程度。在高权力距离的文化中，社会层级分明，下级对上级的权威不加质疑。相对的，在低权力距离的文化中，权力更为分散，强调平等与民主的价值观。不确定性规避维度描述了社会成员面对未知和不确定性时的态度和行为。高不确定性规避的社会倾向于制定明确的规则和法律以降低未知因素带来的焦虑，而低不确定性规避的社会对新奇事物更为宽容，更能接受不确定性。个人主义与集体主义维度涉及个人与集体之间的关系。个人主义文化强调个人自由和独立，个人目标高于集体利益。集体主义文化则重视集体的利益与和谐，个人通常将集体利益置于个人利益之上。男性气质与女性气质维度探讨了社会角色与性别角色的分配。男性气质文化强调竞争、成就和成功，而女性气质文化重视关怀、合作和生活质量。长期导向与短期导向维度反映了社会对待时间、尊重传统以及对未来奖励的态度的差异。长期导向的文化注重未来的规划和持续发展，而短期导向的文化更注重传统的维持和即时的满足。放纵与约束维度则揭示了社会对于个人欲望和冲动控制的态度。放纵文化允许相对宽松的社会规范，鼓励享乐和自由表达个人情感。约束文化则通过严格的规范和控制来抑制个人冲动，强调节制和社会秩序。文化差异维度理论为理解不同文化体系提供了一个框架，也为跨文化交流和国际合作提供了重要的参考。通过这些文化维度的比较，可以更好地理解国际关系中的合作和冲突，指导跨文化管理实践，促进不同文化背景下的人们相互理解和尊重。

---

① 霍夫斯泰德.文化与组织：心理软件的力量[M].北京：中国人民大学出版社，2010：73.

（二）高低语境文化理论

爱德华·霍尔提出的高低语境文化理论，为理解全球多样化文化提供了重要视角。[①] 该理论通过对比高语境与低语境文化的特征，揭示了不同文化背景下人们在沟通和交流中的差异性。在高语境文化中，信息的传递依赖于语境和非言语行为，而在低语境文化中，信息的传递则更依赖于直接的语言表达。高语境文化的特征体现在交流过程中对非言语信息的重视。在这类文化中，交流双方往往通过表情、肢体语言、沉默等非言语方式来传递和解读信息。这种交流方式要求双方都对共享的文化背景和社会习俗有深刻的理解。因此，高语境文化中的人际关系较为紧密，共享的文化知识和价值观构成了沟通的基础。与之相对，低语境文化的沟通风格则更为直接和明确。在这类文化中，人们倾向于通过清晰、具体的语言来传递信息，减少对非言语信息的依赖。这种交流方式的优势在于其清晰性和效率，有助于确保信息的准确传达，特别是在来自不同文化背景的人们之间进行交流时。然而，这种直接的沟通方式可能会减少情感的交流和人们之间的默契。

高低语境文化理论还反映了不同文化对于人际关系和社会结构的不同看法。在高语境文化中，社会关系的密切程度和对共享文化的依赖显著影响了沟通的方式和效果。反之，在低语境文化中，人们更加重视个体主义和个人间的独立性，这在其直接的沟通方式中得到了体现。此外，高低语境文化的差异也影响了教育、管理和冲突解决等多个方面。在高语境文化中，教育和管理往往强调隐性知识的传递，以及对权威和传统的尊重。而在低语境文化中，教育和管理则更加注重明确性、逻辑性和个人成就。威廉·古狄昆斯特（William Gudykunst）等的研究进一步验证了高低语境文化理论在全球范围内的适用性。通过对不同国家文

---

① 霍尔.超越文化[M].何道宽，译.北京：北京大学出版社，2010：377.

化的排序，展示了该理论的实证基础，也为跨文化交流和国际合作提供了有价值的参考。① 识别和理解高低语境文化的特征，对于促进不同文化背景下的人们更有效的沟通和理解具有重要意义。

高低语境文化理论揭示了文化传播中的一个重要现象：不同文化背景下的人们在沟通和理解信息时，对语境的依赖程度存在显著差异。在高语境文化中，如中国，信息传递依赖于环境背景和非语言信息，而在低语境文化中，则更侧重于直接的语言表达。中国纪录片作为高语境文化的产物，在跨文化传播时面临着特定挑战。由于低语境文化受众习惯于直接明了的信息传递，中国纪录片蕴含的隐喻和含蓄表达方式可能难以被完全理解，从而影响其跨文化传播的效果。为了克服这一障碍，加强对不同语境文化的研究成为必要。通过深入分析低语境文化受众的接受习惯和信息处理方式，可以开发出更加适应目标文化的传播策略，如增加直接解释、调整叙事结构等，以提高纪录片的跨文化可接受度，实现有效的文化信息传递。

（三）"编码—解码"理论

"编码—解码"理论在传播学领域内扮演着重要的角色，深刻揭示了信息在传播过程中的转换机制及其复杂性。此理论的核心在于信息的传递并非线性过程，而是一个涉及编码者、成品与解码者的动态互动过程。信息从原始状态到被接收者理解的转化，经历了编码、传播与解码三个关键阶段，每个阶段都可能对信息的真实性与完整性产生影响。

在编码阶段，信息的制作者需将原始信息转换为特定的传播形式，如新闻报道、影视作品等。此过程不是单纯的技术操作，而是深受编码者的主观认知、价值观念和文化背景影响的复杂活动。编码者的个人经

---

① 古狄昆斯特，莫迪.国际传播与文化间传播研究手册[M].陈纳，胡特，陶文静，等译.上海：复旦大学出版社，2016：35-36.

验、社会环境和文化背景等因素，都可能影响其对信息的解读和加工方式，进而在信息中植入特定的意识形态和价值观。因此，编码过程实际上是一种主观性和客观信息之间相互作用的过程，可能导致信息在传播之初就已经带有一定程度的偏差。成品阶段是信息制作完成后进入传播市场的环节，这一阶段的特点是开放性。成品的传播不再局限于编码者的控制范围内，而是暴露于广泛的社会环境和多元的接收群体之中。此时，信息的传播效果和影响力将受到市场反馈、媒介渠道和社会文化等多重因素的综合作用。成品阶段的开放性使得信息具有了更广泛的社会互动性，但同时也意味着信息的解读和接收将更加多元化和不可预测。解码阶段是信息传播过程中的关键环节，涉及接收者对信息的理解和解读。解码并不是一个简单的接收过程，而是接收者根据自己的知识结构、思维习惯和文化背景等因素，对信息进行主观解读的过程。每个接收者的解码过程都是独特的，因为不同的人拥有不同的生活经验、价值观念和文化认同，这些因素都会影响到他们对信息的解读方式和理解深度。特别是在跨文化传播情境中，编码者和解码者之间的文化差异会进一步放大信息解读的复杂性和多样性，导致信息的理解存在更大的偏差。

斯图亚特·霍尔（Stuart Hall）的"编码—解码"理论强调了信息传播过程中主观因素的作用，指出信息的最终解读结果往往是编码者和解码者各自符号体系加工产生的"译本"。这一观点突出了信息传播过程中的主观性与多元性，挑战了信息传播过程中的简单线性模型。理论认为，信息的有效传播需要考虑到编码与解码过程中的主观性因素，以及文化差异对信息传播的影响。

三、纪录片跨文化传播主体与受众

（一）纪录片跨文化传播主体

1.国家主导：擦亮中国文化名片

在中国，纪录片的制作和传播受到了体制内外不同管理模式的影响，其中，体制内的国家电视系统成为跨文化传播的主导力量。这种由国家主导的传播模式，特别是在陶瓷文化纪录片的制作与传播上，凸显了国家在全球文化交流中的积极作用和中国文化自信的体现。国家电视系统的主导作用基于中国广播影视行业的历史发展和管理体制。自中华人民共和国成立以来，中国的广播影视行业便步入了有组织的发展轨道，形成了以国家机构为主导的管理体系。纪录片，作为广播影视产品的一部分，自然也被纳入了这一管理体系。在这样的体制下，纪录片的制作、传播和内容选择等方面都受到国家电视系统的影响和指导。这确保了纪录片内容的质量和传播的方向性，也使得纪录片成为展示中国文化、传播中国声音的重要渠道。陶瓷文化纪录片的跨文化传播尤其体现了国家电视系统的作用。中国陶瓷，作为中华民族的重要文化遗产，其历史悠久、工艺精湛，是中国传统文化的重要组成部分，也是中国对外文化交流的重要内容。通过纪录片这一形式，中国的陶瓷文化得以跨越国界，向世界各地的观众展示了中国的文化魅力和文化自信。这种跨文化传播增强了国际社会对中国文化的认知和理解，也促进了文化互鉴和国际交流。国家电视系统在陶瓷文化纪录片的制作与传播中发挥的作用，并非单纯依靠高投入的营销活动，而是深植于中国丰富的文化价值之中。[①]通过将中国陶瓷文化作为"国家文化名片"进行传播，体现了

① 李珍晖，刘静怡.文化共性与价值共通：新主流电影国际传播中的国家品牌塑造[J].现代传播：中国传媒大学学报，2022（11）：64-73.

对中国传统文化的尊重和传承，也展现了中国在全球化背景下的文化自信和开放态度。

国家主导在纪录片跨文化传播中起到了决定性的作用。通过政策扶持、资金投入和传播平台的建设，中国的纪录片产业实现了快速的发展。尤其是陶瓷文化纪录片，作为中国传统文化的重要组成部分，得到了国家层面的重视和支持。自2010年以来，随着国家相关部门的积极探索和推动，陶瓷文化纪录片开始着眼于其跨文化传播的潜力发挥，将传统文化的传播与国家形象的塑造结合起来，使得这一领域的纪录片不仅仅停留在技艺的记录，更向深层次的文化内涵和全球影响力拓展。中共中央宣传部、国务院新闻办公室、国家广播电视总局等，作为推动纪录片跨文化传播的主要力量，通过制定政策、提供资金支持以及搭建国际传播平台，极大地促进了中国纪录片的国际化进程。例如，卫视"30分钟"政策和"记录新时代"纪录片传播工程项目，提高了国内纪录片的制作质量，也为纪录片的国际传播奠定了基础。五洲传播中心的设立，加强了中国与世界各国在纪录片制作和传播方面的合作，使得中国纪录片，尤其是陶瓷文化纪录片，在全球范围内得到了广泛的传播和认可。陶瓷文化纪录片的成功跨文化传播，不仅仅在于其展示了中国陶瓷的精湛技艺，更重要的是传递了中国陶瓷文化深厚的历史底蕴和独特的审美观念。作品如《China·瓷》《瓷路》《景德镇》等，通过讲述中国陶瓷的历史发展、艺术特色以及在世界文化中的地位和影响，向全世界展示了中国文化的独特魅力，增进了国际社会对中国传统文化的了解和认识。

2.典型地域：外宣瓷都文化魅力

景德镇，素有"瓷都"之誉，其陶瓷文化深厚，历史悠久，除了在国内享有盛名之外，更是世界陶瓷文化的重要象征。该地区陶瓷工艺的精湛和陶瓷文化的丰富内涵，成为中国文化多样性和创新精神的重要体现。在全球化的背景下，景德镇不断通过新的方式和手段，推动陶瓷文化的跨文化传播，使其成为连接中外文化交流的桥梁。传统上，陶瓷文化的传播依靠央视导演制作的纪录片等形式，通过中央电视台纪录片频道及国家电视系统播出，实现了陶瓷文化的初步传播。然而，景德镇作为陶瓷文化的发源地，其在陶瓷文化传播上具有独特的地位和作用。景德镇致力于通过探索和精进陶瓷技艺，挖掘陶瓷文化内涵，发展陶瓷文化产业，以新时代的方法诠释陶瓷文化，通过陶瓷文化纪录片等多种形式，彰显本土特色，发扬陶瓷文化，唤醒世界对共同陶瓷历史记忆的认识。

景德镇，作为陶瓷文化纪录片所特有的传播主体，承载着深厚的文化底蕴和非凡的艺术价值，近年来通过陶瓷文化纪录片的创作与传播，展现了其独特的地域文化魅力和国际交流的新动向。该城市紧密围绕"建好景德镇国家陶瓷文化传承创新试验区，打造对外文化交流新平台"的战略目标，努力将陶瓷文化千年品牌推向全球，致力于为中国陶瓷文化注入新的生机与活力。景德镇通过与主流媒体的合作，例如与央视联手创作的《御窑千年》和《景德镇》等纪录片，有效利用了影像媒介的传播力，让全世界的观众能够直观地感受到景德镇陶瓷的独特魅力和深远影响。这些作品聚焦于陶瓷艺术的精湛技艺，也深入探讨了陶瓷文化与中国历史、社会、经济的密切联系，展现了景德镇陶瓷在中华文明中的重要地位。在推动陶瓷文化"走出去"的过程中，景德镇积极探索国际合作的新途径，通过联合制作和积极的宣发策略，开辟了文化传播的新渠道。这种策略加强了景德镇陶瓷文化的国际影响力，也促进了文化的交流与融合，让世界各地的观众能够了解和欣赏到中国陶瓷艺术的博大精深。

《舌尖上的中国》的广泛影响，在于其深入挖掘和生动呈现了中国美食文化的魅力，更在于它通过纪录片这一形式，实现了中国传统文化的跨文化传播。该纪录片的成功，为其他领域的文化传播提供了宝贵的经验。景德镇，作为中国传统陶瓷文化的代表，也紧随其后，通过纪录片的形式向世界展示其独特的文化魅力。景德镇的陶瓷文化，悠久而深厚，蕴含了丰富的历史价值和艺术价值。纪录片《匠心冶陶：景德镇传统手工制瓷技艺》和《大国御窑·变化中的景德镇》通过生动的影像和翔实的解说，展现了景德镇陶瓷制作的精细工艺和工匠们对美的不懈追求。这体现了中华民族的智慧和创造力，也向世界传递了中国工匠精神的核心价值。纪录片通过生活化的叙述和创新的表现手法，使得景德镇的陶瓷文化跃然荧屏之上，使观众能够直观感受到陶瓷艺术的细腻与魅力，进而产生对中国传统文化更深层次的认识和兴趣。这种跨文化传播的成功，不仅在于内容的精彩呈现，更在于其能够触及观众情感，引发共鸣。尤其是《匠心冶陶：景德镇传统手工制瓷技艺》纪录片的拍摄和制作过程展现了极高的专业性和投入。历时三年半的拍摄，覆盖多个省市，详尽记录了 72 道手工制瓷工艺，采集素材有 4000 多分钟，拍摄场次超过 600 次。这种深入细致的工作方式保证了纪录片内容的全面性和深度，也确保了文化传播的真实性和感染力。纪录片以中文解说和英文字幕的形式，在国际重要场合如德国 G20 峰会期间首发，并在英国天空电视台陆续播出，引起了广泛反响。这不仅是对景德镇陶瓷技艺和文化价值的国际认可，也是中国传统文化在全球范围内传播和影响力扩大的体现。

3. 个体层面：发挥个人传播价值

新媒体时代的到来，显著改变了信息传播的格局，个体从传统意义上的信息接收者转变为信息发布者，特别是在陶瓷文化纪录片的跨文化传播领域，这种变化尤为突出。过去，陶瓷文化纪录片的制作与传播由专业团队垄断，限制了传播的多样性与创新性。而今，随着网络技术的发展，个体制作者和广大网络用户成为新兴的传播主体，极大地拓宽了陶瓷文化纪录片的传播渠道和受众范围。

在个体层面，独立制作人利用新媒体技术，能够以较低的成本进行纪录片的创作与发布，使得更多具有创新视角和独特风格的陶瓷文化纪录片得以问世。这些作品往往更加接近普通观众的审美和兴趣，能够呈现出更加丰富多样的陶瓷文化面貌。同时，这类独立制作的纪录片，由于其内容的独特性和新颖性，容易在网络上获得关注，进而实现跨文化传播。广大网络用户在新媒体环境下的角色同样不容忽视。通过社交媒体平台，用户既能够观看到来自世界各地的陶瓷文化纪录片，也能够自由地推荐和分享这些内容。在 Instagram 等国际社交平台上，中国陶瓷文化的纪录片得以传播到全球各个角落，让世界各地的人们都有机会了解和欣赏中国陶瓷艺术的独特魅力。此外，网络用户的互动和讨论也为陶瓷文化的跨文化传播提供了新的视角和思考，促进了文化的交流和理解。

《手造中国》及《我是你的瓷儿》两部陶瓷文化纪录片的成功传播，充分体现了独立制作者在推动文化传承与国际交流方面的重要作用。这两部作品展示了中国丰富的陶瓷文化，也凸显了个体在文化传播过程中的价值和影响力。《手造中国》通过深入访问 300 多位陶瓷工匠，用镜头捕捉他们的工艺技巧和对陶瓷文化的热爱，成功将中国陶瓷文化的纪录片带入国际视野，实现了从宏大历史到平民化视角的转变。该作品的跨国传播，让世界了解了中国陶瓷的美学和工艺，也传递了中国工匠精神的核心价值。这种跨文化的交流和传播，体现了独立制作者通过创意和努力，在国际舞台上展现中国文化魅力的能力。相比之下，《我是你的瓷儿》虽然没有在国际电视台播出，但通过网络视频平台的传播，依然达到了广泛的观众群体。该纪录片通过展现制作和欣赏瓷器之美，向观众传达了对陶瓷文化的热爱和尊重，同时也突显了网络平台在文化传播中的重要作用。尽管面临国际传播的局限，但通过社交媒体的力量，依然实现了文化的跨界传播。这一过程彰显了个体和社群在文化推广中的重要作用。

（二）纪录片跨文化传播受众

1. 陶瓷文化的兴趣爱好者

陶瓷文化纪录片的观众群体主要集中在对陶瓷文化有浓厚兴趣的人士之中，包括研究陶瓷文化的学者与爱好者。纪录片作为影视作品的一种形式，其受众范围相较于其他类型的影视作品而言较为有限，通常仅限于特定的小众群体，如影视传媒相关专业的学者、创作者、学生以及相关领域的研究人员和爱好者。随着短视频平台的快速发展与普及，大量受众被吸引至此，导致纪录片的受众数量进一步缩减。在国际视野中，对陶瓷文化感兴趣的研究者数量更为有限，主要受众群体转变为了对陶瓷文化有着深厚爱好的人士。例如，《瓷路》这部纪录片成为海外播放量最高的陶瓷文化纪录片。观众的评论多为"like""love"等简单而直接的词语，反映出其受众主要是对陶瓷文化有着浓厚兴趣的爱好者。此现象表明，尽管纪录片作为一种传播媒介的受众基础相对较小，但通过专注于特定的文化主题，如陶瓷文化，仍能吸引并维系忠实的观众。这样的观众群体不仅对相关主题有着深厚的兴趣，而且在文化传播的过程中扮演着重要的角色。通过这些纪录片的观看和分享，陶瓷文化得以跨越地域界限，吸引到全球范围内的观众，并在全球范围内促进了对陶瓷文化的了解和欣赏。

2. 陶瓷情怀厚植的华人群体

海外华人群体，包括在海外的中国留学生、工作者和定居的华裔，他们心中对于祖国的思念和对文化的归属感始终如一。在陶瓷情怀这一背景下，不仅是对物质文化的喜爱，更是对中华民族精神文化遗产的一种情感认同。

在全球化的今天，文化的传播不再受地理界限的限制。陶瓷文化作为一种独特的艺术形式，通过纪录片等媒介在海外华人群体中传播，激发了他们对于中华文化的深厚情感。陶瓷不仅仅是一种物质存在，更是承载了中华民族历史变迁、哲学思想、审美情趣等多重文化价值的载体。因此，当海外华人在异国他乡观看到这些陶瓷文化纪录片时，内心产生的共鸣与归属感便油然而生。海外华人对于陶瓷文化的关注和喜爱，也反映了他们对于传统文化的尊重和传承的决心。在他们看来，陶瓷代表了一种艺术的美学追求，更是一种文化的传承和对祖国深沉情感的寄托。即便身处海外，这种文化的纽带也始终连接着他们与祖国的心灵深处。因此，陶瓷情怀在海外华人群体中引发广泛的共鸣，是对陶瓷艺术美感的认可，更是对中华文化深厚底蕴的自豪和对祖国不变的情感依恋。这种跨越国界的文化情感，使得海外华人在文化传播过程中成为陶瓷文化纪录片的重要受众群体，通过他们的传播和分享，陶瓷文化得以在全球范围内得到更广泛的认知和尊重。

3. 陶瓷魅力激发的潜在受众

陶瓷文化纪录片在跨文化传播中，通过无意识与有意识传播的双轨机制，成功触及并激发了广泛的潜在受众群体。这些潜在受众，未必事先对陶瓷文化持有深刻了解或兴趣，却因偶然接触到相关内容，被其内在的文化魅力所吸引，逐渐转变为积极的接收者。陶瓷文化纪录片的魅力在于其能够跨越文化边界，通过视觉美感和文化深度，唤醒观众对陶瓷艺术的欣赏与兴趣。在跨文化传播的背景下，陶瓷文化纪录片利用网络平台和社交媒体的广泛覆盖，依托用户群体的自发性分享、点赞和转发，实现了文化信息的无边界扩散。这种传播方式的特点在于其随机性和无目的性，使得文化信息能够触及更广泛的受众，包括那些原本不曾有意寻求了解陶瓷文化的人群。此外，有意识传播的策略，如精心设计的宣传和教育活动，也在不断扩大陶瓷文化纪录片的受众基础，增强其跨文化吸引力。陶瓷文化的魅力不仅体现在其艺术价值和审美特性上，还包括其背后所蕴含的深厚文化内涵和历史传承。陶瓷文化纪录片通过展示陶瓷的制作工艺、艺术风格及其在不同文化和时代中的变迁，为观众提供了一扇窗口，连接了了解和接触不同文化的桥梁。正是这种深入浅出的介绍和呈现，使得潜在受众能够在无压力的环境中自然而然地被吸引，并逐步转化为对陶瓷文化有着深厚兴趣的观众。

第二节　纪录片跨文化传播的内容呈现

一、传播内容的主题呈现

纪录片作为跨文化传播的媒介，在全球化浪潮中扮演着重要角色。特别是陶瓷文化纪录片，通过聚焦中国陶瓷文化的独特魅力，展示了中国的传统工艺，也在国际舞台上促进了文化的交流与理解。在这一过程中，纪录片的主题定位显得尤为关键，它不单是关于中国陶瓷的叙述，而是借助这一载体，向世界传递中国文化的深远影响力和独特价值。

（一）跨国界交流陶瓷技术

中国陶瓷技艺之所以能够成为世界的宝贵财富，不仅因为其独特的美学价值和技术成就，更因为这些技艺背后承载的文化意涵和历史传承。通过纪录片这一形式，中国陶瓷文化得以更加完整和生动地呈现给全世界，促进了文化的交流和相互理解。这种包容共享、兼收并蓄的态度，体现了中国文化的开放性和包容性，也为全球文化遗产的保护和传承提供了重要的参考和启示。秘色瓷，作为皇家专属的瓷器，其制作工艺复杂，涉及的技术要求极高。釉料的配方精密，对火候的控制需要极高的技艺水平，这些因素共同决定了秘色瓷独特的色彩与质感。通过《秘色瓷的真相》的深入解析，观众能够理解到这种瓷器背后的文化价值和技术精华，增强了对中国传统手工艺的认识与尊重。《匠心冶陶：景德镇传统手工制瓷技艺》则是通过系列化的纪录片，从原料开采加工到最终成品的每一个制作环节，细致地展现了陶瓷制作的全过程。该系列记录了陶瓷制作的技术细节，更通过匠人的故事，传达了对这门古老手艺深深的敬意和传承的重要性。每一集关注的工序细节，都体现了中国陶瓷技艺的精细与复杂，同时也展示了制瓷工艺背后的文化意义和审美追求。

　　历史上，中外陶瓷技术的相互借鉴促进了技术进步，彰显了文化交流的重要性。如今，随着社会的发展，既有的陶瓷技术亟待传承与保护，同时，新兴的制瓷技术与工艺不断涌现，挑战着传统与现代的融合。在这一背景下，陶瓷文化纪录片成为跨文化交流的重要媒介，通过记录与展示不同国家的陶瓷制作技术与艺术，促进了技术的交流与融合。纪录片如《手造中国》《我是你的瓷儿》等作品，通过讲述外国陶艺家在中国的学习与实践经历，展现了跨国界陶瓷技术交流的价值与意义。这些纪录片记录了陶瓷艺术的传承与创新，也促进了不同文化背景下人们对陶瓷技术的理解与尊重，从而推动了全球陶瓷艺术与技术的发展。陶瓷技术的跨国交流，不限于技术层面的互相学习，更涵盖了文化意义的共鸣与交融。通过这种交流，各国能够在保留自身传统特色的同时，吸收外来的创新元素，实现陶瓷艺术与技术的共同进步。这一过程丰富了各国的文化遗产，也为全球陶瓷艺术的多样性与创新提供了动力。

（二）国际视野解读中外陶瓷史

　　源远流长的陶瓷文化，体现了中国古代劳动人民的智慧和创造力，也映射了中华民族的物质文明和精神追求。瓷器的发展历程，从实用工具的简单形态演变为兼具审美价值的艺术品，既展示了技术创新的力量，也反映了文化融合的深度。①跨越时空的陶瓷，以其独特的艺术魅力和技术成就，成为连接不同文化、促进民间交流的重要纽带。中国陶瓷的历史可以追溯到公元前数千年，其间无数匠人的智慧与汗水，推动了瓷器技术的不断进步和创新。从最初的原始陶器到后来的白瓷、青瓷，再到元明清时期的青花瓷、斗彩瓷等，中国陶瓷艺术不断超越自我，引领世界陶瓷文化的发展潮流。这一过程是技术革新的历程，更是文化交流与融合的历史。通过丝绸之路等贸易路线，中国瓷器传播到亚洲的各个角落，及至欧洲、美洲，影响深远，促进了东西方文化的交流与理解。在这一跨文化交流过程中，中国瓷器不仅仅是一种物质商品的传播，更重要的是，它携带了丰富的文化信息和审美理念，成为一种文化的载体。瓷器上的图案、色彩及制作技术等，反映了中国的历史、哲学、宗教和社会生活，向世界展示了中华文化的独特魅力。同时，中国瓷器的传入也激发了其他国家对瓷器制作技术的学习和模仿，促进了技术的交流与融合，推动了全球陶瓷艺术的发展。陶瓷文化纪录片通过国际视野的解读，展现了中国陶瓷与世界交流的历史，让人们了解到中国陶瓷艺术的卓越成就，也深化了对文化多样性和文化交流重要性的认识。这一历史的解读，增强了对中国传统文化的自豪感和认同感，也为促进全球文化的交流与理解提供了宝贵的视角和启示。

例如，陶瓷文化纪录片《瓷路》以陶瓷的历史文化为背景，依托地域、历史人物等多维度，全面展现陶瓷发展历程，呈现悠久的中国陶瓷史。纪录片通过精细梳理陶瓷史，揭示了景德镇、丝绸之路、海上丝绸之路的发展脉络，还深入探讨了中外文明交流史，进而扩大了历史探索的范围，覆盖全球。海内外观众通过观看，能够联系到自身的社会生活与文化背景，对中华民族历史有了更深刻的理解与重新整合的认

---

① 张兵娟，杨曦.跨文化视角下我国瓷文化纪录片的影像叙事及国家形象建构[J].中国电视，2021（7）：87-91.

知。《瓷路》分为六集，每集均完整记录了不同朝代中国瓷器的发展轨迹及其特点，作品编排条理清晰，语言通俗易懂，有效地将中国陶瓷发展史展示给广大观众。在文化传播过程中，该纪录片确保了海外受众能够清晰理解中国陶瓷的历史与文化价值，促进了全球文化交流与理解。《China·瓷》专集讲述了中国陶瓷外销的历史。陶瓷作为世界上第一个全球化商品的地位，体现了其在国际贸易和文化交流中的重要作用。纪录片通过对历史上陶瓷问题的解答，揭示了西方对瓷器热爱的背后原因，解释了瓷器在西方社会中引发的"中国热"，及其被誉为"白金"的历史现象。这段历史是中西方文化交流的见证，也标志着中国与世界的紧密联系。

（三）传递新时代工匠精神

陶瓷文化纪录片展现了陶瓷匠人们辛勤劳动、刻苦钻研、悉心雕琢的过程，是对工匠精神的深刻诠释。在工匠精神重新获得关注的今天，这些纪录片抓住了时代话题，通过深入浅出的方式呈现工匠精神的内涵。《瓷都名流》通过讲述景德镇九位陶瓷大师的故事，展示了每一件陶瓷作品背后的努力与艺术，彰显了他们对陶瓷的热爱与执着。《匠心冶陶：景德镇传统手工制瓷技艺》将"匠心"融入片名，强调人生需要匠人精神。《手造中国》的《画心》则通过个人视角，记录匠人们制作过程中的磨难与情感，勾勒出一幅细腻的匠人画卷。陶瓷文化纪录片连接着历史、现在与未来，而且在每一部分中都深刻诠释了工匠精神。这份匠心随着时代的变迁而不断发展，但其核心价值始终未变。海外观众通过这些纪录片可以深刻感受到工匠精神对于中国乃至世界的重要价值，并对中华民族精神表示赞颂。通过对陶瓷匠人的生活、工作进行深入的观察与记录，这些纪录片揭示了陶瓷制作并不只是一种技艺，更是一种对美好生活的追求和对传统文化的传承。匠人们通过对每一件作品的悉心打造，展现了对工艺的尊重和对完美的追求。这种对工匠精神的传承和推崇，是对个人技艺的提升，更是对整个社会文化价值观的一种塑造和影响。陶瓷文化纪录片通过展示匠人们的故事和作品的创作过程，让观众能够更加直观地理解手工工艺的复杂性和艺术价值。这些作品背后的故事和匠人的生活态度，也成为传递新时代工匠精神的重要媒介。通过对这些匠人故事的讲述，纪录片让观众了解到这种古老工艺的现代生命力，更激发了人们对于精益求精、恪守匠心的深刻认识。

二、传播内容的叙事呈现

陶瓷文化纪录片通过情感导向的叙事呈现，能够深化受众跨文化的理解并使其产生共鸣。叙事不单是对事件或情节的静态描述，而是依赖于叙述者的视角、叙述技巧及叙述话语的动态交流，实现故事与观众之间的双向互动。在陶瓷文化的叙事中，故事的选择和叙述方式成为关键，它们决定了文化信息的传播效果及其在不同文化背景下的接受度。有效的叙事方法能够促进观众对陶瓷文化深层次价值的理解，进而增强文化传播的广度与深度。因此，陶瓷文化纪录片制作时需精心构建叙事框架，选取具有代表性与情感共鸣的故事元素，运用合适的叙述技巧，以促进文化的交流与传播。

（一）叙事视角：个人化叙事重述陶瓷故事

叙事视角塑造了受众对于陶瓷故事的理解，而且还影响了文化的跨文化传播。在这种叙事中，"叙述者在讲述故事时不会把客观世界原封不动地照搬到银幕上去，而是会选择使用一定的叙事策略，运用恰当的叙事视角，由此来实现客观世界到叙事世界的转化"[①]。由于陶瓷文化纪录片的厚重历史性，传统上偏好使用全知视角，即"上帝视角"，向受众全面、权威地讲述事件的发展和人物的故事。这种视角可以无所不言

---

① 杨义.中国叙事学[M].北京：人民出版社，1997：191.

地叙述历史、刻画人物和表明态度，是处理历史与现代、国内与国外多个时空素材的有效手段。然而，随着全球受众观念的变迁和审美习惯的改变，陶瓷文化纪录片的叙事视角也在发生转变。现今，受众更加注重人文关怀，渴望与故事中的"人"建立更深的情感联系。因此，个人化叙事视角成为新的选择，它通过聚焦于个体的经历和视角，重述陶瓷的历史，从而提供了一种更为亲密和具体的叙事方式。这种视角的转变让受众能够更深入地了解陶瓷文化，而且还促进了文化的跨文化传播，使得海外受众能够更好地理解和欣赏这一传统艺术形式。个人化叙事视角的采用，是对陶瓷文化纪录片传统叙事方式的一种补充和深化。它强调了个体经验和感受的重要性，通过细腻地描绘个人与陶瓷之间的关系，展现了陶瓷文化的多样性和丰富性。这种叙事策略让受众能够从新的视角理解陶瓷文化，而且还激发了受众对于文化传承和创新的思考。

《China·瓷》通过"花碗坪"这一具体元素，将中国瓷器与世界的联系串联起来，展示了中国瓷器在全球贸易历史中的重要角色。该片通过解说词主导，用全知视角梳理瓷器的发展脉络，展现了瓷器从景德镇出发，如何走向世界，以及"China"一词的由来。这种叙事方式使得历史的复杂脉络得以清晰呈现，观众能够在宏观的历史进程中理解中国瓷器的重要性。然而，仅仅依靠全知视角的叙事，虽然能够提供清晰的历史脉络，但在某种程度上缺乏情感的投入和个体经验的深刻体现。这种缺陷在《瓷路》的第六集《窑变》中得到了弥补。采用外国人殷弘旭的视角探秘中国陶瓷，为观众提供了一种全新的、更为个性化的历史体验方式。通过个体化视角的叙事，观众可以更加深入地感受到历史事件背后的人文情感，以及个体在历史进程中的独特体验和感受。这种从全知全能向个体化视角的转变，标志着纪录片制作在叙事策略上的创新和发展。个体化叙事为观众提供了更为丰富和立体的历史体验，同时也强化了纪录片作为文化传播媒介的作用，使其能够更加有效地触及观众的情感，增强叙事的吸引力和感染力。

（二）叙事结构：板块式叙事重构陶瓷历史

结构是衡量纪录片艺术质量的重要标志，也是体现创作者思想和艺术表达能力的重要标志。在陶瓷文化的叙事中，板块式叙事结构提供了一种灵活的框架，使得纪录片能够根据不同的内容和受众需求进行有机的调整和组合。板块式结构允许纪录片在保持整体连贯性的同时，对各个时期或主题进行深入挖掘，从而更加生动地展现陶瓷艺术的历史脉络和文化内涵。在陶瓷历史的叙事重构中，传统的顺序式叙事结构曾被广泛采用，这种结构按照时间顺序展开，便于观众理解陶瓷发展的历史进程。然而，随着叙事视角的转变，更加灵活多变的叙事结构开始被导演们所倾向。这种转变意味着，纪录片制作不再局限于线性的时间叙事，而是更加注重于通过不同的叙事板块来展现陶瓷文化的多样性和复杂性。这样的叙事结构不仅能够吸引更广泛的受众群体，还能够更加深入地探讨和反映陶瓷艺术背后的文化价值和社会意义。例如，《瓷路》通过顺序式结构讲述了中国瓷器的发展史，但这种叙事方式虽然条理清晰，却可能在一定程度上限制了叙事的深度和广度，见表6-1。相比之下，采用板块式叙事结构的纪录片，则能够在保持历史线索清晰的同时，对特定时期或主题进行更加集中和深入的探讨，从而为观众提供更为丰富和立体的观看体验。

表6-1 《瓷路》的叙事结构

集数	朝代	主要陶瓷器物
第一集《抟土》	无	龙骑兵瓶；大陶罐；彩陶盆；蛋壳陶；白陶；虎子
第二集《梦幻》	唐	唐三彩；奈良三彩；三彩俑；秘色瓷；"黑石号"文物；大宗瓷器；唐代青花瓷

续　表

集数	朝代	主要陶瓷器物
第三集《天青》	宋	钧瓷；天青无纹水仙盆；黑釉盏；黑釉器
第四集《异彩》	元	白色胎质瓷器；玉壶春瓶；土青花；卵白釉瓷；大维德瓶；霁蓝釉白龙纹梅瓶
第五集《望海》	明	永乐年间的龙纹瓶；代尔夫特蓝陶；克拉克瓷
第六集《窑变》	清	麦森瓷器；红色瓷盘；花瓶；大瓷瓶"瓷母"；八蛮进宝图瓶

陶瓷文化纪录片在《瓷路》之后，展现出板块式叙事结构的特点。该结构通过分散而独立的叙事单元，各自围绕陶瓷文化的不同方面进行深入探讨，而后通过创作者的主观构思，将这些看似独立的板块联结于统一的主题之下。这种叙事策略增强了纪录片内容的丰富性和扩大了其覆盖面，而且使得对陶瓷文化的表现更为全面和立体。在实际应用中，诸如《手造中国》之类的纪录片便采用了此种叙事手法，通过《水土》《器度》《画心》《守艺》《薪火》等几大板块的设定，展现了陶瓷制作的每一环节及其背后的工匠精神，见表6-2。这样的叙事结构使得每一部分都能够独立成章，让观众可以深入了解到不同地域、不同类型陶瓷的特色，以及不同专长工匠在制瓷过程中的独到之处。通过板块式结构的叙事，纪录片能展示技艺上的精湛，更能体现出陶瓷文化在中国各地广泛而深厚的历史文化底蕴。从景德镇的精细瓷器到云南、湖北乃至内蒙古的地方特色陶瓷，纪录片通过对这些不同地域、不同类型陶瓷的展现，揭示了中国陶瓷文化的多样性和丰富性。板块式叙事结构还能够更好地体现出陶瓷生产的复杂性和专业性。每一道制瓷工序的背后，都是对材料、技艺、美学等多方面知识的深入理解和应用。通过将这些工序

分别归入不同板块进行叙述，纪录片能够更为细致和专注地展示工匠们在各自领域内的专业技能和创造力，以及他们对于传统与创新结合的不懈追求。

表6-2　纪录片《手造中国》分集简介

集数	分集名称	分集内容
第一集	《水土》	制瓷原料取自水土
第二集	《器度》	制瓷所用的丈量工具
第三集	《画心》	瓷器上绘画的制作
第四集	《守艺》	陶瓷工匠对手艺的坚守
第五集	《薪火》	瓷器的烧制

《我是你的瓷儿》通过板块式叙事，精心构筑了对陶瓷文化深度解读的新视角。作品将讨论范围细分为《纯色耀目》《万世青花》《五彩交融》《争奇斗艳》《瓷上世界》五大部分，每个部分着重于不同釉色瓷器背后的艺术特征及人文价值，展现了丰富的文化内涵与审美追求。虽然这些部分看似独立，但深入探索后，可以发现它们之间存在着微妙的内在联系，共同反映了陶瓷文化的发展脉络与创新精神，见表6-3。

表6-3　纪录片《我是你的瓷儿》分集简介

集数	分集名称	分集内容
第一集	《纯色耀目》	单色釉的制作
第二集	《万世青花》	青花的制作
第三集	《五彩交融》	釉上彩的制作
第四集	《争奇斗艳》	斗彩的制作
第五集	《瓷上世界》	景德镇瓷器与世界的交流

（三）叙事技巧：叙事细节传递陶瓷情怀

在早期的历史文化纪录片制作中，情景再现叙事技巧占据了主导地位。其中，安德烈·巴赞（André Bazin）提出的两个再现场景的条件，"不能有意欺骗观众"以及"事件的本质与重新搬演出来的内容不矛盾"，为纪录片的真实性和客观性提供了基本遵循①。这种方法通过角色扮演或影像技术的运用，有效地将历史资料转化为直观影像，从而丰富了叙事手段，满足了观众对于多样化审美的需求。然而，陶瓷文化纪录片在跨文化传播的过程中，对叙事技巧的考量需更为精细。细节内容的精准呈现是技术上的挑战，更是情感表达的关键所在，关乎如何在海外受众心中植入对陶瓷文化的情感认同。要实现这一目标，纪录片需要通过细节的精心布局来构建故事框架，使每个镜头、每个场景都充满情感张力，让观众在观看过程中能够感受到陶瓷背后的文化底蕴和匠人精神。例如，通过展示陶瓷制作的精细过程、匠人对材质选择的苛刻、对作品细节的精雕细琢，可以让观众感受到陶瓷艺术的非凡魅力和文化价值。

陶瓷工艺，作为中华文明的瑰宝，其精湛技艺和深厚文化底蕴一直受到国内外广泛赞誉。纪录片《手造中国》第四集《守艺》便是通过细腻叙事，展现了陶瓷工匠匠心独运的创作过程，进而传递了深厚的陶瓷情怀。在片中，老许与老冯的合作展示了各自技艺的精妙结合，他们分工合作，一人负责主体图案，一人专注边饰，共同完成了一件艺术价值和工艺价值兼具的瓷器。此种叙事方式，通过对制瓷细节的聚焦，揭示了制作过程的复杂性，也体现了工匠对于传统技艺的尊重和坚守。纪录片精心选择的叙事细节，如对笔尖描摹的特写镜头，凸显了工艺的精细与艰辛，更重要的是，通过这些细节的呈现，将工匠内心的情感和对陶

---

① 巴赞.电影是什么？[M].崔君衍，译.南京：江苏教育出版社，2006：33.

瓷艺术的无限热爱传达给观众。这种情感的传递，跨越了文化和语言的界限，使得国际观众也能感受到中国陶瓷文化的独特魅力和工匠精神的价值。

三、传播内容的影像呈现

纪录片，作为一种集视觉与听觉于一身的传播媒介，对于中国文化的全球传播扮演着关键角色。通过影像语言的运用，纪录片能够展现文化的真实面貌，还能赋予其艺术性，从而有效地将中国特色文化介绍给世界。影像语言，包括视觉语言和听觉语言两大部分，随着纪录片创作技术的进步和创作理念的更新，已经使得历史文化类纪录片超越了传统的"画面＋解说词"的模式，向着更加丰富和多元的方向发展。这种变化增强了纪录片本身的吸引力，也使其成为跨文化传播中的有力工具。特别是在陶瓷文化的纪录片中，影像语言的精心设计和运用，能够准确传达文化信息，还能激发观众的兴趣和情感共鸣，从而在全球范围内促进对中国陶瓷文化的理解和欣赏。

（一）构图

构图，即被摄对象的空间布局和安排，是通过视觉元素的有意组织，来传递特定信息和情感的一种手段。① 在陶瓷文化纪录片《瓷路》中，瓷器作为画面构图的核心，始终占据着中心位置或以其他方式突出显示，旨在强调陶瓷的文化价值和美学特性。陶瓷在画面中的主导地位有助于吸引观众的视线，同时还能加深对陶瓷文化深厚底蕴的认识。通过将瓷器置于画面中心，或应用虚化技术将焦点锁定在瓷器上，纪录片成功地将观众的注意力集中于陶瓷本身，让观众能够真切地体验到陶瓷文化的独特魅力和历史演进。此外，陶瓷文化纪录片在展现瓷器时采用了多样

---

① 胡智峰.影视艺术导论 [M].北京：高等教育出版社出版，2012：37.

的构图手法，如对角线构图、对称性构图和满画面构图，每种构图方式都以其独特的视觉效果强化了陶瓷的视觉冲击力和文化内涵的传递。

1.对角线构图

对角线构图通过在画面中创造一条明显的对角线，有效地引导观众视线沿此方向移动，进而增强画面的动态感和深度感。在《瓷路》这一影视作品的第一集中，制作团队巧妙地运用对角线构图，精心安排了青铜器的展示角度和动作轨迹，使得原本静态的展品瞬间充满了动感。画面中的青铜器沿着对角线排布，或是通过摄影机的运动镜头形成动态的对角线，这种视觉安排不仅令观众的视线自然沿着对角线移动，探索画面的每一个细节，同时也强化了青铜器工艺的精细与复杂，展示了其独特的美学价值。通过对角线构图，画面内容获得了一种向前或深入的动力，使得观众能够感受到一种视觉上的推进感和空间的延展性。在《瓷路》中，这种构图方式有效地展现了古代青铜器的辉煌与华丽，还巧妙地营造了与陶瓷静态美的对比，进一步加深了观众对古代工艺美术差异性的认识。对角线构图的应用，是对影像呈现技巧的深思熟虑，体现了制作者对视觉艺术的理解和掌握。通过具体的视觉语言，传达了文化和艺术的深层意义。

2.对称性构图

对称性构图通过画面中心或平行分割的方式，实现画面的平衡与和谐。此方法将主体置于画面中央或通过左右、上下同等分割，确保画面两侧距离相等，从而形成一种视觉上的均衡[1]。例如，在《瓷路》的拍摄中，采用对称性构图展示瓷器釉料，凸显了陶瓷工艺品的美感，同时借助特殊的光影效果，增加了作品的动态感和视觉吸引力。通过光与影的相互作用，引导观众视线和注意力的移动，有效地突出了陶瓷釉料工艺

---

① 李江萍.陶瓷纪录片的艺术特征研究[D].景德镇：景德镇陶瓷大学，2021.

的独特魅力。此种构图方式增强了画面的视觉效果，更在无声之中传达了深层的文化和技艺价值，使观众能够在静谧中感受到作品的生动和韵律，展现了视觉传播中对称性构图的强大表达力和美学价值。

3. 满画面构图

满画面构图是一种视觉艺术手法，通过将摄影或绘画对象充满整个画面，剔除非必要元素，以达到突出主题、强化视觉冲击力的效果。在这种构图中，摄影对象不受限于特定形式或数量，既可以是对单一对象的全面展示，也可以是多个元素的集体呈现，关键在于通过画面的充满来引导观众的视线，集中其注意力于摄影主题上。例如，纪录片《瓷路》中，对古代沉船"黑石号"上的铜官窑瓷器的展示，采用了满画面构图的方式，使观众能够直观地感受到瓷器的数量之多，还能通过对单件瓷器的局部放大，细腻地展现出瓷器的精细工艺和美学价值。这种呈现手法使观众能够在视觉上全面地接触到铜官窑瓷器的美，更深层次地传递了对古代铜官窑陶瓷铸造技艺的赞赏和对中国古代瓷器工艺美学的认识。满画面构图的运用，不限于特定的艺术门类，其在摄影、绘画乃至电影制作中均有广泛应用。通过充满画面的对象展示，艺术家能够更直接、更有力地与观众进行视觉和情感的交流，增强作品的表现力和感染力。此外，这种构图方式也为艺术创作提供了更多样的表现手法，使作品能够在视觉上呈现出多样化的美学效果，进而丰富了艺术语言的表达能力和视觉文化的内涵。

（二）光效

光效在陶瓷文化纪录片中发挥着至关重要的角色，通过对光的性质、成分、角度、层次以及强弱和明暗的精心调整，展现了中国陶瓷的独特魅力。这种方法能够改变观众对陶瓷外观的感知，还能深化他们对陶瓷文化内涵的理解。通过不同光效的应用，陶瓷的质地、颜色及其在不同光线下的反应被细致展示，从而强化了观众对陶瓷美学特质的感受。此外，光效的变化还能模拟不同的环境和氛围，为观众提供更为丰富和立体的视觉体验。

1. 正面光

在陶瓷文化纪录片的影像呈现中，正面光的应用极为关键，尤其是在强调陶瓷器物的细节和质感时。通过从被摄物体正面投射的光线，能够确保光线直接照射在陶瓷主体的正面，从而最大限度地展现其细节和色泽。正面光的使用能够简化背景，避免背景的杂乱无序对观众视觉的干扰，还能够通过柔和的暖光营造出一种安静、祥和的画面氛围。这种氛围有助于观众集中注意力于陶瓷本身，进而更加深入地理解和欣赏瓷器的美学价值和文化意涵。例如，在《瓷路》系列纪录片第四集《异彩》中，对中国龙泉窑的玉壶春瓶的展示便是一个典型案例。通过采用正面的暖光照射，配合洁白的背景，玉壶春瓶在画面中呈现出晶莹剔透、温润如玉的质感，既展示了陶瓷本身的精湛工艺，又通过光线和背景的巧妙搭配，传递出一种超越物质的美学和文化价值。这种视觉表达方式加深了观众对陶瓷文化的理解，也提升了纪录片整体的艺术表现力。

2. 顶光

顶光照明作为一种照明技术，在摄制陶瓷文化纪录片中扮演着至关重要的角色。通过将光源置于被摄物体正上方，能够精准地揭示出陶瓷表面及其内部的细节与纹理，为观众呈现出物体本身的质感与工艺之美。在陶瓷文化纪录片《瓷路》中，顶光的使用为展现元青花等陶瓷作品的内部细节提供了极佳的视觉支持。通过顶光照明，元青花的纹理、色泽以及轻薄的质地得以精确展现，使观众能够透过镜头，感受到中国古代手工艺人精湛的制瓷技艺。同样，在展现龙山文化中的蛋壳瓷时，顶光强调了蛋壳瓷的轻薄与精美，更让观众能够真切感受其独特的艺术魅力与文化价值。

（三）数字技术再现场景

数字技术在我国陶瓷文化纪录片制作中的应用，为传统纪录片创作手法注入了新的活力。通过精细的数字模拟技术，制作团队能够在缺乏直接历史实物或实景的情况下，准确再现制瓷技艺及其历史背景。此技术不仅仅是一种视觉效果的增强，更是一种对历史文化的深度挖掘和再现，填补了传统纪录片依赖实物和实景所无法覆盖的空白。

纪录片《景德镇》中利用数字技术对珠山及其周边地理位置进行模拟，展现了珠山区在景德镇陶瓷历史中的核心地位，以及"五龙献珠"格局的独特视角。这种数字模拟的应用，让观众能够直观感受到地理环境对景德镇陶瓷文化发展的影响，也为理解中国皇家御窑厂的发现和其重要性提供了有力的视觉支持。通过这种方式，纪录片有效地增强了叙事的逻辑性和历史的连贯性，使观众能够更加流畅地理解历史事件的发展脉络。同样，在《陶瓷 China》中，通过三维动画技术再现 1405 年郑和下西洋的盛况，展示了明朝的国力，也体现了中华民族文明的广泛传播。这种全景式的拍摄视角和动画模拟，使得历史事件的再现不限于文字描述，而是通过直观、生动的图像将观众带入那个时代，感受历史的厚重感和文化的传承。《瓷路》中对陶瓷历史发展及烧制流程的动画表达，同样展现了数字技术在纪录片中的创新应用。通过动画，复杂的技艺流程和历史发展被形象化、简化，使得普通观众也能轻松理解陶瓷文化的精髓和技艺的演变过程。这种创新的表达方式，丰富了纪录片的内容，也使得文化传播更为生动和直观。

第三节　纪录片跨文化传播渠道及策略

一、纪录片跨文化传播渠道

（一）自主可控：独立的国际化平台

随着新媒体平台的蓬勃发展，不限于国内市场的传播，更是以国际化视野，探索独立传播的可能性。视频网站、短视频平台及社交媒体平台均在向此方向努力，旨在打造自主可控的国际化通道。根据第52次《中国互联网络发展状况统计报告》，至2023年6月，中国网民规模达到10.79亿，相比2022年12月增加了1109万，互联网普及率为76.4%。这一数据反映了网络作为信息获取的主要渠道的地位，同时也指出了视频网站、短视频平台和社交媒体平台因应该趋势而获得的发展机遇。

纪录片作为文化传播的一种重要形式，在全球范围内受到广泛关注。特别是陶瓷文化纪录片，作为传统文化的重要载体，其跨文化传播的渠道选择显得尤为关键。独立的国际化平台，因其庞大的用户基数和全球覆盖的网络，成为陶瓷文化纪录片对外传播的主要渠道。再加上其开放性和易接入性，使它成为连接不同文化、传播多元文化内容的桥梁。国际化平台的独特之处在于其对内容发布者的宽松政策，允许各种形式的内容自由上传，这为陶瓷文化纪录片的传播提供了便利。然而，该平台上对内容发布者缺乏足够的认证机制，使从众多内容中辨识和发掘优质的文化纪录片成为一大挑战。尽管如此，国际化平台的强大影响力和全球覆盖能力，仍旧为陶瓷文化的国际传播提供了无与伦比的平台。陶瓷文化纪录片在国际化平台上的表现，虽然在播放量方面可能未能达到某些自媒体巨头的高度，但其文化传播的价值和意义远超数字表现。《瓷路》的较高播放量表明，有着深厚文化底蕴的纪录片能够在国际舞台上找到自己的受众，尽管这一过程可能需要更多的时间和耐心。因此，国际化平台在促进陶瓷文化跨文化传播方面发挥着不可或缺的作用，其重要性在于提供了一个全球性的展示窗口，让世界各地的人们能够接触和了解到中国深厚的陶瓷文化。

近年来，随着全球化进程的加速，各国之间的文化交流变得日益频繁，纪录片的国际化传播渠道亦日渐多样化。中国纪录片通过独立、自主可控的国际化平台传播，成为跨文化交流的一种有效方式。众多国内视频平台如爱奇艺、芒果TV、腾讯视频及哔哩哔哩，均已推出国际版，便于海外受众获取并观赏感兴趣的内容。这些平台不仅自主控制国际化进程，还通过与海外平台的合作，加强了文化的交流与传播。特别是在纪录片领域，国内视频平台积极与国际知名厂牌进行合作，如BBC，既引进国际优质纪录片内容，也将中国的纪录片推向国际市场。例如，哔哩哔哩在纪录片的制作与传播上与BBC进行国际化合作，腾讯视频则通过其国际版WeTV，参与国际纪录片的创投，也将国内纪录片推广至海外。芒果TV制作的纪录片更是成功传播至多个国家与地区，如美国、新加坡、中国香港等。陶瓷文化纪录片作为中国传统文化的重要组成部分，也在这一跨文化传播渠道中占据了一席之地。受国家政策鼓励与国家广电总局号召，陶瓷文化纪录片成为创新发展的重点项目。爱奇艺的《手造中国》、哔哩哔哩的《我是你的瓷儿》以及芒果TV的《雕琢岁月》，均通过国际版视频客户端向海外受众呈现，使海外受众得以深入了解中国丰富的陶瓷文化。中国纪录片通过这些独立、自主可控的国际化平台的传播，拓宽了纪录片的国际传播渠道，也加深了全球受众对中国文化的了解和认识。这种跨文化传播的模式，有效促进了文化的交流与融合，增强了中国文化软实力的国际影响力。

（二）横向扩散：开放的广场式传播

1. 微博

纪录片作为文化传播的重要载体，对在全球范围内展示和传播特定文化具有不可或缺的作用。微博，作为一种社交媒体平台，其在跨文化传播中的角色日益凸显，特别是在陶瓷文化纪录片的推广方面表现突出。通过官方账号的设立及个人账号的活跃运用，微博能够有效地将陶瓷文化纪录片的内容以图文和视频的形式传达给广泛的受众群体，不限于国内用户，还包括国际版微博的海外用户。这一过程增强了纪录片的可见度，而且通过微博热搜榜这一机制，能够在用户群体中形成自发的讨论与传播，扩大其影响力。《瓷路》的官方微博"CCTV 瓷路"，就是一个成功的案例，它展示了微博如何作为跨文化传播的平台，促进陶瓷文化纪录片的广泛传播。

微博的使用策略在于其开放广场式的传播特征，即信息发布后既能被已有的关注者看到，也有可能因为内容的吸引力或时效性而登上热搜榜，从而被更广泛的用户所注意。这种策略有效地利用了微博平台的社交网络特性，促进了信息的横向扩散，使得纪录片内容能够迅速传播并吸引不同文化背景的观众。微博国际版的推出，使得这种文化传播不限于国内用户，还能够触及全球范围内对中国陶瓷文化感兴趣的受众。这种跨文化的信息传播，增强了纪录片的国际影响力，也促进了全球文化的交流与理解。

2. 微信

微信自 2011 年面世以来，已成为集即时通信、社交媒体、内容分享于一身的综合性平台，吸引了庞大的中外用户群体，成为跨文化交流的重要渠道。该平台在促进文化交流方面的价值主要体现在社交平台价值、媒体价值、营销及服务价值、互联网入口价值以及互联网连接器价值五个方面。特别是在陶瓷文化纪录片的跨文化传播中，微信平台发挥着不可忽视的作用。

通过微信，陶瓷文化纪录片的观众能够便捷地向国内外好友推荐纪录片，通过朋友圈或群聊分享相关内容或短视频，从而使这些文化内容在小圈层内部得到传播。这种形式的传播优势在于，它依托于个人之间的信任和熟悉度，能够有效降低文化差异和观念偏见所带来的障碍，增强信息的接受度和认同感。与微博这一类的大众化社交媒体相比，微信的社交属性更偏向于私密和小圈层交流，这使得跨文化传播更加精准和有效。用户在与海外好友通过微信沟通时，能够有针对性地解释和推荐文化内容，促进了深层次的文化理解和交流。因此，微信是信息传播的工具，更是连接不同文化背景人群的桥梁，对于促进文化的相互理解和认同具有重要意义。

媒体价值是微信平台的主要价值之一，以微信公众号为基础的媒体化探索，扩大了微信平台的媒体价值[①]。这一观点深刻揭示了微信公众号在现代传媒生态中的地位及其对于内容传播的贡献。微信公众号通过发布针对海外受众的有影响力纪录片文章，为陶瓷文化纪录片的传播提供了有效途径。订阅用户接收到的推送介绍了陶瓷文化纪录片的相关内容和表现形式，还激发了用户对该文化遗产的兴趣和认识。借助于具有国际影响力的订阅号，陶瓷文化纪录片的精彩内容得以跨越国界，直接推送至海外用户的微信平台上。《南方周末》微信公众号发布的《问礼瓷都：匠从八方来，器成天下走》一文便是一个显著例证。该文通过介绍央视系列纪录片《有礼了，中国》中的景德镇篇章，有效促进了陶瓷文化纪录片在国际范围内的传播。文章的高阅读量反映了公众对于陶瓷文化纪录片内容的强烈兴趣，

---

① 彭兰.网络传播概论[M].北京：中国人民大学出版社，2017：118.

同时也展示了微信公众号作为传播渠道的巨大潜力和效能。

（三）纵向深入：精准的兴趣群式传播

社交平台如微博、微信等广场类社交媒体在推广陶瓷文化纪录片方面发挥了重要作用，但除此之外，兴趣群式的社交媒体平台对于陶瓷文化纪录片的传播同样不可或缺。豆瓣和 Rotten Tomatoes 等平台通过汇集特定兴趣群体，为陶瓷文化纪录片的跨文化传播提供了有力的支持。这些兴趣群式社交媒体平台的特点在于能够准确地聚集对特定文化内容感兴趣的受众。在这种平台上，陶瓷文化纪录片可以被更精确地推荐给对此类文化遗产感兴趣的观众，从而实现更有效的跨文化传播。通过这样的传播渠道，可以增加陶瓷文化纪录片的观众基数，还能在不同文化背景的观众中促进对中国陶瓷文化的理解和欣赏。

豆瓣作为一种兴趣群式社区网站，在纪录片跨文化传播领域发挥着重要作用。该平台以图书、电影、电视剧、音乐及学术理论等内容为主打，便于用户发现并深入探讨感兴趣的主题。通过形成兴趣小组，豆瓣促进了同好者之间的交流与分享，加深了用户对特定领域内容的理解和兴趣。特别是在纪录片领域，豆瓣提供的打分服务和用户评价系统，为用户提供了一个直观的参考，帮助他们选择值得观看的作品。陶瓷文化纪录片在豆瓣上的记录展示了该平台在传播特定文化内容方面的潜力。无论是历史悠久的作品，如《瓷都景德镇》，还是近期发布的《我是你的瓷儿》，豆瓣都能提供详细的介绍、评价以及观看链接。这既方便了对陶瓷文化感兴趣的用户进行深入了解，也为广泛传播陶瓷文化提供了有效渠道。用户可以通过撰写短评或影评，附加相关话题，与其他感兴趣的网友分享观点，从而形成了一个互动性强、内容丰富的文化交流社区。虽然豆瓣的国际用户群体相对有限，使其在全球范围内的跨文化传播能力受到一定限制，但其在国内的广泛认可度和影响力，使其成为国内外了解中国文化的重要平台。通过豆瓣，用户能够获得关于陶瓷文化纪录片的全面信息，还能够参与更加深入的文化交流与讨论，这种精准的兴趣群式传播模式有效促进了文化的传播与共享。

Rotten Tomatoes，作为一个专业的影评平台，通过聚集专业影评人的评价，为影视作品提供了一个评价的标准。这种由专业人士进行评价的机制，确保了评价的权威性和专业性，与豆瓣平台相比，后者允许所有用户参与打分，Rotten Tomatoes 的评分体系更注重专业影评人的意见。这样的评分机制在一定程度上引导了观众的观影选择，特别是对于追求高质量文化产品的观众群体，Rotten Tomatoes 提供了一个重要的参考。对于纪录片而言，特别是那些关注特定文化主题的作品，如陶瓷文化纪录片《瓷路》和《China·瓷》，通过 Rotten Tomatoes 这样的专业影评平台进行传播，能够提升其在国际上的知名度，还能够吸引更多对相关文化主题感兴趣的观众。虽然这些作品在 Rotten Tomatoes 上的关注度有限，缺乏足够的评价，但这正凸显了在纪录片跨文化传播过程中，需要更多地利用这类专业平台，通过精准的兴趣群体传播策略，增强目标观众对纪录片的认知和兴趣。

二、纪录片跨文化传播策略

（一）普适化表达重塑文化记忆

中国作为高语境文化国家，在与低语境文化国家进行交流时面临着诸多挑战。陶瓷文化，作为中国传统文化的重要组成部分，其深厚的文化底蕴和丰富的历史背景，使得其在跨文化传播中遇到了特别的困难。在这一背景下，陶瓷文化纪录片的制作与传播，需要采取普适化的表达方式，通过更加通俗易懂的语言和形式，使得低语境文化国家的受众能够顺畅地接受并理解陶瓷文化，进一步推动中国文化的全球传播。中国陶瓷的外销历史为世界所熟知，开启了全球范围内对中国陶瓷的广泛兴趣。以 BBC 拍摄的《中国瓷器瑰宝》为例，通过专注于这一段共同的文化记忆，纪录片成功地为海外受众揭示了"陶瓷热"的起源和原因，从而有效地促进了对文化的理解与欣赏。通过这种方式，纪录片解决了由于高低语境文化差异导致的理解偏差，还增进了不同文化背景受众之间的交流和理解。

通过植入海外观众熟悉的非语言符号，纪录片能够极大降低解码难度，激发观众的解码兴趣，从而达到优良的传播效果。陶瓷，作为一种广为人知的中国文化符号，其在纪录片中的呈现应侧重于视听语言的运用，减少旁白和解说词的叙事内容，借助非语言符号使其深入人心。与此同时，历史文化类纪录片的传统依赖于解说词的叙事方式，在面向海外受众时需考虑进行适度调整，特别是针对低语境文化背景的国家，对陶瓷文化的表述应进行重新编码，积极探索既具娱乐性又不失人文价值的表达方法，以适应海外受众的接受偏好。例如，《我是你的瓷儿》这一由哔哩哔哩制作的陶瓷文化纪录片，便采取了将轻松愉快的音乐、清新超脱的画面及普遍认可的元素相结合的方式，对作品进行包装。纪录片中难以理解的术语和叙述，通过采用大众易懂的语言进行再次解释，有效地展现了陶瓷文化与当代文明的融合，全面呈现了陶瓷的实用性与审美价值。此类呈现方式满足了中外观众的共同观影偏好，也有效消除了文化语境差异带来的理解障碍。

普适化表达作为沟通与理解不同文化记忆的桥梁，对于重塑共同的文化记忆具有深远影响。文化记忆这一概念，既是历史与现实交织的产物，也是社会共同体认同感与连续性的重要载体。在全球化背景下，文化的传播与接受越来越不受国界和语言的限制，特别是对于陶瓷文化这一具有悠久历史和丰富内涵的领域，通过纪录片等媒介进行的普适化表达，能够有效地跨越国际的文化差异，促进文化的跨文化理解并产生共鸣。18 世纪以来，中国陶瓷文化在海外的广泛传播，特别是外销瓷的流行，展示了中国陶瓷的独特魅力，也在世界各地形成了深刻的文化记忆。这种记忆不仅仅属于华夏民族，同样属于那些与中国有着丝绸之路贸易往来的国家。通过普适化的表达方式，陶瓷文化纪录片《China·瓷》等作品的创作与传播，激活了这段共享的文化记忆，使得国际受众能够在情感上产生共鸣，从而有效降低文化误读，增强文化认同。陶瓷文化纪录片的创作，尤其注重普适化表达的运用，试图通过讲述陶瓷的故事，将古代陶瓷文化的繁荣与当今世界的观众连接起来。例如，《China·瓷》从花碗坪港口和葡萄牙船队的故事开始，不仅仅是讲述一个关于陶瓷的历史故事，更是尝试唤起一种跨越时空的文化共鸣。这样的表达方式，不单是对陶瓷文化的展示，更是一种跨文化对话的尝试，通过文化的共同记忆，促进不同文化间的理解与尊重。

（二）整合传播渠道，探索多元传播

纪录片作为一种特殊的影视作品形式，其传播效果直接影响到公众对于所涉及主题的认识与理解。因此，确保纪录片通过有效的传播渠道接触到目标受众，显得尤为关键。在当前多媒体技术日益发达的背景下，传播渠道的多元化成为扩大纪录片观众基础的重要策略。

1.把握媒介融合理念

打造新型主流媒体，旨在通过媒介融合，实现不同媒介之间的互通与互融，从而突破传统的时空及终端限制，为传播渠道带来创新。在此背景下，陶瓷文化纪录片的创作与传播，如《瓷路》《China·瓷》等作品，显著受益于中央主导的主流媒体的支持与推广。新型主流媒体的运用加强了这些纪录片在国内的影响力，也显著提升了其在全球范围内的传播效率与跨文化交流的可能性。与诸如哔哩哔哩、爱奇艺等国内外多平台的合作，促进了纪录片的广泛传播。这种跨平台合作模式，增加了纪录片的观看渠道，而且通过共同宣传，实现了资源的最大化利用，进而大幅提升了传播效果。特别是在国际传播市场上，通过一些社交媒体平台的积极参与，使得这些纪录片能够精准地定位并吸引国际受众。媒

介融合还为海外受众提供了互动的平台，使他们能够通过点赞、评论等方式参与纪录片的传播，从而扩大了作品的影响范围，还为媒体机构提供了了解海外观众需求与意见的重要渠道。这种双向交流的机制，促进了陶瓷文化纪录片的跨文化传播，提高了其在全球文化交流中的影响力与地位。

2.支持新兴媒体平台，推动作品加速"走出去"

新媒体平台的兴起为陶瓷文化纪录片的跨文化传播提供了独特的渠道和机遇。在全球化的背景下，文化的交流与传播日益成为连接不同国家和地区的重要桥梁。中国陶瓷，作为国家文化的重要组成部分，其丰富的历史内涵和艺术价值需要通过有效的方式传递给世界各地的观众。在此背景下，新媒体平台的利用显得尤为重要。新媒体平台，特别是社交媒体，由于其传播快速、互动性强和覆盖面广的特点，成为陶瓷文化纪录片跨文化传播的有力工具。通过在一些国际社交媒体平台上开设官方账户，可以直接与全球观众进行互动，及时收集反馈，从而更精准地满足受众的需求和兴趣。这种直接的交流和反馈机制有助于提升受众的参与感和忠诚度，而且能够有效拓宽沟通渠道，加速中国陶瓷文化的国际传播。中国电视网与全球200多个国家和地区的密切联系，以及与海外著名新媒体平台的合作，为陶瓷文化纪录片的国际传播提供了有力的支持。通过这些平台，可以将陶瓷文化的纪录片推广到更广泛的地区，触达更多的受众，从而有效地传播中国的陶瓷文化，塑造国家的良好形象。

（三）挖掘文化特色，推动差异传播

在信息爆炸的时代，确保获取的信息具有权威性和可信度变得尤为重要。正如埃弗雷特·罗杰斯（Everett Rogers）所言：高可信度的信源在传播行为之后会立刻导致较多的态度变化①。权威性和可信度对于信息的接受和传播具有决定性的影响。陶瓷文化作为中国传统文化的重要组成部分，其相关的纪录片《China·瓷》与《瓷路》通过对国内外瓷器专家的深入采访，展示了这些专家对于陶瓷文化研究的投入和贡献。这些专家的见解和研究成果的分享，为纪录片增添了权威性，使其成为陶瓷文化传播中的可信信息源。同样，《手造中国》和《我是你的瓷儿》纪录片通过记录国内外著名的陶瓷工匠的制瓷心得和手法，为观众提供了从一线制瓷工艺人员视角出发的真实且具体的陶瓷制作过程。这种从实践中汲取的知识和经验的展示，丰富了观众对陶瓷文化的认识，也增强了纪录片内容的可信度。摄制组在拍摄每一部作品时，努力覆盖陶瓷文化的各个方面，从景德镇到世界各地，力求在不同的历史地点和场景中真实地再现陶瓷艺术的发展和传承。这种对地域和历史背景的全面涵盖，提升了纪录片的信息含量，也为观众提供了一个深入了解陶瓷文化多样性和复杂性的机会。

传统的陶瓷文化纪录片多聚焦于知名瓷器如青花瓷的介绍与制瓷步骤的展示上。虽然这些内容在一定程度上满足了观众对陶瓷文化的初步了解，但随着观众需求的多样化以及文化审美的提升，单一且重复的内容已难以满足观众对深度和新颖性的追求。因此，探索并创新陶瓷文化纪录片的内容，挖掘文化特色显得尤为重要。

其一，在内容创新方面，选择"陌生化"内容作为突破口，是实现陶瓷文化纪录片创新的有效途径。借鉴《舌尖上的中国》之类跨文化传播的成功案例，展现那些通常不为海外受众所知晓的中国瓷器，满足他们对神秘东方文化的好奇心，进一步拓宽中国陶瓷文化的国际传播渠道，增强其全球影响力。例如，釉里红瓷器作为宋元时期与青花瓷并

① 罗杰斯 EM. 传播学史：一种传记式的方法 [M]. 殷晓蓉，译. 上海：上海译文出版社，2002：44.

列的珍品，其艳丽的色泽和复杂的制作工艺，是中国陶瓷技艺的重要组成部分。然而，由于历史原因，釉里红的制作技艺一度失传，直到当代才由陶瓷工匠经过不懈努力重新复原。这一过程中蕴含的技艺传承与创新，是陶瓷文化的重要组成部分，也是全人类文化遗产的宝贵财富。通过将这些鲜为人知的陶瓷文化和制作技艺呈现给全球观众，能够扩展观众的知识视野，也能够激发观众对中国传统文化深层次的兴趣和探索欲望。此外，这种"陌生化"的内容创新还有助于打破传统陶瓷文化纪录片的内容模式和表现手法，为陶瓷文化的传播开拓新的路径，促进文化的多元展现和交流互鉴。

其二，陶瓷文化与现代文明创新的结合，体现在跨越时代界限，将传统艺术形式与当代社会价值观念融为一体的实践中。海外受众对于陶瓷的认知往往停留在装饰品的层面，难以触及其深层文化价值，尤其是年轻一代，对传统陶瓷文化的兴趣相对较低。然而，通过将陶瓷文化与现代文明的创新相结合，可以突破这一局限，拓展其在全球文化交流中的影响力。纪录片《我是你的瓷儿》便是一例，该片通过改变传统的沉稳调性，采用活泼轻松的主打风格，展现了陶瓷文化与当代社会价值的融合。喻老师在瓷上作画，不仅融合了中西方绘画的技巧，还突破了传统陶瓷绘画的题材限制，将现代美女与雀鸟的心灵沟通呈现于瓷上，体现了陶瓷艺术在表达现代社会主题（如人的现状和人与自然的关系）方面的当代价值。这种创新为陶瓷文化注入了新的生命力，也为全球受众提供了重新认识和评价陶瓷文化的视角。通过这样的跨文化交流与创新实践，可以有效地提升年轻受众对陶瓷文化的兴趣和认同，促进陶瓷文化在全球范围内的传播与发展。

第七章

云传播：新媒体背景下文化传播的未来趋势

第一节 云传播的认识与技术架构

一、云传播的认识

云传播，即在云计算环境之下，信息传递与分享的一种机制，标志着人类信息交流方式的一次质的飞跃。在此背景下，信息通过互联网及移动互联网构建的"互联云"进行流动，展现出独特的传播模式。该模式继承了网络传播的基本特性，还融入了移动性、位置性、泛在性、实时性及大数据性等革命性特征，扩展了信息传播的边界并提升了能力。云传播的移动性特征，允许信息在不同地点间自由流通，突破了传统传播的地理限制。位置性，使信息传播能够根据特定地理位置的需求和特点进行定制化处理。泛在性，体现了信息服务的无处不在，任何时间、任何地点的信息获取和分享成为可能。实时性，确保了信息传播的即时性，信息的生成、发布与接收几乎可以做到毫无延迟。大数据性强调了云传播环境下处理与分析海量数据的能力，为信息的精准传播和个性化服务提供了技术支撑。

云传播作为一种新兴的信息传播模式，源于云计算的技术进步，为现代社会中信息的流动与共享提供了全新的平台和方式。该概念深刻反映了网络技术与移动互联网的融合发展，进而形成所谓的"互联云"。在这一背景下，信息传播不再受限于传统的媒体形式和渠道，而是依托于强大的计算能力和广泛的网络连接，实现了信息资源的即时、广泛和高效流动。云传播的内涵涉及信息资源的流动过程，特别强调了服务的即取即用性以及资源的可回收性。用户在这一模式下，无须深入了解服务的具体提供者，仅通过网络即可按需访问各类服务与资源，使用后的资源可被回收再利用，极大地提高了资源的使用效率和可获取性。此外，云传播还扩大了信息共享的范围，不局限于传统的信息内容，还包括了硬件基础设施和软件资源等更为广泛的信息资源。这种模式促进了资源的共享和优化配置，使得每个用户都能够在这个由计算机网络构成的无限扩展的虚拟空间中，享受到几乎无限的信息和服务。

云传播的层次结构模型深入剖析了单一云传播系统的构造、环节、关键要素及其内在运作机制。在该模型中，云传播系统被细分为六个基础组成部分：云传播用户、云传播终端、云传播服务、云传播平台、云传播资源与云传播基础设施。这些要素共同构成了云传播的完整框架，每一部分都承担着不可或缺的角色，确保整个系统的高效运行与发展。

云传播用户层，作为系统的核心，强调了满足人类信息传播需求的重要性，体现在对普适文档访问、实时群组协作的需求，以及对基于 Web 的全面掌控能力的追求上。用户层的需求不局限于信息的获取与传递，更扩展至在线编辑、照片共享等多元化功能，显现了云传播系统在满足用户需求方面的灵活性与广泛性；云传播终端层，作为用户参与云传播活动的直接接口，通过提供多样化的工具与服务，极大地拓宽了用户的操作空间与应用场景。通过安装浏览器等简单操作，用户便可轻松接入 Web 操作系统，实现用户管理、网络存储、文件管理等一系列复杂功能，这无疑增强了云传播系统的可用性与互动性。智能手机的普及，更是将移动导航、移动视频等信息服务功能纳入日常生活，使得云传播终端不限于传统的计算设备，而是扩展至每个人的掌中之物上，促进了信息传播的便捷性与即时性；云传播服务层，作为信息传播的基石，在云计算环境下成为媒体存在的关键形式之一。该层次由支撑用户云端传播活动的各类软件构成，旨在提高信息资源的管理效率、促进信息的传递与共享。用户在云端的传播行为可细分为三大类：信息资源管理、信息传递以及信息资源共享。信息资源管理行为关注于用户对云端私有数据的访问、添加、修改等活动，即个人"私有云"的管理。此类行为体现了用户对其个人数据空间的控制与维护，确保数据的私密性与安全性得到保障。信息传递行为则涵盖了用户之间发送与接收数据和文件的交互，主要发生在个人"私有云"间。通过这一行为，个体能够在不同的云端节点间进行信息的交换与分享，增强了信息流动性和互动性。信息资源共享行为包括用户对"公共云"上可共享数据的搜索与浏览，促进了信息共享与知识传播。此行为扩大了用户访问信息的渠道，也丰富了云端信息资源的多样性和可用性。云传播服务软件为上述传播行为提供必要的运行软件和存储服务，根据服务对象和领域的不同，可细分为个人、家庭、社区、媒体、企业以及政府软件服务。这些软件服务通过优化信息的存储、管理与分享机制，为用户创造了一个高效、安全、便捷的云端信息交互环境，从而促进了信息社会的发展与信息技术的应用；云传播平台层作为支撑云服务的关键架构，与平台即服务（PaaS）紧密相连，为开发和构建云传播服务提供了必要的系统支持。该层包括云服务开发接口与开发工具，涵盖了移动门户、游戏、电视、社区、商务及政务等多个服务领域。通过这些平台，信息服务供应商与媒介机构能够在云环境中快速搭建面向用户的资讯内容门户与网络社区系统等，显著降低技术和运营的门槛及成本。云传播平台层的发展，为多样化的信息传播提供了灵活、高效的解决方案，促进了信息服务的创新与普及；云传播资源层是构成云计算体系架构的关键要素，直接关联到 IaaS 服务模型。资源层涵盖计算、存储、宽带及数据资源，促进信息资源如电视节目、新闻资讯及多媒体信息等的广泛传播与共享；云传播基础设施层包含网络硬件设施如移动通信、计算机网络、卫星通信及传感网等，以及数据中心、服务器集群等，确保云传播系统的物理支撑。

二、云传播的技术架构

云传播技术架构代表着信息技术和通信技术融合发展的新阶段，其核心在于利用云计算、大数据、物联网等前沿技术，实现信息的高效传播、处理和存储。该架构改变了传统媒体的生产、分发和消费方式，而且对社会信息流动、文化交流乃至经济发展都产生了深远影响。

云传播技术架构主要包括数据中心、网络传输系统和终端接入三大部分。每个部分均依托先进的技术实现其功能和效率的最大化。数据中心作为云传播技术架构的基石，负责大量数据的存储、处理与管理。在此环节，采用虚拟化技术是常见且有效的做法，它允许物理服务器分割成多个虚拟机，每台虚拟机都能独立运行不同的操作系统和应用程序。这种技术提高了硬件的利用效率，还极大地增强了数据中心的灵活性和可扩展性。此外，为了保证数据的安全性与可靠性，还必须采取多重数据备份和故障转移机制，确保在任何情况下数据的完整性和可用性；网络传输系统是连接数据中心与终端用户的纽带，其性能直接影响到云服务的响应速度和稳定性。在这一环节，采用高速光纤连接、先进的路由技术和动态带宽分配策略等技术，以实现数据传输的高速度和低延迟。特别是在处理跨地域数据传输时，通过选择最优的数据传输路径和采用内容分发网络（CDN）技术，可以显著降低数据传输时间，提升用户体验。同时，为确保传输过程的安全，还需采用加密技术和身份验证机制，防止数据被篡改或泄露；终端接入环节是用户直接接触云服务的界面，其设计和优化直接影响用户的使用体验。在此环节中，采用响应式设计和自适应流媒体传输技术，可以确保在不同设备和网络环境下用户都能获得优质的服务体验。例如，通过检测用户的网络速度和设备性能，动态调整视频流的质量，既可以避免因网络拥堵导致的缓冲问题，又能充分利用可用带宽，提高资源的使用效率。此外，采用边缘计算技术，将部分数据处理任务从云端迁移到网络边缘，可以进一步减少延迟，加快服务响应速度。

云传播技术架构的发展，推动了信息传播方式的重大变革。在这一架构下，信息的生产和消费变得更加去中心化，用户可以根据个人需求，随时随地获取或发布信息。同时，云传播架构的应用还促进了跨媒介、跨平台的信息整合，拓展了信息传播的深度和广度。

第二节　文化传播"云"端化的内容与用户分析

一、文化传播"云"端化的内容

（一）聚焦文化遗产IP活化

随着云计算、大数据等数字化技术的快速发展，文化传播领域正经历着前所未有的变革。在这一背景下，文化遗产IP活化展现出其独特的价值与魅力，成为连接古今、传承与创新交融的桥梁。通过对经典文化遗产的深度挖掘与再创造，丰富了文化产品的内涵，也为广大群众提供了更加丰富多样的文化享受。云端化为文化遗产的保护与传播提供了新的可能，还极大地推动了文化产品的创新发展。在此过程中，文化遗产与现代科技的结合，使得文化传播方式更加多样化，触达的人群更加广泛。例如，故宫博物院利用其庞大的文物资源，结合现代设计理念，推出了一系列文创产品，使得传统文化在当代生活中焕发出新的活力。这使得文化遗产得以更好地保护和利用，也让更多人能够近距离感受到传统文化的魅力。

文化遗产 IP 活化作为一种新兴的传播手段，有效地将文化遗产与数字技术融合，增强了文化遗产的可见性和影响力，也为其赋予了新的生命力和价值。洛阳博物馆的"北魏石虎"数字藏品案例，便是通过云端平台，利用数字技术对文化遗产进行创新性的传播和展示。用户能够通过云端平台轻松获取并永久收藏这些珍贵的文化遗产。这种方式拓宽了文化遗产传播的途径，也使得文化遗产更加亲近大众，尤其是年轻一代。随着数字时代的到来，博物馆及文化机构纷纷借助云端化的优势，通过打造文物 IP，实现文化遗产的活化和创新传播。从故宫博物院、敦煌市博物馆的崛起，到甘肃省博物馆的"马踏飞燕"，这些成功的案例证明了文化遗产与现代科技融合的巨大潜力，也展示了文化遗产在新媒体环境下的新生态。然而，面对日益加剧的市场竞争和文创产品的同质化问题，如何在云端化的大背景下保持文化遗产 IP 的独特性和吸引力，成为文化传播领域面临的重要挑战。文化遗产的数字化不仅仅是形式上的转变，更重要的是在内容上、情感上要与用户进行深度的互动并产生共鸣，从而实现文化的传承和创新。河南博物院推出的"考古盲盒"便是一个典型的例子，通过结合考古主题的创意产品设计，激发了公众对考古学和文化遗产的兴趣，也展示了文化和科技融合的新可能。这种创新性的文化传播方式，体现了在云端化背景下，文化遗产传播的多样性和活力，为文化遗产的保护和利用开辟了新的路径。

（二）挖掘经典音乐内涵

音乐作为一种情感的艺术，其在文化传播领域的地位日益凸显。随着科技的发展，云端音乐会成为文化与技术融合的新典范，展现了传统艺术与现代科技结合的无限可能。云端音乐会是一种新型的演出形式，更是一种全新的文化传播方式。通过这种方式，经典音乐得以在全球范围内传播，触达更广泛的受众群体。

2022 年 5 月，孙燕姿与罗大佑的云端音乐会，通过在线直播的方式，吸引了庞大的观众群体，展现了云端音乐会在文化传播方面的巨大影响力。此外，通过摄像机拍摄、XR 技术的应用，以及在线支付和打赏系统的集成，云端音乐会的展示和盈利模式也得到了创新和发展。西安交响乐团举办的"云上国宝音乐会"，在西安五大文化圣地前演奏的经典旋律，不仅为稀世珍宝注入了新鲜活力，也为全国乃至全世界的观众提供了一场视听盛宴。这场音乐会通过网络直播的形式，使观众能够在家中欣赏到传世文物与经典音乐的完美结合，展现了云端音乐会在文化传承和创新方面的重要作用。深圳交响乐团与喜马拉雅进行合作，推出的《空中音乐会》则是移动端平台与古典音乐结合的成功案例。通过喜马拉雅 App，观众可以随时随地享受到高质量的交响乐演出，这种便捷的接入方式极大地扩展了古典音乐的受众基础，也为古典音乐的传播开辟了新途径。云端音乐会的兴起，是技术发展的产物，更是文化传播创新的体现。它通过网络平台，突破了地域和时间的限制，使得更多人能够接触和了解经典音乐，从而加深了公众对音乐的理解，增强了文化自信。此外，云端音乐会的举办还促进了情景再造，使观众能够在虚拟空间中体验到音乐会的魅力，从而加深了音乐的情感表达和扩大了文化内涵的传播。

（三）构筑红色云旅精品

在数字化时代背景下，文化传播逐渐向云端迁移，其中云旅产业作为数字文化传播的重要载体，显著地体现了现代科技与传统文化融合的新趋势。云旅不同于传统的实地旅行，它依托于先进的网络技术和传播环境，通过虚拟现实技术、数字音乐孪生技术等手段，为用户提供了一种全新的旅游体验。特别是红色旅游场景的云端化，使传统文化的价值得到了新的输出，而且通过趣味性场景的构建和启发意义的文化衍生，实现了闭环文化供给的目标。红色云旅精品的构筑，体现了文化传播在数字时代的新方向。通过真实场景还原，使得用户能够在虚拟环境中感受到红色文化的魅力和历史的沉重，深化了对红色文化的理解和认同。音乐场景的营造，利用数字音乐孪生技术，增强了用户的沉浸感和体验感，使得文化的传播更为生动和感人。而文化价值的打造，则侧重于通过文化输入理念，让用户在享受服务的同时，也能感受到文化的深层价值，促进文化内涵的深度挖掘和传播。云旅产业的兴起和发展，推动了传统文化与现代科技的融合，而且通过创新的传播方式和手段，为文化的传承与创新提供了新的路径。红色云旅精品的构筑，既展现了丰富的文化内涵，也提升了用户的维系黏性，为文化传播开辟了新的领域，展示了文化与技术融合发展的无限可能。

例如，河南博物馆推出的在线文物"考古盲盒"系列，通过游戏化的方式，参与者可以在虚拟空间中体验挖掘、修复文物的过程。这种互动性强的体验方式大大提高了公众对于历史文化的兴趣和参与度。敦煌研究院通过微信公众号推出的"云游"莫高窟项目，利用数字技术将莫高窟的壁画、雕塑等文化遗产以数字化形式呈现给公众，使得人们能够在家中即可欣赏到敦煌艺术的独特魅力。同时，广州长隆野生动物世界的线上直播和文化保护课程，将观众与动物之间的距离拉近，为观众提供了与动物亲密接触的机会，还将文化教育与环境保护的理念相结合，促进了公众对生态保护的认识和参与[①]。这些云旅游产品的开发和推广，丰富了人们的文化生活，提升了旅游体验的质量，还有助于推动传统文化的传承与创新。通过虚拟技术的应用，使得文化资源的展示和传播更加灵活多样，打破了地理和时间的限制，让更多人能够方便地接触和了解到丰富的文化遗产和历史文化。

---

① 蔡佳文.智慧转型"云旅游"风生水起 [J].中国商界，2022（8）：57-62.

二、文化传播"云"端化用户分析

(一)多渠道的用户广泛触达

在新媒体环境下,文化传播经历了显著变革,转向"云"端化,实现了多渠道的用户广泛触达。此种变革背景下,受众根据自身文化需求,不受时间和空间限制,自主选择信息,展现了前所未有的主动性与自由度。受众在此过程中既是文化传播的接收者,也是传播者,体现了双重角色的融合,加强了个体在文化传播过程中的主体性作用。受众的这种主动参与性成为传播效果显著的关键,进而推动了传播效益的最大化。技术进步与文化发展相互促进,用户通过多种渠道接触文化内容,从传统网站扩展至移动社交媒体,再发展到360度沉浸式体验,技术的创新不断拓宽了文化传播的途径。这种多渠道的触达方式,提高了信息的实时性与互动性,还扩大了文化传播的辐射范围,相比传统大众传媒,网络技术的融合使用实现了在信息传送速度、交流互动以及传播覆盖面等方面的效益最大化。"云"端化的文化传播模式使得文化传输从传统空间转向线上平台,进一步渗透至多媒体领域,这反映了传播者对于文化输出的重视与自主性,也极大地提升了文化知晓率与影响力。在这一过程中,传播者与受众之间形成了更为紧密的互动关系,受众的反馈和参与直接影响着文化内容的创造与传播,形成了一种互动共生的传播新模式。

例如,湖南"数字农家书屋"的推出,依托现代"互联网+大数据"技术,该平台整合了在线阅读、三农学堂、百姓点单等多功能,旨在拓宽农村居民获取信息与知识的途径,同时丰富其网络文化生活。此举反映了数字技术在文化传播领域的应用,也彰显了文化服务向农村地区深入的重要步骤。"数字农家书屋"通过多渠道触达用户,使得农村居民能够方便快捷地接触到丰富的文化内容。这种模式的实施,极大地提高了农村地区文化传播的效率与覆盖范围，有助于缩小城乡之间的文化服务差距。通过提供易于接入的数字平台，农村居民的文化生活得到显著提升，有利于激发其对知识的渴望与对新事物的探索精神。未来，湖南"数字农家书屋"的发展将进一步聚合乡村文明实践中心、融媒体中心等资源，通过共建共享的模式，加强乡村文化的数字化转型。这一进程促使乡村文化与数字媒介的有效融合，也为农村居民提供了更加多元化、个性化的文化服务。数字化手段的运用，有效地将传统乡村文化与现代数字技术相结合，推动了乡村文化的创新发展。湖南"数字农家书屋"的实践展示了文化传播在数字时代的新趋势，即通过云端化平台将文化内容无缝传递给农村用户，进而构建起一个覆盖广泛、互动性强的文化共享空间。这种模式的推广，有助于提升农村地区的文化生活质量，还为农村文化的可持续发展注入了新的活力，展现了文化传播与科技融合的广阔前景。

（二）多维度的用户体验提升

虚拟现实产业的兴起与 5G 网络技术的广泛部署，以及元宇宙概念的快速普及，共同推动了人类社会向虚拟空间的大步迈进。这一进程展示了数字化场景模式的多样化发展，而且凸显了这些技术在人们日常生活和生产活动中的重要性。在旅游行业，线上化和数字化的深度融合打开了新的发展空间。云游平台和沉浸式体验旅游的出现，为用户提供了前所未有的旅游体验。通过这些平台，用户可以在家中享受到仿佛身临其境的旅游体验，极大地丰富了人们的文化生活和休闲方式。例如，多数博物馆和旅游景区通过打造虚拟数字场景，让遥远或难以到达的文化遗产得以在全球范围内被广泛分享和体验。

在文化教育设施的数字化转型中，博物馆无疑是领跑者。通过推出"数字孪生博物馆""元宇宙游览"和"元宇宙观展"等创新模式，博物馆不仅拓宽了自身的服务范围，还提升了观众的参与度和体验感。这些全沉浸式的交互数字展览，使得文化消费不再局限于物理空间，观众可以在虚拟空间中自由探索，享受个性化的文化体验。博物馆与元宇宙的结合，为文化遗产的传播提供了新的维度。通过在元宇宙中复现博物馆和文化遗产，增加了文化内容的多样性，也使得观展形式更加立体和多维。这种新型的展览方式，让用户能够更加深入地了解和体验文化，从而加深了文化的影响力并扩大了其传播范围。"长安十二时辰"沉浸式生活街区的出现，标志着文化消费体验的进一步创新。通过模拟古代长安的文化生活，为用户创造了一个既虚拟又真实的体验空间，让人们能够跨越时间和空间的限制，深度体验不同的文化和历史。云旅游和虚拟空间的应用，让博物馆和文化遗址得以以全新的方式呈现给公众。经典的文化内容通过数字化转型，以更加生动和直观的方式展现，极大地提高了观众的体验感和参与度。这种多维度的信息接收方式，让文化传播更加生动有趣，也提高了信息的可接受度和影响力。这些多维度的用户体验提升，无疑将推动文化的传播更加深远和广泛，加深人们对文化多样性和历史深度的理解与尊重。

（三）多体系的用户黏性维系

在当代文化传播的背景下，数字化转型已成为文化机构持续吸引用户、增强用户黏性的重要战略之一。河南博物院与支付宝小程序联合推出的"考古盲盒"便是其中的典范。该项目通过将传统文化与现代数字技术的融合，实现了对用户吸引力的显著提升，展现了文化产品在云端化时代的新机遇和挑战。

多体系的用户黏性维系策略，显著提升了用户对文化产品的兴趣与参与度。河南博物院的案例突出展示了通过多条路径并驾齐驱的方式，有效打通用户喜好平台，实现文化传播的最大化效果。数字文化创意产品的成功，不仅在于其创新性的体验设计，更在于其背后所蕴含的深厚文化内涵与现代审美的完美结合。河南博物院的"考古盲盒"通过线上平台的广泛传播，将传统文化的魅力以全新的方式呈现给公众。该做法丰富了文化产品的表现形式，也极大地拓宽了文化传播的路径。用户通过互动体验的形式，能够更深入地理解和欣赏文化遗产的价值，从而增加了对传统文化的认同感和归属感。河南博物院的创新尝试，也为传统文化的数字化转型提供了有力的案例。通过与支付宝小程序的合作，利用数字技术的便捷性和互动性，有效地将文化内容与用户的日常生活相连接，实现了文化传播的时效性和广泛性。这种模式的成功，为其他文化机构在数字化转型过程中提供了宝贵的经验和启示。

第三节　未来展望：云传播与文化传播的融合创新

一、数字展演：还原和搭建真实场景

在当代社会，随着数字技术的飞速发展和普及，视频应用如快手、抖音、火山小视频等成为大众文化交流的新平台，开创了文化传播的新纪元。这些平台通过移动视频社交媒体的形式，实现了文化内容的民主化、社群化和地理位置化，使得人们在家中就能深入参与并体验来自朋友及同城人的最新动态和文化表现，展现了数字展演在文化传播中的巨大潜力。例如，《莲花盛开》的数字展演，是中国首创的民族传统文化数字创作作品，将数字技术与文化传承紧密结合，开创了文化展演的新模式。该项目以中国古代石窟壁画艺术为核心，通过 3Dmax 技术重构龙门、云冈、麦积山、敦煌四大石窟的壁画艺术，实现了对这一宝贵文化遗产的数字化保护和传播。通过虚拟现实技术、可穿戴设备及多点位动作捕捉技术的应用，观众能够以前所未有的方式深入体验石窟壁画的美轮美奂，从而增强了公众对中国传统文化的了解和认同。《莲花盛开》的展演不局限于视觉艺术的呈现，还通过音乐、灯光和舞美等多种艺术手段，为观众创造了一个沉浸式的视觉和听觉体验。这种跨媒体的艺术表现形式，充分展现了数字技术在艺术创作和文化传播中的创新应用，为传统文化的现代传播提供了新的可能性。数字展演的实践，标志着云场景搭建在文化传播领域的深度应用，突破了传统展演的地理和物理限制，使得文化艺术的传播更为广泛和深入。它为观众提供了一个全新的文化体验平台，也为文化遗产的保护与传承开辟了新的路径。通过这样的数字技术应用，可以实现对文化内容的更好保存，并以更加生动和直观的方式，将文化遗产传递给更广泛的受众。

二、数字书房：场景内容双向驱动

在数字化媒介的快速发展及阅读方式多样化的背景下，传统的线下阅读空间，如公共图书馆和商业书店，面临着诸多挑战。公共图书馆尽管具有较大的规模，但由于地理位置的限制和渗透率的局限性，难以满足所有人对于阅读场景的需求。而社区图书馆虽位于社区中心，却因空间限制和基础设施不足而难以展示更多的内容。同时，商业书店在追求生存的过程中，往往需要牺牲部分阅读空间来布置咖啡馆、文创产品等商业项目，进一步压缩了阅读内容的承载量。在此背景下，"数字书房"的概念应运而生，旨在通过数字化手段创新传统阅读场景，以满足人们对多元化阅读体验的需求。数字书房不受物理空间的限制，能够通过互联网覆盖更广泛的用户群体，提供更加丰富和多元的阅读资源。此外，数字书房能够实现场景内容的双向驱动，既能提供传统的阅读材料，也能整合听书、视频等多媒体形式的内容，为用户提供更加丰富和立体的阅读体验。数字书房的出现，标志着云传播与文化传播的融合创新。通过数字化手段，能够有效地解决传统线下阅读空间面临的诸多挑战，为用户提供更加便捷、丰富和多元的阅读体验。同时，数字书房也为城市文化的传播提供了新的渠道和平台，有助于提升城市文化的影响力和传播力，实现城市文化的持续发展和创新。在未来，数字书房有望成为推动文化传播和城市发展的重要力量，为构建知识共享和文化多样性的社会提供有力支撑。

以喜马拉雅 24h 数字书房为例，该项目由喜马拉雅城市文化科技有限公司运营，该公司致力于挖掘和传播城市文化，打造新型文化空间和设施。喜马拉雅 24h 数字书房通过提供"入耳更入心"的文化体验服务，既能满足用户对于阅读内容的需求，还能深层次地挖掘和传播城市的发展历史和文化底蕴，助力城市文化传播的迭代和升级。24h 数字书房通过喜马拉雅海量音频内容，走进社区、景区，最大程度地扩大阅读群体。这种服务模式突破了时间与空间的限制，使得阅读成为一种更为灵活和便捷的文化活动。通过智能有声硬件和便民设施的引入，数字书房成为融入人们日常生活的一部分，提升了城市文化传播的效率和效果。从文化场景理论和文化蜂鸣理论的视角出发，用户对阅读场景有着鲜明的需求特征，既追求个性化的阅读体验，又期待通过场景和服务的互动，激发用户文化参与和实践的热情。24h 数字书房正是基于这样的理论洞察力，将线上的音频内容与线下的实体空间相结合，形成了一种新型的蜂鸣场景，丰富了城市的文化层次，还增强了城市文化的聚合力，吸引了更多样化的文化参与者。喜马拉雅 24h 数字书房的落地实践，已在上海、温州、宁波等地取得了显著成效，向成千上万的市民提供了数字化听读服务。这一模式的成功，不仅在于其满足了市民多元化的阅读需求，更在于它通过与共享充电宝、共享充电桩、自动贩卖机等便民服务设施提供商的合作，提升了服务的便捷性和实用性，获得了广泛的社会认可。24h 数字书房的空间设计也满足了会议、亲子互动以及读书会等多种场景需求，体现了文化传播场景创新的多样性和灵活性。这种多功能的空间利用，扩大了城市文化的传播范围，也为文化服务建设提供了有力支撑，展现了数字化时代文化传播与融合的广阔前景。

三、数字文创：衍生终端情感赋能

在云技术与文化产业融合的当下，数字文创产品的创新成为突破传统文化传播局限性的关键。传统博物馆在推广与传承文化方面，面临着参观者趋同化和参与度不足的问题。然而，随着"云"技术的普及与发展，数字文创产品如"考古盲盒""数字盲盒"等，凭借其创新性和互动性，为博物馆与文化机构带来了新的生机与活力。衍生周边作为 IP 商品开发的基础模式，历来是文化传播与经济价值转化的重要途径。但面对市场的同质化竞争，仅依靠传统的文创产品已难以满足当代消费者的需求。河南博物院推出的"考古盲盒"与吴文化博物馆的"数字盲盒"，通过将数字技术与传统文化元素相结合，增强了产品的吸引力，也赋予了文物新的生命力，让静态的文化遗产在数字时代焕发新的光彩。"数字盲盒"作为一种新型的文创产品，其成功的关键在于利用了数字技术的优势，创造了一种新的文化体验方式。这种方式既保留了传统文化的精髓，又满足了现代人对新鲜事物的好奇心和收藏欲。盲盒的不确定性和收藏的趣味性，使得每一次开盒都成为一次独特的文化探索之旅，增加了用户的参与感和体验感。未来，随着技术的进一步发展，云传播与文化传播的融合将更加深入。数字文创产品将不局限于物理形态的创新，更将向虚拟现实、增强现实等技术领域扩展，为用户提供更加丰富多样和沉浸式的文化体验。此外，通过大数据分析、人工智能等技术的应用，文创产品的个性化定制和情感赋能将成为可能，以增强文化传播的效果和影响力。

参考文献

[1] 杭孝平. 新媒体·传播·文化：新闻与传播学科理论与实践论文集 [M]. 北京：中国国际广播出版社，2022.

[2] 韩晓燕. 新媒体环境下优秀传统文化传播机制研究 [M]. 北京：经济日报出版社，2019.

[3] 杨冬梅. 新媒体文化传播研究 [M]. 延吉：延边大学出版社，2020.

[4] 宋巍. 新媒体生产与创意文化传播 [M]. 吉林：吉林出版集团股份有限公司，2021.

[5] 张龙. 新媒体时代红安红色文化传播研究 [M]. 武汉：武汉大学出版社，2021.

[6] 段雨旋，闫冠华. 网络环境下优秀文化对外传播策略探究 [J]. 山西广播电视大学学报，2023（4）：65-69.

[7] 佟珊. 中国题材纪录片在英国的传播研究 [J]. 中国电视，2023（12）：28-34.

[8] 吴丹. 新媒体环境下中华优秀传统文化传播 [J]. 文化产业，2023（32）：46-48.

[9] 蒋茜. 文化类纪录片的传播研究：以 B 站传统文化类纪录片为例 [J]. 中国报业，2023（21）：132-133.

[10] 常永强. 新媒体视域下我国传统文化传播的媒介形象构建研究 [J]. 今传媒，2023（11）：45-48.

[11] 孙浩添 . 抖音短视频中河南乡土文化的传播与发展策略 [J]. 声屏世界，2023（21）：114-116.

[12] 滑翔 . 新媒体视野下博物馆藏品数字化展示与传播 [J]. 采写编，2023（10）：72-75.

[13] 何尧 . 跨文化传播视野下纪录片创作对策探究 [J]. 新闻研究导刊，2023（19）：48-50.

[14] 德央 . 新媒体与传统媒体融合发展路径研究 [J]. 中国报业，2023（18）：236-237.

[15] 韦楚燊 . 基于新媒体的博物馆文化情感传递及传播路径 [J]. 收藏，2023（9）：153-155.

[16] 淮媛 . 基于移动音频的红色文化创新传播探析 [J]. 西部广播电视，2023（17）：10-12.

[17] 蔡春光 . 短视频环境下群众文化传播路径 [J]. 中国报业，2023（16）：12-13.

[18] 孙秀清 . 新媒体下博物院文化传播与情感表达 [J]. 中国报业，2023（16）：14-15.

[19] 龚依诺 . 新媒体对博物馆文化传播功能的影响 [J]. 辽宁开放大学学报，2023（2）：80-83.

[20] 任飞 . 聚焦文旅融合 传播博物馆文化 [J]. 文化产业，2023（15）：147-149.

[21] 李林阳，张文博 . 抖音短视频跨文化传播策略研究 [J]. 西部广播电视，2023（10）：65-67.

[22] 王强 . 新媒体环境下音乐文化的传播 [J]. 文化学刊，2023（5）：32-35.

[23] 马潇，张静 . 破壁与开拓：中国陶瓷文化纪录片跨文化传播效果的提升策略研究 [J]. 现代视听，2023（5）：46-50.

[24] 张常霞 . 文化折扣视域下中国陶瓷纪录片跨文化传播策略研究 [J]. 山东陶瓷，2023（2）：15-24.

[25] 段志沙 . 新媒体环境下博物馆文化传播的思考 [J]. 文化产业，

2022（27）：85-87.

[26] 秦新华 . 新媒体时代下的数字博物馆文化传播分析 [J]. 文化创新比较研究，2022（26）：76-79.

[27] 丁利民 . 新媒体语境下的博物馆文化传播模式的创新 [J]. 文化产业，2022（22）：99-101.

[28] 黄竹子歌，付子琦 . 移动音频平台中传统文化传播研究——以喜马拉雅 APP 为例 [J]. 传媒论坛，2022（15）：59-61.

[29] 戴佳歆，蒋燮 . 新媒体与东方传统艺术的碰撞：互动仪式链视野下的古琴短视频文化传播研究 [J]. 歌海，2022（4）：94-104.

[30] 李晶 . 新媒体时代中原文化认同和传播机制研究 [J]. 焦作师范高等专科学校学报，2013（4）：35-38.

[31] 冯君 . 新媒体对文化传播力的影响及提升机制研究 [J]. 辽宁工业大学学报（社会科学版），2022（2）：85-87.

[32] 刘小明 . 借势新兴媒体 传播传统文化：评《新媒体环境下优秀传统文化传播机制研究》[J]. 传媒，2021（19）：99-100.

[33] 张雨辰 . 故宫博物院数字 VR 剧场的多元化应用 [J]. 新媒体研究，2021（16）：24-27.

[34] 石蒙蒙 . 作为"文化传播的媒介"：陶瓷文化类纪录片的价值分析 [J]. 惠州学院学报，2021（4）：95-99.

[35] 邓琪艺 . 基于新媒体视角下设计博物馆文化传播的发展趋势研究 [J]. 中华手工，2021（4）：4-6.

[36] 牛梦琦 . 乡村自媒体短视频文化传播现状及策略研究 [J]. 视听，2021（6）：195-197.

[37] 贾学颖 . 新媒体（微信、微博）在博物馆公共文化传播中的应用 [J]. 文物鉴定与鉴赏，2017（7）：90-91.

[38] 余晓洁，马丽 . 博物馆云端智慧传播初探：以中国国家博物馆实践为例 [J]. 博物院，2021（2）：39-46.

[39] 邹旭 . 广播音频与互联网移动音频的融合发展 [J]. 信息记录材料，2021（3）：247-248.

[40] 孔源. 浅谈广播音频与互联网移动音频的融合发展 [J]. 信息记录材料, 2020（10）: 238-239.

[41] 孙宏宇. 新媒体视域下故宫博物院文化传播研究 [J]. 文化产业, 2020（24）: 94-99.

[42] 赖黎捷, 颜春龙. 广播音频与互联网移动音频的融合发展 [J]. 中国广播, 2020（8）: 32-36.

[43] 阚晓君. "移动互联网＋音频"的新广播创新方向分析 [J]. 新闻传播, 2019（18）: 23-24.

[44] 王泽群. 移动音频广播 App 发展瓶颈及未来趋势: 以喜马拉雅 App 为例 [J]. 传播力研究, 2020（11）: 86-87, 89.

[45] 石俊. 新媒体环境下博物馆如何发挥文化传播的作用 [J]. 品位·经典, 2020（2）: 99-100.

[46] 匡叶青. 新媒体时代下博物馆的发展新路径: 以"故宫博物院"为例 [J]. 美与时代（上）, 2020（2）: 30-31.

[47] 刘仪晨. 新媒体时代博物馆如何走向公众: 以湖北省博物馆为例 [J]. 记者摇篮, 2024（2）: 30-32.

[48] 姚皓东. 跨文化传播中短视频讲好中国故事的策略与启示: 以"滇西小哥"为例 [J]. 传媒论坛, 2024（3）: 84-88.

[49] 李煜. 新媒体让传统文化焕发新机 [J]. 文化产业, 2024（3）: 49-51.

[50] 李诺. 新媒体环境下非物质文化遗产跨文化传播 [J]. 文化产业, 2024（3）: 52-54.

[51] 刘亚娟. 新媒体时代中国传统文化传播的新方向: 以非遗短视频为例 [J]. 新楚文化, 2024（1）: 65-68.

[52] 王雪莲, 姜欣. 转文化传播视域下我国文化类短视频的创新策略: 以《逃出大英博物馆》为例 [J]. 中国广播电视学刊, 2024（1）: 92-97.

[53] 刘艳凤, 张婉仪, 邱香辉, 等. 主流媒体如何利用短视频进行文化传播: 以河南卫视"中国节日"系列短视频出圈为例 [J]. 北方传媒研究, 2023（6）: 43-47.

[54] 赵冉 . 跨文化传播视域下中国传统文化短视频研究 [D]. 石家庄：河北经贸大学，2022.

[55] 蔡洁 . 新媒体环境下短视频跨文化传播研究 [D]. 南昌：南昌大学，2021.

[56] 梁晴晴 . 视觉文化背景下博物馆展览的叙事与传播设计研究 [D]. 桂林：桂林电子科技大学，2020.

[57] 张依倩 . 新媒体背景下博物馆视觉文化传播研究 [D]. 长沙：湖南大学，2019.

[58] 范晓涵 . 声觉空间理论下移动音频的听觉文化传播研究：以中文播客为例 [D]. 武汉：湖北大学，2023.